岩　波　現　代　文　庫

東北学／忘れられた東北

赤坂憲雄
Norio Akasaka

学術 468

岩波書店

目　次

カバー装画＝堀 浩哉「北国の冬」

プロローグ　東北へ／東北から

東北へ／はじまりの旅

東北の地に拠点をなかば移してから、四年ほどの歳月が過ぎた。ひたすら歩く・見る・聞くための、たとえば野辺歩きと称してみるほかない旅を続けている。なぜ、東北なのか――と、しばしば問われる。答えに窮することはない。幾通りかの答えは用意してある。いくつかの偶然による促しがあり、あるいは、必然らしきものによる導きがあった。その、いずれかを時と場合に応じて答えとして示せば、とりあえず相手は納得してくれる。しかし、じつはわたし自身はまるで納得していない。これは修行の旅だ、東北を探すための旅をしているのだ……、そんなことをひそかに呟いている自分の姿を隠すつもりはないが、あえて人眼にさらす必要も認めてはこなかった。

みずからの父親が福島の山奥の村で炭を焼き、山師をしていたこと、それはたしかに大切な背景をなしている。亡くなってすでに十年になる父親の見えない導きは、確実にあった。が、そうした出自にかかわる事情に過剰な思い入れを託しているわけではないし、むしろ物語への傾斜にたいしては禁欲的でありたい、と思う。だから、わたしは父親の故郷を遠く迂回しながら、いま東北のそこかしこを巡りあるく旅を続けている。その山奥の村に辿り着くのはいつの日のことか、予測はつかないし、あるいは、ついにその日は訪れないのかもしれない。

奇妙に、人間関係の流れがどれもこれも東北に向かっていた、そんな時期があった。六、七年前のことだ。いくつもの出会いがあり、その出会いを縁として東北を歩くことがしだいに多くなった。東北に転がっている風景の濃密さに、しばしば息苦しいほどの興奮を覚えた。その興奮の余韻はかたちと質を大きく変えながらも、いまだに続いている。出会いの偶然が重なることがなかったら、わたしはおそらく、東北に拠点を移すことにもっと躊躇《ためらい》を抱《いだ》いたにちがいない。

より深い促しはやはり、柳田国男という思想との出会いによってもたらされたものだ。これもまた、思えば、向こうから偶然にやって来た出会いといえるかもしれない。わたしが初めて腰をすえて柳田を論じたのは、「幻像としての常民――柳田国男、または東北の変容」(砂子屋書房版『境界の発生』所収、本書三〇三頁掲載)という、四十枚ほどの論考であった。『現代詩手帖』の一九八七年四月号は、「東北――異魂の招喚」という特集を組み、思いがけずわたしにも原稿依頼があったのである。読み返してみると、その後のわたし自身の柳田との付き合い方の原型のようなものが出尽くしていることに、不思議な感慨を覚える。そのとき、わたしはいまだ、東北の地にほとんど一歩も足を踏み入れてはいなかった。雑誌の東北特集への原稿依頼という偶然がなかったならば、東北への道行きの第一歩がどのようにありえたのか、うまく想像するのはむずかしい。

「幻像としての常民」の冒頭に、わたしは以下のように書いていた。

柳田国男における東北イメージの変容、ととりあえずいってみる。この変容のプロセスを辿ることはたぶん、そのままに、柳田の思想が初期において豊かに孕んでいた多くの可能性を削ぎおとしつつ、稲作と祖霊信仰を核にすえた常民の学へと収斂されてゆく過程に眼を凝らすことにひとしい。萌芽のうちに摘みとられ、常民の学の外縁部に祓いやらわれた対象《もの》は、たとえば被差別民であり、漂泊遍歴の民、先住民族の末裔《すえ》としての山人といった人々である。

この翌年に、『創造の世界』という雑誌に場所を得て連載を開始した「柳田国男の発生」のなかで、わたしはすでに、山人《やまびと》をめぐるさまざまな問題を掘り起こし、被差別民や漂泊民にかかわる論考を検証する作業を終え、それぞれに、第一部『山の精神史』、第二部『漂泊の精神史』として刊行している。柳田の東北イメージの変容という問題に関しては、いま、その探究の途上にあるが、『柳田国男の読み方』の終章のなかでいくらか触れている。いずれであれ、「幻像としての常民」という論考が結果的に、わたしのその後の柳田国男論の道行きにたいする、いわば予告篇をなしたことは明らかである。「幻像としての常民」が対象として択《えら》んだのは、柳田の昭和三(一九二八)年の著作『雪国の春』であった。その選択は的を外していなかった、とあらためて思う。その当時の、そして、現在のわたしにとってもなお、『雪国の春』こそが最初に読み破られるべきテクストである。柳田の後期思想の別名詞たる「民俗学」への出立の碑文が、『雪国の春』にはさりげなく刻まれている。『雪国の春』の柳田が発見した東北を、まず読み抜かねばならない。そこから「民俗学」の誕生の現場を照らし出しつつ、柳田の前期思想をもうひとつの可能性として解き放つ試みが始まるだろう、そう、わたしは考えてきた。むろん、「幻像としての常民」のわたしははるかに無邪気な読み手にすぎず、『雪国の春』というテクストの選択もまた、ほとんど無意識的なものでしかなかった。

柳田の「民俗学」は、稲と常民と祖霊信仰が三位一体をなして形作られている。いわば、瑞穂《みずほ》の国の民俗学とでも称すべきものである。柳田が『雪国の春』のなかで発見したのは、軒まで届くほどに深い雪景色の底に埋もれた、稲を作る常民たちの東北であった。「幻像としての常民」はひたすら、その柳田の発見した東北イメージにたいする異議申し立てをめざした論考である。

わたしはそこで、『雪国の春』に収められた「真澄遊覧記を読む」というテクストを、菅江《すがえ》真澄《ますみ》の日記原文と対照させながら読んでいった。わたしがもっとも注目したのは、下北半島の田名部《たなぶ》(むつ市)周辺でおこなわれていた正月行事に関する、柳田の記述だった。柳田は真澄の日記「奥のてぶり」を元にして、本州最北端の半島・下北の地に、稲を作り祖霊信仰に篤い常民たちが真澄の時代から生きてあったことを、みごとな筆使いをもって描き出してみせた。軒まで届くほどに深い雪景色の底から、稲を作る常民たちの東北が鮮やかに立ちあがってくる。東北は瑞穂の国の一部である――という柳田の声が、どこか呪文のように心地よく響く。

しかし、東洋文庫版の「奥のてぶり」に附された註のなかに、次のような記述を認めたとき、柳田の懐かしい呪文の声は一瞬にして詐術《さじゅつ》めいたものに変じてしまった。正月十六日に白粥を食べる習俗があったが、それについての註である。

> 正月十五日に、粥に餅か小豆を入れて食べるところが全国に多いが、下北地方では米をほとんど作らなかったので、米の餅を用いることが少なかったのだろう。(傍点引用者)

むろん、この記述に驚いたわたしが無知であっただけのことだ。下北の地には、稲作の歴史がほとんどなかったのである。柳田の懐かしい筆使いには、ひとつの詐術が隠されているのではないか。軒まで届くほどに深い雪景色の底に埋もれた、稲を作る常民たちの東北とは、ひとかけらの幻像にすぎないのではないか。それが、「幻像としての常民」のわたしが手に入れた柳田批判の、ささやかな礎石であった。

　それから間もなく、いくつかの偶然による促しもあって、わたしは下北半島を幾度となく訪ねることになる。下北の風景には、なにかしら寂寥《せきりょう》感のようなものが漂い、物哀しい気分にさせられる。その理由がわからずにいた。稲がないからですよ、そう、一人の宗教学者に教えられたときには、頭を思いきり殴られたような衝撃を受けた。たとえば、津軽の稲のある風景に慣れ親しんだ眼には、いかにも下北の風景は荒涼として感じられる。下北半島には、たしかに稲の風景が稀薄《きはく》にしか存在しないのである。

　あらためて下北の稲作について調べてみよう、と思った。一九九〇年の三月の初めに、一人、下北半島のいくつかの村や町を急ぎ足に辿った。まだ雪が残る季節であった。そんな季節に稲作の状況を知るなど不可能であることは、たちまちに知れた。それでも、かつては稲作が比較的に盛んであったむつ市の周辺でも、減反政策の影響で稲を作らず、寝かしている田んぼが多いことを知った。放棄された田んぼが漂わせる荒涼とした雰囲気が、下北の風景をいっそう淋しいものにしているのかもしれない、と思った。

　むつ市内で買い求めた『むつ市史・民俗編』によって、柳田の『雪国の春』に埋めこまれた、稲を作る常民たちの東北という懐かしいイメージは、根底から崩れていった。水田の一部では、いわゆる正月米としてかなり早くから米が作られてはいたが、反収は非常に少なく、稗《ひえ》に比べると冷害の心配もあって不利であった。この地方における稗から稲への移行は、早いところでは明治三十年代、遅いところでは大正末におこなわれた、という。これが昭和三年の『雪国の春』のかたわらに転がっていた、いささか無味乾燥な現在の事実であった。下北半島の軒まで届くほどに深い雪景色の底に埋もれた、あの懐かしい稲を作る常民たちの風景は、ほんの数年、長くて三十年足らずの歴史しか持たなかったのである。『雪国の春』はあきらかに、この現在の事実を無化する地点においてこそ、広く受容されてきたはずだ。

『雪国の春』という著作は、はたして一篇の詐術の書であったのか、それとも……。いずれにせよ、わたしのなかで、東北はある種特権的な思索の現場として大きくせり上がりつつあった。柳田の「民俗学」を批判的に読み抜くための、そして、その頃精力を傾けていた、天皇制や王権をめぐる問題群を別の角度から照射してゆくための、いわば瑞穂の国という幻想に覆い尽くされた「日本」を相対化するための手掛かりが、東北の地には豊かに堆積している、と感じられた。

もうひとつの偶然が、そのとき、わたしの元に転がり込んだ。東北の、山形市に新設される大学に教員として来ないか、という誘いを受けたのだった。迷いはまるでなかった。わたしは即座に、拠点のなかばを東北に移すことに決めた。五年ほど前のことである。

東北にて／野良仕事の旅

それから、運転免許を取った。それまでのわたしには、車はまるで縁のない暴力的な乗り物にすぎなかった。歩くことが好きだった。歩く速度のなかでゆるやかに変化してゆく風景を眺める、それがわたしの怠惰さには見合った旅の作法だと思ってきた。しかし、東北の村や町を舐《な》めまわすように見ておきたい、という奇妙な欲望の捕囚《とりこ》となったわたしにとって、歩く速度はあまりにまだるこしいものであった。何より時間がない。わたし自身に許された時間と、失われてゆく東北の風景を辿るために猶予された時間とが、ごく限られたものであることは、あまりに明らかであった。山形に来てから半年後に車を手に入れ、それから三年半足らずの間におよそ四万キロ走った。その大半が東北の道である。

そうして足早にではあれ、歩きはじめてみると、やはり東北の稲作は新しいという眼前の出来事に幾度となく出会うことになった。もとより平野部を中心とした地方の稲作の歴史は、けっして新しいものではない。しかし、よく調べてみれば、その多くは近世における新田開発を背景として、現在に見られるような稲作地帯へと姿を変えてきたものであり、中世や古代にまで遡《さかのぼ》ることはむずかしい。ことに山間地域の稲作は新しく、しばしば、昭和二、三十年代になってから稲作が始まったという話を聞く。減反政策のあおりを喰らって放棄された水田が多いことも、そうした山間部の稲作の厳しい現実を示唆しているはずだ。

四年前の冷害・凶作は、稲作地帯としての東北というイメージがいかに人為的に作られてきた、脆弱《ぜいじゃく》なものであるかを、無惨なまでに物語っていた、そんな気がする。手ひどい凶作に見舞われた地域の大半は、近代になって稲作への転換をはかった地域だったのではないか。収穫を祝う秋祭りの笛や太鼓のかたわらには、青立ちの稲穂が一面に拡がり、冷たい秋の風に震えていた。こんな凶作は生まれて初めてだ、昭和九年だって、こんなにひどくはなかった、そう、明治や大正生まれの女たちが口々に話してくれた。明治以降の国策にしたがって、日本の穀倉地帯となるべく強いられてきた東北の、ある避けがたい帰結としての風景に立ち会っているのだ、とわたしは思った。

関東以南の地方は、すでに明治十年代には凶作・飢饉から解放されていた。東北だけが昭和期に入っても、いや戦後においても冷害や凶作・飢饉をくりかえし体験してきたのは、いったいなぜか。気候風土の問題はたしかにある。ケガチ(飢饉)なしの作物といわれた稗を捨てて、稲作への大転換をはかってきた近代の東北は、あきらかにみずからの風土に抗《あらが》う道を選択したのである。国策に強いられ、また、瑞穂の国の百姓になりたいという欲望に促されてのことだ。

さて、友人である舞踏家の森繁哉さんと二人で、山形の最上《もがみ》地方を歩きはじめてから、三年あまりになる。その間、老人からの聞き書きを少しずつ重ねてきた。かぎりなく平凡な人生を送ってきた人々ばかりである。大きな事件や出来事が織りなす、大きな歴史とはまるで無縁な人生である。そうした人生のどれもが抱えこんでいる小さな歴史に触れ、耳を傾け、できるならば記録に残したい。わたしが漠然《ばくぜん》といだいた、ささやかな初志が、それだった。

東京でのわたしは、もっぱら活字の世界に籠《こ》もって、モノローグめいた仕事を日々こなしてゆくことに追われていた。生身の人間と向かい合って、たとえばその体験談を聞き書きするといった仕事からは、およそ遠い場所にいた。自分がはたして聞き書きに向いているのか、山形の方言はよく聞き取れるのか、そもそも聞き書きとは何か……、不安はいくらでもあった。だから、逆に、いっさいのマニュアルは持たずに裸でぶつかってみよう、と思った。幸か不幸か、わたしは大学という制度のなかで、フィールド・ワーカーとなるための訓練を受けてこなかった。それゆえ、みずからの流儀と作法で、自分だけのフィールド・ワークや聞き書きの方法を創るしかなかった。思えば、民俗学の先達たち、たとえば宮本常一が列島の村や町を歩きはじめたとき、聞き書きのマニュアルなどあったはずはない。開き直りは承知のうえだ。

ともあれ、わたしは森さんと二人で、素手であることの身軽さにいくらか酔いながら、最上の老人たちを訪ねあるくことを始めた。まるで即興ダンスのようだなと、しばしば苦笑がこぼれたが、それはたんに、相棒の森さんが舞踏家であったからではあるまい。聞き書きのいくつかは、『朝日新聞』山形版に「最上に生きる」と題して、不定期ではあるが連載してきた。この秋には、『東北学へ2』として刊行したいと考えている。

最上は庄内などとは違って、平野部がほとんどない、圧倒的に山の多い、しかも冬には分厚い雪に閉ざされる地方である。この最上地方には、戦後の開拓村がたくさんある。牧畜中心の豊かな農村になったところもあれば、豪雪に勝てずに放棄され原野に還ったところもある。開拓村の歴史はいずれも、たいへん厳しい苦難の連続だが、そこには節《ふし》目《め》がある。畑作主体の農業をいくら続けても展望が開けてこない。追いつめられた人々が選択するのが、きまって稲作への転換である。この大きな節目を成功裡に乗り越えることができたとき、開拓の村はいくらかの安定を手に入れ、次の世代へと引き継がれてゆく足場を固めることになる。稲作への転換に失敗した開拓村には、もはや将来像を描く余力そのものが失われていることが多い。わたし自身の聞き書きからは、そんな開拓村のさまざまな歴史が浮かびあがる。

戦前には満蒙《まんもう》開拓団として大陸に渡り、家族の大半を失いながら帰郷した人々が寄り集まって、原野を開墾し、稲作と牧畜の村を作りあげていった開拓村の歴史を聞き書きしたことがある。アスファルトの道路に沿って、比較的に大きな新建材の家々が二十戸足らず建ちならび、その背後には広々とした水田が森のきわまで拡がっている。五月なかばの、神輿《みこし》もなく神楽《かぐら》や踊りもない、村の祭りの日、わたしは開拓村の老人と並んで、畦道《あぜみち》に立っていた。老人は言葉少なに、その一面の田んぼの穂が初めての稔《みの》りに垂れ下がった秋の日のことを語った。二十数年前の秋、失敗すれば開拓の村を捨てなければならない、と覚悟を固めて水田を開いた村人たちが、ともに分かち合ったにちがいない、深い、深い安堵《あんど》の思いを、わたしは想像してみることができるばかりだった。

稲作とはいったい何か。古代律令制の成立以来、稲＝コメは国家の租税体系の中心につねに置かれてきた。コメは国家の欲望の対象であり、また、長いあいだにわたり、唯一の貨幣でもあった。最上地方では、戦後のある時期まで、コメがなければ物が買えなかったという話を聞いたことがある。コメを「公」の収奪回路として国家や領主に支配されてきた、この列島の百姓たちもまた、たしかに、ある屈折したコメにたいする独特の欲望を抱えこんできた。コメは作るが、ハレの日にしか食べることのできなかった百姓にとって、稲作とは何であったのか。柳田の「民俗学」は確実に、こうした国家／百姓が相互補完的に形作ってきたコメにたいする欲望の歴史に根を降ろしている。しかし、稲を作る百姓が「常民」であり、その「常民」の固有信仰を探究することが「民俗学」

の役割であるとは、とうてい思えない。

わたしが聞き書きした最上に生きる人々の多くは、柳田的な「常民」概念からは大きく逸脱する人生を語ってくれた。かれらが「常民」でないならば、最上地方ではむしろ「常民」は少数派なのである。たとえば、山里の村で田畑を耕しながら、カンジキ作りによって少なからぬ金銭収入を得ている人、開拓の村で畑仕事をしつつ、屋根葺《ふ》き師として活躍してきた人、馬の種付けを職とする一方で、村の木材工場で働き、田んぼを耕してきた人など、これらの人々は紛れもなく百姓に括《くく》られるべきだろう。そして、温泉の裏方仕事だけを生涯にわたって続けてきた人も、亜炭を掘っていた坑夫も、わずかな田んぼを売り払って人形の頭《かしら》を手に入れた人形芝居師も、最上川舟下りの船頭をしている人も、じつはみな、父や祖父の代には、自作か小作かの違いはあれ百姓だったのである。

こうした人々を「常民」概念から、不純物として排除しておいて、いったい村社会の現実が把握しうるものか。わたしは何よりそれを疑う。「常民」はどこにいるのか。それとも、わたしが聞き書きをしてきた、みずからを百姓と称する最上の老人たちは、例外的な存在なのか。しかし、おそらく広く東北地方では、柳田が漠然と理念型をもってイメージしていたにちがいない「常民」は、むしろ少数派であったのではないか、とわたしは想像している。稲を作る農民、それが「ふつうの百姓」であり、「常民」であるならば、東北にはそもそも純然たる「ふつうの百姓」も「常民」も存在しない、と考えたほうがいい。

とはいえ、これはあくまで、三年間の聞き書きを振り返ったときに浮かんできた感想の一端にすぎない。わたしがマニュアルのない、まったく自己流の野良仕事《フィールド・ワーク》のなかで学んだものは、数多くある。たとえば、小さな人生が孕《はら》んでいる凄《すご》みのようなものに遭遇したことが、幾度となくあった。生きることの励ましを受けることもあった。それが民俗の学にとって、どのような意味を持ちうるのかは知らない。しかし、「常民」の人生がそれぞれに抱えこんだ、あの物言わぬ凄みにたいする驚きや敬いの念を失った場所に、あらたな民俗の学の可能性が芽生えてくるとは、少なくともわたしには、思えない。

東北から／冬の旅

東北のあちこちを車で駆った四万キロの旅、しかし、その大半はいわゆるフィールド・ワークを目的としたものではない。ある恥じらいとともに、野辺歩きや野良仕事と呼んでみるほかない、ほとんど学問や研究の名には値しないものである。ただ、その土地を踏んでおくことで、たんなる活字の群れが生き生きと立ち上がってくる、そんな体験だけは積み重ねてきたといってよい。

幾通りかの旅がある。風景に触れるだけの旅があり、あらかじめ存在する先入観を壊したり、再認するための旅があり、さらには、足を止めてそこに暮らす人々の話に耳を傾け、メモを取り、思念を揺らしめぐらす旅がある。講談社のPR誌『本』に「忘れられた東北」と題して連載された文章《エッセイ》は、この第二の旅の断片的な記録であった。この『東北学へ１』の中核をなすエッセイ群である。

「忘れられた東北」の旅は、やはり初めての東北の秋を起点として始めた。二年近く続けた連載のなかで主として訪ねたのは、山形・秋田・岩手という三つの県だった。北辺の津軽や下北、そして、宮城や福島にはほとんど足を踏み入れていない。訪ねてはいるが、文章にすることは避けてきたと言ったほうが、より正確ではある。

山形を拠点として、助手席に道路マップを広げながらの旅には、思いがけず制約が多かった。雪の季節には、想像をはるかに越えて身動きが取れなくなることも、東北に来てから初めて知ったことだ。冬場には閉鎖される道路が予想外に多く、幾度となく立ち往生し、コース変更を余儀なくされ、また、目的地を間近にしながら断念せざるをえないこともあった。ことに東西に奥羽山脈を横断する峠越えの道は、たとえ国道であっても、冬季には閉鎖されていることが少なからずある。何度、施錠されたゲートの前で途《と》方《ほう》に暮れ、泣かされたことか。むろん、ここでもわたしが無知であっただけのことだ。

東北では冬は籠もりの季節であることを、いわば身をもって体験してきた四年間でもあった。夏場と冬場とでは、人々の行動半径、それゆえ、行動様式もまた大きく異なっているのである。一九九〇年代の現在においてすら、この状態である。一年の半分近くも雪に埋もれて暮らした、かつての東北の「常民」たちが、西南日本の「常民」たちとは異質な民俗文化を育んできたことは、当然なことだった。それにもかかわらず、異質な貌《かお》と背中合わせのように、日本列島の北辺の地と沖縄を含めた南の地方とのあいだには、共通の民俗文化が互いの存在は知らぬままに見いだされる。昭和初年の柳田によって発見されたものは、まさに、この列島の南／北また西／東において共通する基層文化であった。そうして『雪国の春』という郷愁に浸された著作が編まれた。

言葉を換えれば、柳田はこのとき、「ひとつの日本」を発見したのである。近世には、分断された「いくつもの日本」が存在していた。おそらく、初めて「ひとつの日本」をそれとして見いだしたのは、幕末から明治維新にかけての時期に、日本に滞在した外国人の学者やジャーナリストらであった。この近代に生成を遂げた国民国家としての「ひとつの日本」を、内なる眼差しをもって発見し直したのが、ほかならぬ柳田国男であり、柳田の創った「民俗学」であったと、わたしは考えている。昭和初年の柳田は、日本文化／アイヌ文化のあいだに亀裂を走らせ、越えがたい障壁によって分かち隔てつつ、同時に、東北文化を「ひとつの日本」の地域的なヴァリアントとして位置付ける作業に、身を削るほどに精魂傾けて取り組んだ。その結晶ともいうべき『雪国の春』が、はたして「ひとつの日本」という国民国家イメージを支えることにどれほど寄与したのかは知らず、柳田自身の志向するところは明白であった。

『雪国の春』の柳田はくりかえし、「中世のなつかしい移民史」について語った。そして、東北の地の「常民」たちに向けて、北日本の兄弟たちよ、と呼びかけた。柳田にとって、東北の歴史は稲を携えた南の人々が移住を開始した、千数百年前の「中世」に幕を開けたのである。それ以前の、つまり稲作以前の東北には、そもそも歴史それ自体が存在しない。先住の異族・エミシの歴史や文化は、視野の外に祓いやられたのである。

正月の仮面仮装の来訪神を迎える行事について、柳田は以下のように述べている。

閉伊《へい》や男鹿《おが》島の荒蝦夷の住んだ国にも、入代つて我々の神を敬する同胞が、早い昔から邑里を構へ満天の風雪を物の数ともせず、伊勢の暦が春を告ぐる毎に、出でゝ古式を繰返して歳の神に仕へて居た名残である。

伊勢の暦が春を告げるごとに、軒まで届くほどに深い雪を物ともせず、春を言寿《ことほ》ぐ古い穀祭りをおこなっていた同胞たち……。それがまさに、東北という風土に抗い、南の島々にこそ似つかわしい稲作にまつわる習俗や行事を、北辺の地方に運んできた、中世の移民たちの末裔《まつえい》ではなかったか。だから、柳田は懐かしく呼びかける、北日本の兄弟たちよ、と。呼びかけられた昭和初年の東北人のなかに、深い慰めと救いを感じた人々がいたことを、わたしは知っている。しかし、ほんとうにそれは、東北に生きてある人々に向けて発せられた経世済民《けいせいさいみん》のメッセージであったのか。わたしはあくまで懐疑的である。

こんな一節が見えている。

稲はもと熱帯野生の草である。之を瑞穂の国に運び入れたのが、既に大いなる意思の力であつた。況んや軒に届く程の深い雪の中でも、尚引続いて其成熟を念じて居たのである。さればこそ新らしい代になつて、北は黒龍江の岸辺にさへも、米を作る者が出来て来たのである。信仰が民族の運命を左右した例として、我々に取つては此上も無い感激の種である。

東北の稲作から、黒龍江の岸辺に始まった稲作へと視線を伸ばしながら、柳田がそれを「信仰が民族の運命を左右した例」と見なしつつ、感激を露《あら》わにしていることに、複雑な関心をそそられる。黒龍江の稲作と書いたとき、柳田の脳裡にはたして、いかなる稲のある風景が結ばれていたのかは知らない。しかし、それがいったい「信仰が民族の運命を左右した」などと称されるべきことがらであったのか、わたしは疑う。むしろ、日本の侵略と植民地支配、国策としての満州移民といった昭和史の暗部にこそ、深く繋がってゆく政治的な事件《できごと》ではなかったのか。あの「中世のなつかしい移民史」もまた、じつは、遠い時代の東北を舞台として演じられた、侵略・植民地化・移民というひと連なりの歴史であったはずだ。稲をめぐる幾重にも屈折した歴史を、民族的な信仰のレヴェルへと還元していった柳田の方法的なありようにたいして、異議申し立てをしなければならないと、あらためて思う。

稲作以前、あるいは稲作の外部が祓い棄てられたとき、東北の歴史そのものが根底からの否定と抹殺の憂き目に遭《あ》っていたことを忘れてはならない。なぜならば、稲作以後に限定された東北は、みずからの歴史的アイデンティティの大半を奪われてしまうからだ。東北はアイヌ文化から空間的に切断されると同時に、時間的にもまた、文化的な古層に横たわる縄文以来の歴史の連なりから切り離されることになった。『雪国の春』という追憶と物語の書が、その懐かしげな表層の声や身振りとは裏腹に、きわめてラディカルな暴力性を秘めたものであったことに、注意を促しておきたいと思う。

くりかえすが、『雪国の春』の柳田がめざしたものは、「いくつもの日本」の屍《しかばね》を縦糸・横糸として、あらたに「ひとつの日本」というテクストを織り上げることであった。その試みはみごとな成功を収め、柳田はそれ以降、「ひとつの日本」の精神史を「民俗学」の名において体系化してゆくこととなる。瑞穂の国の民俗学はそうして誕生したのだ、と言ってよい。

だからこそ、東北が戦いの舞台となる。『雪国の春』という懐かしい追憶の物語を、東北の地の内側から読み破らねばならない。「ひとつの日本」の呪縛をほどき、「いくつもの日本」を剝き出しに露出させてゆくとき、日本文化像それ自体が根底からの変容を強いられることだろう。東北はやがて、ある特権的な知の戦いの現場と化してゆくにちがいない……、そんな予感はしかし、いまだわたしだけのものだ。

「忘れられた東北」の試行錯誤にみちた旅は、とても中途半端なものにすぎない。柳田の『雪国の春』と対峙《たいじ》するなかに、しだいに浮かびあがってきた「もうひとつの東北」への飢えにも似た欲望だけが、ひそかなつっかい棒だった。みずからの足で東北を巡りあるきながら、「もうひとつの東北」を掘り起こしてみたい。大それた、身丈に合わぬ欲望であることは、もとより承知のうえだ。へたくそな即興ダンスの見苦しさも、困ったときに決まって露わになる感傷癖も、まとめて開き直りしておくほかはない。

わたしはいま、四度目の東北の冬のさなかにある。柳田の「民俗学」への出立の書が、その雪国の冬ではなく春を描いた『雪国の春』であったことは、思えば、なかなかに暗示に富んでいる。それが東北論であるならば、『雪国の冬』こそが書かれねばならなかった、とわたしは思う。雪国の冬景色を淡く／濃《こま》やかに沈めながら、「いくつもの日本」の彼方へと解き放たれてゆくような「もうひとつの東北」を、許されるならば描いてみたい。「いくつもの日本」への扉が、いま、東北から開かれる。

冬の旅の途上にて――。

1　歴史を笑え、と幼い詩人に祖父は教えた

東北への旅立ち

あるとき、古くからの友人である一人の詩人がとても唐突《とうとつ》に、こんな話をしたことがあった。たぶん、わたしが東北に新しくできる大学への就職を決めたばかりの頃のことだ。酒の席のほんの短い会話であったから、はたしてそれが事実であったのか寓話のたぐいであったのか、いまだに定かではない。それっきり確かめてみたこともない。ほとんど身の上話めいたことを喋らない、その、岩手の北上山地のある村の出身である寡黙《かもく》な詩人の口から洩れた、それはもしかすると、稀有なるライフヒストリーのひと齣《こま》であったのかもしれないが、仮にいま問いただしたところで、かれは否定も肯定もせずに小さく笑うだけだろう。

ぼくにはじつは、名前が二つあるんだよ、そう、詩人はカウンターのうえに零《こぼ》れてい

た水で字を書きながら言った。笑史、とかれは書いた。エミシと読ませるんだ、ぼくの亡くなった祖父がつけてくれた名前でね。変な名前だろ。自分の名前の由来をはじめて知ったのが、たしか、小学校の四年のときだった。祖父はすでに八十歳をとうに越えていて、長いこと病気で臥せっていた。ぼくは祖父に溺愛されていたんだ。いつものように、学校から帰ると、祖父の枕元にすわって、ぼくはその日に学校で起こったことや習ったことをひとつひとつ喋った。天井を見上げたまま、祖父は目をほそめ黙って聴いている。そのうち、祖父が寝入ってしまうと、ぼくは話すのをやめて、そっと枕元を離れ、外で待っている友だちのところへ飛んでゆくんだ。ところが、その日は違った。祖父は眠らなかった。ぼくがひととおり喋りおえるのを待って、不意に、低い声で、まるで怖ろしい秘密のつまった小箱を押しあけるような神妙な顔つきで、こんなことを囁いたんだ。笑史、よく覚えておくんだ、おまえの体のなかにはエミシの王族の血が流れている、ずっと昔、この地方に住んだ人たちはエゾとかエミシとかよばれていた、エミシはヤマトの軍隊と戦った、とても勇敢だったが、武器らしい武器ももたないエミシは負けてしまった、そんな勇敢なエミシの王の血がわしのなかにも、おまえのなかにも流れている、わしとおまえは選ばれたエミシの子孫だ、おまえにはエミシの王族の末裔としての誇りをもって生きてほしい、そう思って、おじいちゃんはおまえに笑史と名前をつけたんだ、これは秘密だ、だれにも喋ってはいけない……。十歳の少年であったぼくは、おぼろげな理解ではあったが、祖父のことばを信じた。祖父は間もなく亡くなったから、たぶんそれは、死期の迫ったことを感じた祖父が、愛するぼくに残してくれた遺言だったにちがいない。そして、ぼくは十八歳で上京してきたときに、その、祖父がつけてくれた名前を捨ててしまった。つまり、祖父の遺言を裏切ったということだよ……。

そこで、詩人のことばは途切れた。そうして詩人は思いがけず、まっすぐにわたしの眼を見つめ、やがてゆるやかに視線を逸《そ》らした。それから、ほんの一瞬だけ哀しみとも自嘲ともつかぬ笑いに頰をゆるませると、黙って、カウンターに書かれたあわい水文字を指のさきで消した。それきりだった。わたしはかれが笑史という名前を捨てた理由を、ついに尋ねることができなかった。不思議な、寓話めいた話ではあったけれど、それはきっと、東北にむけて旅立とうとしていたわたしに、詩人がくれた贈ることばだったのだろう、今頃になって、そう思う。

笑史、歴史を笑う、いったいどんな歴史を笑えと老人は幼い孫に教えたかったのだろうか。笑史は蝦夷《えみし》である、という。それならば、蝦夷の歴史を笑え、ということか。はるかな古代に、瑞穂の国の王がさしむけたヤマトの軍勢に果敢に抵抗した、あのマツロワヌ異族の民・蝦夷の歴史を、蝦夷の王の末裔を自任していたらしい老人が笑うはずはあるまい。だとすれば、蝦夷を滅ぼし、かれらの歴史を闇に葬ったヤマトの歴史をこそ笑えと、老人は教えたのか。……いや、結論を急ぐ必要はない。ただ、愛する孫のひとりに、蝦夷の末裔としての誇りをもって生きよと教え、かれに笑史なる奇妙な名前をあたえた老人が、この東北の地に生きてあったこと、それだけを記憶しておけば足りる。

わたしは東北にやって来た。そこはわたし自身の父祖の眠る土地でもある。わたしの父は蝦夷の歴史を語ることも、蝦夷の末裔としての誇りをもてと教えることもなかった。おそらくは、そんな東北とは無縁なままに、その生涯をすでに終え、東京の郊外の山ぎわの墓地に葬られた。わたしの父が、また、わたし自身が蝦夷の末裔であるのか否かは知らない、関心もない。わたしはただ、この東北の地のそこかしこを欲望の促しのままに、ひたすらに歩きたいと願う。だから、東北にやって来た。東北はいま、わたしのあらたな巡りのフィールドとなった。かぎりなく私的な、東北へ／東北から――。

バッタリのある村にて

二月はじめのことだ。いくつかの偶然が重なって、わたしは北上山地の北のはしに連なる小さな村を訪ねた。詩人の生まれ故郷からほど遠からぬ九戸《くのへ》郡山形村、かつて日本のチベットと称された、その山深い過疎の村の、さらにはずれに戸数わずか五戸の集落・木藤古《きとうご》がある。ブナの森にいだかれながら、ヒエやアワをつくり、炭焼きで暮らしを立ててきた村だという。若い頃に炭焼きをしていた父の見えない因縁に導かれ、わた

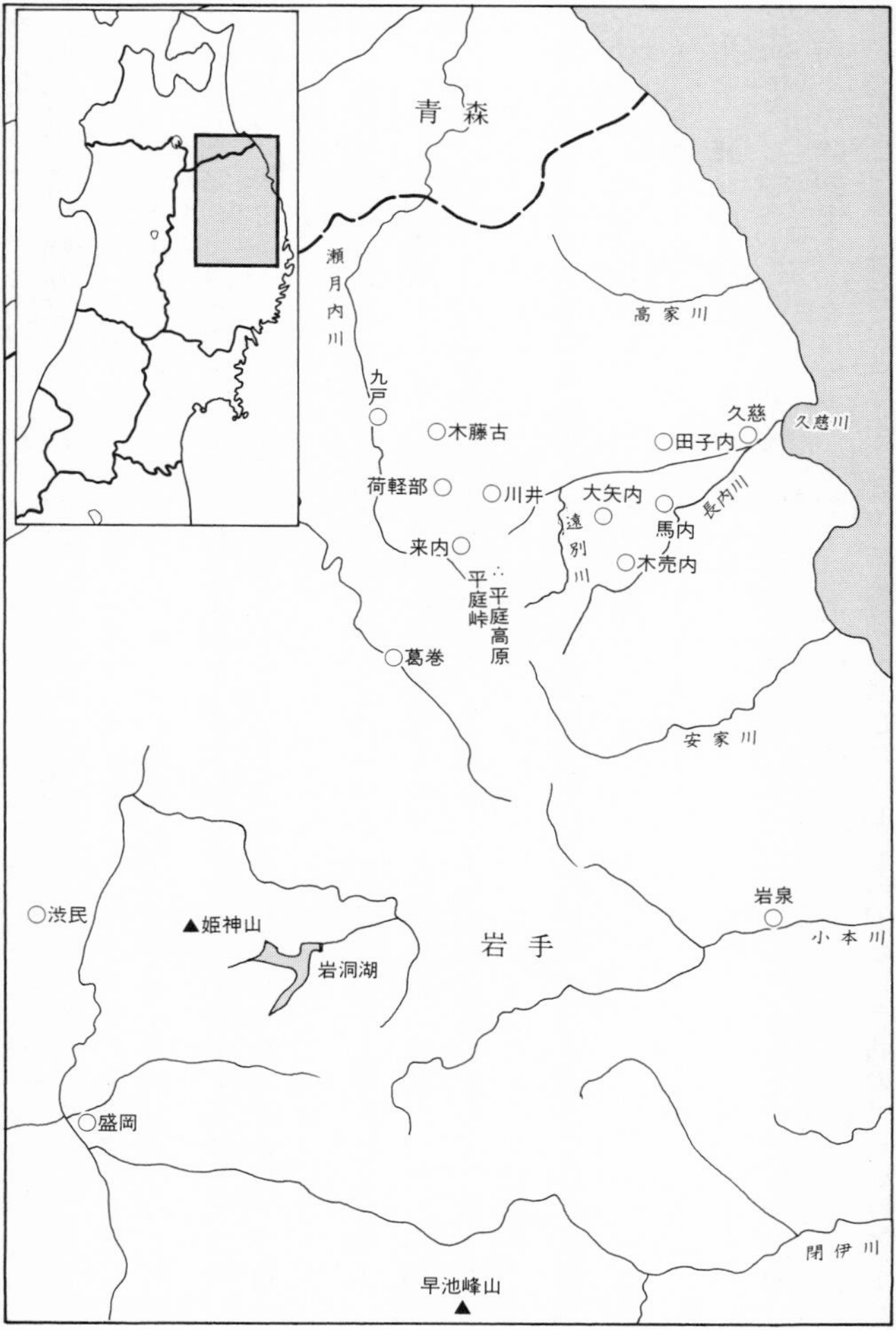

青森
瀬月内川
高家川
九戸
木藤古
久慈
久慈川
田子内
荷軽部
川井
大矢内
長内川
遠別川
馬内
来内
木売内
平庭峠
平庭高原
葛巻
安家川
岩泉
小本川
渋民
姫神山
岩手
岩洞湖
盛岡
閉伊川
早池峰山

しは木藤古に降り立つことになった。

小さな村はひっそりと降りしきる雪に埋もれていた。アスファルトの舗装された道に沿って、かや葺きの家屋がいくつか点在し、すぐ背後には、四方から山が覆いかぶさるように迫る。ミズナラやアカマツの森も清流も、そして家々や、谷あいに拓《ひら》かれたほそい畠も、境なく、どこもみな真っ白な分厚い雪のしたに息をひそめ、晩《おそ》い春の訪れを待ちわびていた。

東北の軒まで届くほどに深い雪景色の底に、コメをつくる常民の姿を発見した、柳田国男の『雪国の春』が浮かぶ。その懐かしい物語と追憶の書が公けにされたのは、昭和三年のことだ。やがて訪れるはずの雪国の春、しかし、木藤古にはコメをつくる常民たちの春はない。雪景色の底に埋もれているのは稲田ではない、ヒエやアワの畠である。村のほかの地区では、大正期に稲作への模索がはじまり、長い時間をかけてしだいに稲作主体の農業に移行していったが、木藤古の人々はいまなお、ヒエ・アワ・キビ・ソバなどを主とした、昔ながらの雑穀農耕をいとなんでいる。戦後、わずかに開かれた田んぼは、減反政策のために牧草地に変わり、見る影もない。『雪国の春』が書かれた昭和初年にはおそらく、この雑穀の村こそが、雪景色の裏がわに隠された岩手や下北半島の村々の素顔であったはずだ。

『雪国の春』は疑いもなく、柳田の脳髄に宿された瑞穂の国という名のイデオロギーが分泌した、ひとかけらの幻想である。甘やかな、かぎりなく懐かしい物語ではあるが、酔い痴《し》れるわけにはいかない。この瑞穂の国の物語の呪縛のもとに、気候・風土・伝統を無視した強引な稲作への転換に駆りたてられた東北の村々は、近代にも深刻な凶作にくりかえし見舞われ、減反政策や、いずれやって来るコメの自由化の影によって翻弄され、ひたすらにいたぶられている。懐かしい追憶の物語は、生きられた現実をやさしげに抱擁しつつ、巧みに隠蔽《いんぺい》する。現在の事実としての、雑穀の村・木藤古はその存在それ自体が、だれよりも痛切にして、鋭い、柳田国男とその『雪国の春』にむけた批判者たりえていると、わたしは思う。

列島の山深い村々から、ことに東北から、ヒエやアワをつくる雑穀の村がしだいに姿を消していったのは、それほど遠い過去の話ではない。たとえば、山形村で本格的に稲作がはじめられたのは、戦後も、一九六〇年代の高度経済成長期以降のことであった。そうした雑穀の村の消滅は、じつは思いがけず大きな問題をその後景に沈めている。近代において、列島の村々の衰微は、もっとも都市から遠い山間僻地《へきち》からはじまった。山の民の暮らしは重層的だった。焼畑や雑穀農耕、そして狩猟や採集などを多角的におこなう生業のかたちから、稲作への転換、いわば純農化への流れのなかで、山に拠《よ》り、山とともに生きてきた村々は根っこから揺らぎはじめ、衰微への道を辿ることになった。高度経済成長期とよばれた六〇年代から、およそ三十年ほどを経て、山の民の村はほとんどが根絶やしに解体されようとしている。山村とはかぎらず、列島の村々はいま、あきらかに終焉の季節を迎えて、悶え、足掻《あが》いている。耳を澄ませば、その断末魔の悲鳴にならぬ悲鳴が、折り重なるように聴こえる。

日本人はコメを主食としてきた民族である、日本は瑞穂の国であると、しばしば言われてきた。しかし、この列島の常民たちが日常的にコメを食するようになったのは、明治以降の近代、より厳密には戦後のことであったらしい。天皇という称号、日本という国号が定まった古代七世紀よりこの方、百姓にとってコメは公けの権力(朝廷や幕府・藩)にさしだす貢物であり、市場に出荷するための商品作物であった。かれらが稀《まれ》にコメを口にする機会があるとすれば、それは一年のかぎられたハレの日のことであった。主食にしていたのは、ムギやヒエやアワやイモといった雑穀だった。コメはつくるが食するのは雑穀である、というのが、列島の常民たちの暮らしのあり方だったのである。

雑穀とは奇妙な言葉だ。穀物のヒエラルキーの頂点にコメを位置づけ、それ以外の穀物を雑穀の名でひとくくりにする。雑穀はあきらかに蔑称であった。その蔑称を作りだしたのは、稲作を国家の基幹にすえた支配階層の人々であったはずだが、コメをつくる常民/雑穀をつくる常民のあいだにもまた、根深い優/劣の意識が長い時間をかけて根を降ろした。東北の常民たちが、おそらくは縄文時代の末から受け継がれてきた雑穀農耕を捨てて、稲作への転換を、近世・近代そして戦後において飽かずくりかえし試みてきた背景には、そうした歴史の所産である稲作コンプレックスが横たわっていたにちがいない。

ヒエは稗と書く。卑しい穀物と文字においてすら貶《おとし》められてきたヒエはしかし、かつてケガチ(飢饉)なしの穀物とよばれた。その野性味あふれる生命力は、天候不順や冷害にたいして、稲とは比較にならぬほどに強かったのである。大正十一(一九二二)年には、岩手県が全国でもっとも広いヒエの栽培面積を有していた。そのケガチなしの穀物を捨てて稲作への強引な転換をはかった東北が、近代にもくりかえし深刻な凶作や飢饉に見舞われたのは、けっして偶然ではない。それはあきらかに、人為的にひき起こされた災害であった。

いずれにせよ、列島の常民たちの食の文化をささえてきた、縄文以来の雑穀の歴史は、稲作中心の公けの歴史の陰に埋もれてゆこうとしている。稲をつくり、コメを食するのが日本人である——という、けっして歴史の現実に根ざしてはいない虚像が、どれほどわたしたちを呪縛し、列島の文化や歴史をみる眼を曇らせてきたことか。稲作の周縁に、あるいは外部に、もうひとつの小さな民＝常民の歴史が沈められている。たとえ見えにくくはあれ、それは疑いもなく稲の歴史よりもはるかに深く、拡がりをもった、もうひとつの常民の歴史である。

木藤古は雑穀と炭焼きの村である。そして、バッタリのある村だ。バッタリは鹿《しし》オドシと同じ原理で、水の力により石臼を搗《つ》く木製の道具である。昔から、この原始の匂いのする水力機械で、ヒエやアワやキビをゆっくり時間をかけて搗いた。かつてはこの地方とかぎらず、列島の山の民の村々では、バッタリ・ノッタリ・トンキラなどとよばれ、広く使われてきた道具であった。が、山形村でもどこでも、稲作への転換とともにバッタリは捨てられ、忘れられてゆく。おそらくは、バッタリが古くからの雑穀農耕や焼畑と結びついた道具であり、生活の技術であったからだ。

木藤古のバッタリは最近になって復元されたものだが、わたしが訪ねたときには、山からの豊かな沢水をあつめて黄色いキビをばったり、のったり、ゆったりと搗いていた。その動きはやはり、稲を搗く平地のふつうの水車とは異なったリズムを感じさせる。時間や空間との、それゆえ自然との道具を介した交わり方が、あるいは、世界観そのものが違う気がする。バッタリは山の文化、雑穀農耕に固有の文化なのではないか。

はじめてバッタリを見て、いくらかの思い入れとともにたくましくした想像にすぎなかったが、じつは、これとまったく形態を同じくする水力機械が、朝鮮半島の火田民(焼畑耕作民)のなかにもあることを、あとになって知った。驚きだった。やはり雑穀農耕と結びついている。列島の基層をなす生活文化の拡がりは、稲作という枷《かせ》をほどいてみると、思いも寄らぬ経路を縫って東アジア世界に繋がっているのかもしれない。バッタリのむこうに、もうひとつのアジアが見える、そう、ひそかに呟いてみる。とりあえずは、これも妄想のひとつにとどまるとしても。

山には古い日本が埋もれていると、柳田は幾度となく語った。その直観は怖いほどに、何かを射抜いている。柳田はしかし、山に埋もれた古い文化にあきらかな輪郭をあたえることを拒んだ。それが、瑞穂の国の民俗学にたいする強烈なアンチテーゼとなることを、無意識にではあれ、鋭くも予感していたからではなかったか。雑穀と炭焼き、そしてバッタリの村・木藤古は、その古い文化の生き証人ともいえるかもしれない。ブナの森にいだかれた稲作以前の古層の村へ……、そう、ここでも呟いてみる。東北を巡りあるく旅のさなかに、わたしは何度でも、この呟きのかたわらに回帰してくることだろう。列島のそこかしこに眠る、古層の村へ。

なつかしい移民史への訣れ

それから、半年あまりが過ぎた。八月の終わりに木藤古を再訪した。白樺のうつくしい平庭《ひらにわ》高原をこえて、車で山形村に入った。木藤古は夏と秋のはざまの、奇妙な残暑のなかに、過ぎゆく季節への訣《わか》れを惜しむ蟬たちの声に包まれながら、ひっそりと佇《たたず》んでいた。二月にお世話になった木藤古徳一郎さんを訪ねた。

木藤古さんは以前、農協に勤めていた。そこで、山村の近代化のために力を尽くした。

囲炉裏は古い、炭焼きは古い、ヒエやアワは古い、山の暮らしはみな古い……。近代化の名のもとに、古くから承け継がれてきた生活の技術や文化がことごとく負の烙印を押され、ひとつひとつ身のまわりから追放されていった時代に、木藤古さんはおそらく有能な山村の近代化の推進者であった。木藤古のような辺鄙《へんぴ》な集落を潰し、経済的な合理性にしたがって、あらたな村の統合と再編を図ることまで考えた、という。転機がやって来る。村の衰微と過疎化はさらに、加速度的にすすんでゆく。これでいいのか。何があったのか、多くは知らない。あるとき、木藤古さんはみずからの生まれた村・木藤古に帰ることを決意する。定年を前にして農協をやめ、木藤古さんは家族とともに村に帰ってきた。「バッタリー村」の旗を掲げ、失われてゆく山の文化を見直し、山にいだかれ山の恵みに生かされてある暮らしを、いま・ここに、あらたに創造してゆくために、さまざまな模索が開始された。

山の暮らしや文化を、土地に生きる人の手で記録に残してほしいと、わたしは思う。手《て》垢《あか》にまみれたマニュアルなどいらない。専門的な知識などと称されるものもいらない。その土地に生きるための知恵や技の結晶であるような、そんな『山の人生』が、『雪国の春』が書かれてほしい。囲炉裏のかたわらで、ニンニクの入った味噌のぬられた豆腐田楽《でんがく》をご馳走になりながら、わたしは考えていた。

山形村の歴史は、すくなくとも一万数千年前からはじまっている。早坂平遺跡からは数年前に、旧石器時代の石器が出土しており、また最近では、高屋敷《たかやしき》遺跡から縄文時代後期の竪穴式住居が発見されている。郷土史家の長内《おさない》三蔵さんのお宅で見せていただいた、旧石器や縄文の遺物、そして、民俗の分厚い時間を感じさせずにはいない資料の数々が、頭に浮かんだ。たしかなことは、はるか縄文以前の時代から、この地方には人間たちが暮らし、集落を構え、数も知れぬ生き死にを重ねてきたということだ。こんな山奥の寒冷な土地に、いったい、いかなる古代人《びと》の生活がいとなまれていたのか。

ブナの森がその謎の一端を解き明かしてくれる。ブナの本拠地は、冷涼かつ雪の多い地方であった。豊かな生活資源を無尽蔵《むじんぞう》といってよいほどに抱える、そうしたブナの森に囲まれた土地は、気候や風土の厳しさはあるが、農耕を知らぬ人々にとっては、たいへん恵まれた暮らしやすい環境だった。クリ・クルミ・トチの実や、きのこ・山菜などを季節にしたがって採集し、山ではクマ・カモシカ・ウサギなどの獣を追って狩りをし、川ではサケやマスの漁をする。縄文時代も末になれば、ヒエ・アワ・ソバなどを中心とした雑穀農耕がはじまったはずだ。焼畑が森との共生関係を壊さぬように、周到におこなわれたことだろう。牛馬の放牧もやがて開始される。縄文時代のある時期には、東北こそが列島のもっとも文化的な先進地域であった、という。豊かなブナの森が縄文人の暮らしをささえたのである。

木藤古のいまは、確実に、旧石器や縄文の時代からのはるかな時間の連なりのなかに息づいている。稲作以前の古層の村は、たんなる幻想ではない。それはむしろ、現在の事実そのものである。中世のなつかしい移民史、と柳田はいった。稲をたずさえた人々が、南の暖かい地方から北へ、北へと、一千年の移住の歴史をくりかえしてきた。北日本の兄弟たちは、そうした中世の移民たちの末裔である、と柳田は語った。はたしてそうか。それこそが瑞穂の国の民俗学が分泌した、ひとかけらの甘やかな幻想だったのではないか。

紅葉の季節にまた訪ねさせていただくことにして、木藤古を去る。村役場のある川井を通り、平庭高原へと向かった。黄昏《たそがれ》のかすかな闇のなかに、迫りこようとしている山の秋の気配があった。

いま、わたしは木藤古さんから送っていただいた山形村の地図を眺めている。不思議な感慨が寄せてくる。アイヌ語地名が、そこかしこに見いだされるのはなぜか。矢内・来内、そして遠別川・遠別岳、周辺の村々には、田子内・馬内・長内川・木売内・瀬月内など、内＝ナイ(小さい川や沢)と別＝ペッ(大きい川)で終わる地名群が豊かにみられる。そうしたアイヌ語地名を残した人々は、どこに行ったのか、どこに消えたのか。稲作のかなたに沈められた時間が、そこにもある。

稲作以前の数千年、数万年におよぶ東北人の歴史を捨象しつつ語られる、柳田の、中世のなつかしい移民史にたいして、わたしはひそかに異議申し立ての戦いをはじめることにしよう。瑞穂の国の民俗学に訣れを告げるべきときが、そこまで来ている。東北を巡りあるく旅、それは瑞穂の国の民俗学を根っこから突きくずし、『雪国の春』という懐かしい追憶の物語に訣れを告げながら、稲の外部に祀り棄てられた雑穀の民や漂泊の民、マツロワヌ異族らのいる、もうひとつの東北を掘り起こすための道行きとなる……、そんな予感にわたしは心地よく浸されている。

2　サイの河原に、早池峰を仰ぐ児らがいた

高原のサイの河原にて

遠野は朝から雨であった。旅館の二階の窓からは、街の後背をなす鍋倉山《なべくら》がうす靄《もや》につつまれて見える。こんな日の遠野のひなびた風景はときに、思いがけず幻想的なまでにうつくしい。野や山のかたわらに佇み、幾度か息を呑みつつ眺めたことがある。今日もまた、そんな風景に出会えるかもしれない、と思う。風景は土地に生きる人々のものではない、所詮は旅する者らのものだ。何度通ったところで、風景は風景でしかないことは、むろん承知している。そして、わたしは風景としての遠野が、その、どこにでも転がっている東北の風景のひとかけらが好きだ。

貞任《さだとう》高原にサイの河原がある、という。今日はそのサイの河原に案内してもらうことになっている。案内者は郷土史家の荻野馨《おぎのかおる》さんである。郷土史家とよばれる人たちのな

かには、数は少なくはあれ、ときおり土地の歴史や伝承を生き字引のように知り尽くす人がいて、驚かされることがある。しかも、そうした人はたいてい研究者として無名であるばかりか、論文らしい論文を公けにしたことすらない。だから、アカデミズムに属する者らによって、ただ情報提供者としてのみ珍重されることになりがちだ。荻野さんはたぶん、そんな物静かな凄みをもつ郷土史家の一人だと、わたしはひそかに思っている。

図書館のまえで落ち合い、わたしたちは車に乗りこんだ。同行者はほかに、柳田国男の遠野における足跡を丹念に辿った研究、『柳田国男の遠野紀行』をまとめたばかりの地元の研究者である高柳俊郎さんと、わたしの知りあいの編集者である。地図を拡げて、サイの河原の位置を確認する。安倍貞任《あべのさだとう》伝説にゆかりの深い高原に、そのサイの河原はあるという。貞任高原からの眺望は、わたしのもっとも好きな遠野の風景のひとつであるが、そこにサイの河原があることは知らなかった。土地の人もほとんど知らないらしい。

高原のサイの河原のことは、昨夜の酒の席で知った。遠野にはサイの河原が三ヵ所あると、なにかで読んだことがあった。そのひとつが、駒木《こまぎ》の妻《さい》ノ神《かみ》石碑群の奥にあると聞いて、訪ねたことがある。峠の道をゆく旅人たちが手向《たむ》けに石を積んだところだという話であったが、その場所はついに確認できなかった。すでに生きられた習俗としての

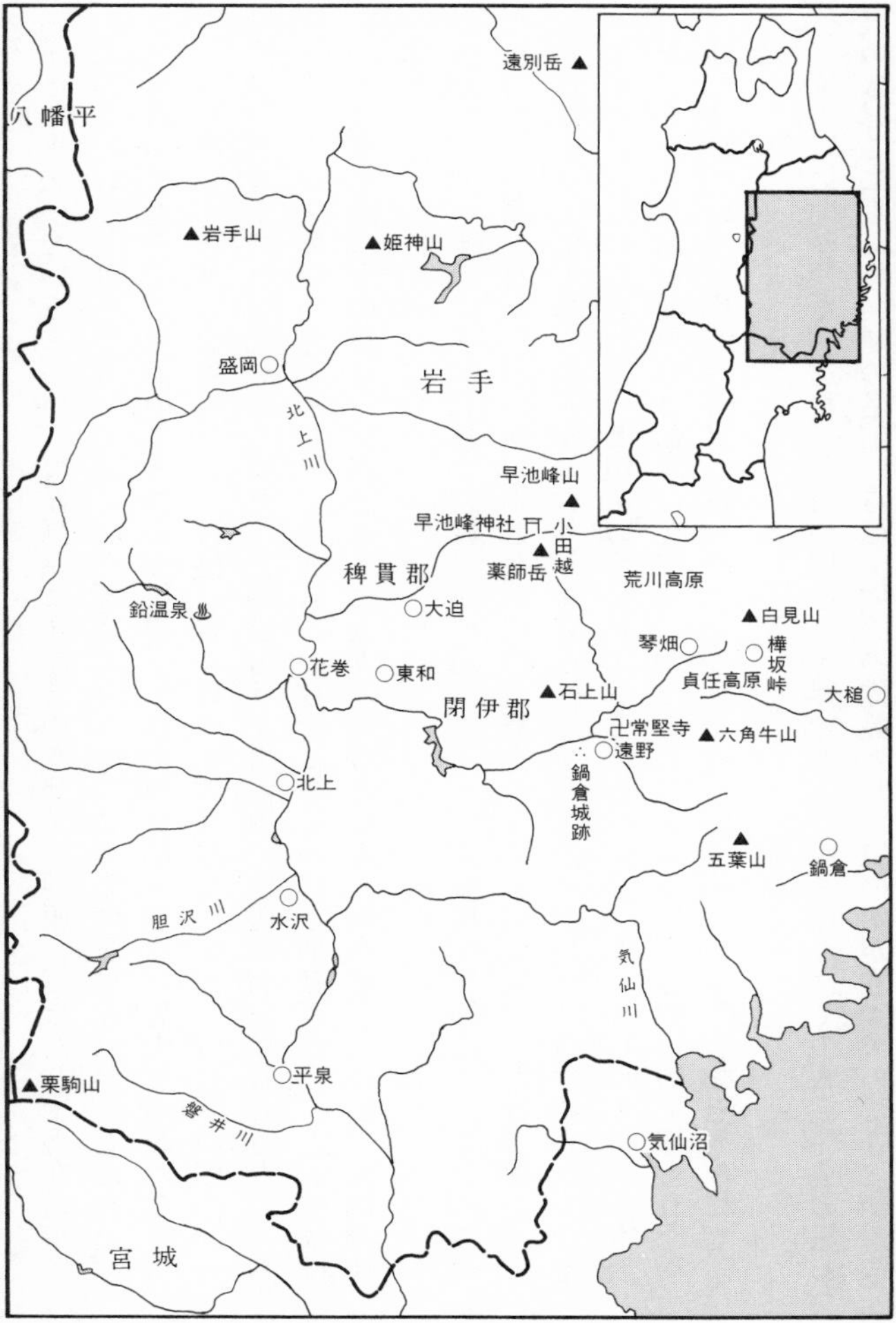

八幡平
遠別岳
岩手山
姫神山
盛岡
岩手
北上川
早池峰山
早池峰神社
小田越
薬師岳
稗貫郡
荒川高原
鉛温泉
大迫
白見山
琴畑
樺坂峠
花巻
東和
貞任高原
大槌
石上山
閉伊郡
常堅寺
六角牛山
遠野
北上
鍋倉城跡
五葉山
鍋倉
胆沢川
水沢
気仙川
平泉
栗駒山
磐井川
気仙沼
宮城

かたちを失っているらしい。貞任高原にあるというサイの河原は、はたして現在の事実なのか。わたしは荻野さんの話に心を揺さぶられた。この眼で見てみたい、と思った。

佐渡の外海府《そとかいふ》で、福島のある海辺の村で、津軽の川倉《かわくら》地蔵堂で、恐山《おそれざん》で、わたしはいくつものサイの河原を見てきた。習俗としてのサイの河原は、中世における地蔵信仰の広まりのなかで一般化したものだ。あの世のサイの河原で供養の石を積むおさな児たちと、石を崩す地獄の鬼、そして、子どもらの救済にあらわれる地蔵菩薩……という構図は、地蔵和讃のもの哀しい旋律とともに人々の知るところとなった。しかし、そこには濃密に仏教以前が覗《のぞ》けている。

たとえば、すでに名も忘れた磐城《いわき》の海に面したサイの河原は、海蝕によってつくられた自然の洞窟のなかにあった。小さな地蔵や石積みのかたわらに立ったとき、海上はるかな波のうえに、あの世がくっきりと輪郭を結んでみえる気がした。常世波《とこよなみ》のうち寄せる浜辺に、幼い死者たちの魂鎮《たましず》めの祭場がしつらえられる必然が、痛いほどに実感された。そうした海上他界観は仏教には還元しがたい、おそらくは列島の古層に埋もれた信仰を宿している。サイの河原に映しだされる他界の影に、わたしは関心をそそられてきた。

境木峠《さかいぎ》に向かった。遠野と釜石の境をなす峠である。いまはかつての大槌《おおつち》往還の賑《にぎ》わいはどこにもない。峠の名前からは、境界の標識として境の木が立っていたことが想像されるが、あたりは灌木《かんぼく》の繁みばかりだ。砂利道のわきには、榛《はん》の木の樹林と湿原がひろがっている。『遠野物語』のなかで、ひとりの狩人が何百とも知れぬ狼の群れに出会ったと語られる大谷地《おおやち》が、この湿原であるという。境木峠に小屋掛けして、赤毛布《ゲット》の老人が茶屋を開いたのは、たぶんこのあたりだ、と荻野さんがかたわらの繁みを指でしめす。『遠野物語』はたんなる昔語りではない、それは遠野ではいまも、確実に生きられた現在の事実の一部であり続けている。『遠野物語』は遠野という土地に根ざした眼で、ひとたびは読み抜かれねばならない、そう、あらためて思う。

それから、貞任高原へと車を走らせる。なだらかな山肌に大根畑が姿をあらわす。白樺の林と、柵で囲われた牧草地が、高原のそこかしこに点在している。雪に埋もれた二月、そして、夏の暑い盛りに、この高原に立って遠く早池峰《はやちね》の山なみを振り仰いだ。むろん、その早池峰はいま、やわらかな秋の雨に鎖《とざ》されて見ることはできない。

サイの河原を訪ねるのは十年ぶりだと、荻野さんが言う。一度は通り過ぎてしまい、ひき返して、ようやく探し当てた。すこし高台になった草藪のなかに、石塔や板の卒塔《そと》婆《ば》、小さな祠《ほこら》などが身を寄せあうようにたち並んでいた。冷たい雨に打たれ、秋桜《コスモス》が淡いピンクの花びらを散らしている。だれが立てたか、三、四十センチほどもあるコケシ人形がこちらを見つめている。石塔はどれも自然石だが、そのいくつかはこの付近の山の産ではない、どこか別の土地から運ばれてきたものだと、荻野さんが説明してくれる。

遠野の山という山を歩き、知り尽くしている荻野さんのことばには、深い説得力がある。

たしかに、このサイの河原は現在の事実として生きられている。供えられた枯れ花や、転がっている缶ジュース、子どもの遺品らしき玩具などのまわりには、幽《かす》かではあれ、生ける者たちが幼い死者の群れに寄せる想いが漂っている。いわゆる子墓・子三昧《こざんまい》・ワラベ墓などとよばれる、間引かれたり、幼くして亡くなった子どもたちの墓ではないらしい。やはりサイの河原なのである。木の念仏車が一本立っている。五輪塔がどこか藪の奥のほうにあった、と荻野さんは言う。しかし、この祭場にはサイの河原を特権的にいろどる地蔵の影が、意外なほどに稀薄だ。村のはずれの境の地ではあるが、サイの神も道祖神もここにはない。峠の道からははずれた丘のうえのサイの河原から感じとられるのは、もうすこし原初的なあの世への信仰のかたちである。仏教以前の匂いといってもよい。

たいした根拠もない思いこみではある。わたしはただ、このサイの河原がはるかに早池峰の山を仰ぐ丘のうえにあることに、ことばにはならぬ感動を覚えていたのだった。早池峰山をまっすぐに仰ぎみることの可能な、高原の絶景の地に、いつの時代にか、おさな児らの魂を鎮める祭場がつくられた。偶然ではありえない。このサイの河原は早池峰信仰の一環をなし、それとともに成長を遂げてきた小さな霊場であったのだ。

仏教以前へのまなざし

ある夏、二十一歳になるひとりの娘が亡くなった。父は娘の死から五十日ほどのあいだに、三つの夢を見た。夢のなかの少女は、巌石のそびえたつ山の中腹を路《みち》をもとめてゆき巡り、照りかがやく青空のしたを、どこからともなく聴こえる追分節の声とともに、ひとり宙を踏んでいった。あるいは、長い橋のうえでゆき逢った父に問われて、わたしはいま早池峰の山のうえにいます、と少女はこたえた。『遠野物語』の語り部である佐々木喜善《きぜん》の見た夢である、という。

東北の霊山の多くは、下北の恐山がそうであるように、死者の魂がのぼりゆく峰として崇敬されてきた。早池峰山にはそうした信仰はない、と聞いたことはある。しかし、喜善が夢に紡いだ亡き娘の巡りあるく光景からは、死者の還る山としての早池峰山の隠された貌が浮かびあがる気がする。娘は早池峰の山にいますと、父にこたえる。そうして父親は哀しみのなかにも、娘が無事に早池峰に迎えられたことを確認して、静かな安らぎに浸ることができたのである。

ほんの二週間前のことだが、その早池峰山にはじめて登った。軽装のわたしを見て、だれもが笑ったが、高柳さんが一緒に登ってくれることになった。遠野から大迫《おおはさま》に出て、岳《たけ》の早池峰神社にお参りをしてから、うつくしい紅葉の道を小田越《おだごえ》に向かった。木の大鳥居をくぐり、灌木に覆われた湿地帯を抜け、大きな岩がごろごろしている登山道をゆく、二時間足らずの行程であった。

初夏には高山植物が咲き乱れるという山の斜面には、むろん花々の影はない。岩のあいだに尖った緑を覗かせるハイマツや、あずき色の小粒の実をつけた名も知らぬ樹々が、強い風に抗うように地肌を這っていた。早池峰はとても女性的な、ほんとうにきれいな山だった。空は久しぶりの秋晴れにひたすら青く、深い。紅葉に映える前薬師《まえやくし》にさえぎられて、遠野の街や村々は見えないが、荒川高原や六角牛《ろっこうし》の山なみが蒼白い連なりをみせている。栗駒や鳥海山《ちょうかいさん》の峰々が、ときおり雲の切れめに姿をあらわす。

山頂に着いたときには、午後二時をまわっていた。岩塊にいだかれるように建つ奥の院の社《やしろ》に詣でる。それから背後に回りこむと、北に向けてみごとな眺望が開けている。あれが岩手山、姫神山《ひめかみ》、そして、あそこに白く浮かんでいるのが岩木山ですよ、高柳さんが教えてくれる。岩木山が見えた、ほんとうに見えた、津軽がすぐそこにあった……。天候に恵まれましたね、滅多に見えないですよ、今日はよかった、そう、高柳さんが言う。何年か前に、その岩木山の頂きに立った日のことを思いだす。

岩木山が見えることに不思議な感慨を覚えていたのは、じつは理由があった。十年ほど前のある晩のことだ。百九十数キロも離れた早池峰山と岩木山の、それぞれ山頂に、トランシーバーを手にした一群の人々がいた。かれらは同じ時刻に、二つの地点で発煙筒を焚いた、二本・三本……と。見えるぞ、津軽の灯《ひ》が見えるぞ、たぶん固唾《かたず》をのんで見守っていた人々のあいだに、どよめきにも似た歓声があがったはずだ。そのとき、早池峰の頂きにいたのが荻野さんだった。新聞記事にもなった、という。

奇妙な実験ではあった。何を証明せんとする実験であったのか、聞きそびれたままに確認をしていない。わたしが荻野さんからその話を聞いて、思い浮かべたのは唐突だが、『陸奥《むつ》国風土記』逸文にみえる磐城の八槻《やつき》里のくだりであった。ヤマトタケルが東国の土蜘蛛《つちぐも》らを討ったとき、その異族の土蜘蛛は果敢に抵抗し、北方に拠点をもつ津軽のエミシに援軍をもとめたという、たしか、そんな一節である。磐城のどこか山の頂きから早池峰山へ、さらに津軽の岩木山へと、たとえば、夜の闇の底で狼煙《のろし》を用いた交信が果たされる……。ヤマトの軍勢に抵抗をこころみる異族の民が、いわば東北一円にネットワークを張りめぐらしていた、あるいは、すくなくともたがいに通信を可能とする手段を有していた、と読めるだろうか。のろしは狼煙と書いた。狼の糞を燃やすと、黄色い特別な火と煙があがるのだという。

確かめてはいない。が、荻野さんたちの実験の意図はそのあたりにあったのだろうと、わたしは勝手に想像している。馬鹿げた夢想にとり憑《つ》かれた人々がいるものだと笑うことは、まったくたやすい。何が証明できたわけでもあるまい。荻野さんが何かを証明しえたと、声高に主張しているわけでもない。ただ、磐城の土蜘蛛が津軽のエミシに援軍をもとめることなど不可能だ、といったたぐいの先入観を壊したいと願っているだけだ、そう思う。わたしは笑わない。つねにヤマトの正史によって偽史と貶められてきた、東北の民の歴史への熱情に、ひそかな共感を隠そうとも思わない。笑われるべき歴史は、別のところにこそ転がっているはずだ。

それにしても、早池峰山は修験道《しゅげんどう》に覆い尽くされる以前からの、おそらくは信仰の山であった。死者たちの還る山としての信仰があり、また、早池峰山・六角牛山・石上山《いしがみ》という、遠野三山をお山駈けする風習が、かつて遠野郷には広くみられた。お山駈けは少年が大人になるための成年儀礼として、宗教の装いのもとにおこなわれた。そうした山の信仰はきまって、たとえば早池峰山や岩木山のような霊山を眺望することのできる地域にかぎって、濃密な分布をしめす。遠野の周辺でも、早池峰山が見えない地域には、とりたてて早池峰信仰もお山駈けの習俗もみられないらしい。津軽の涯《は》ての竜飛《たっぴ》岬の稲荷の社で、お山参詣の古い写真を見たときのことを思いだす。若い頃にお山参詣をしたという村の老人は、集落からは見えない岩木山が、舟で漕ぎだした海上からは見えるのだと教えてくれた。山はひたすらに仰ぎみられる時間の堆積のなかに、しだいに、ある宗教的な崇敬の結晶へと高められてゆく。そこにはたぶん、仏教よりも深い信仰や習俗の時間が埋もれている。

仏教や修験道に支配される以前の山の信仰といったものは、じつはひとかけらの幻想にすぎない。すくなくとも文献史料を唯一のてがかりとするかぎりは、そう言わざるをえない。仏教以前に横たわるはずの、日本人の固有信仰をもとめて悪戦苦闘をくりかえした柳田の試みに孕まれた、避けがたいひずみと屈折も十分に承知している。にもかかわらず、列島の数千年、数万年の歴史の古層には、仏教以前がたしかに存在したことは否定しようもない。それを掘り起こす作業の困難さは、ただちに仏教や陰陽道《おんみょうどう》などの渡来する以前の歴史の不在を意味するわけではない。古層や深層を語ろうとする方法につきまとう、あの特有のイデオロギー的な臭みを払拭しつつ、仏教以前の信仰や習俗のかたちを掘る方法が模索されてゆかねばならない、とわたしは思う。

あの世からの言伝て

貞任高原のサイの河原をあとにしたわたしたちは、貞任山、五郎作《ごろさく》山の麓をとおり、樺坂《かばさか》峠をこえて琴畑《ことはた》へと抜ける道を択んだ。マヨヒガ伝承の舞台である白見《しろみ》山から、長者屋敷、琴畑へと川筋を辿るあたりは、『遠野物語』の隠された後景をなす地である。かつては土地の人でも滅多に足を踏み入れることのない、遠野郷の懐深くにいだかれた隠れ里であった。道が舗装されたいまでは、遠野の町場も近くなった。

もうひとつの目的地であった市内の善明寺《ぜんみょうじ》へと向かう。その寺に面白い絵馬《えま》があるんですよ、と高柳さんが言う。死後の世界、つまりあの世の暮らしを描いた絵馬であるらしい。絵馬にかかわる多様な信仰も、いつしか失われてゆこうとしている。絵馬が語りかけてくれる常民の信仰の世界に、生きられたかたちで触れることの可能な最期の時代に、まちがいなくわたしたちは立ち会っている。あきらかに遅すぎた季節であるにせよ、のちの世からみれば、それでも古い民俗社会のありようにじかに触れえた時代として回顧されるかもしれぬ、そんな端境《はざかい》の季節に生きてあることを思う。

善明寺の門前わきには、民家とひとつ屋根でつながれる十王堂があった。遠野ではほかにも常堅寺《じょうけんじ》と会下《えげ》の十王堂がよく知られており、かつては青笹糠前《あおざさぬかまえ》のデンデラ野などにもあったらしい。十王堂は閻魔《えんま》をはじめとする地獄の十王を祀るお堂であるが、多くはこの世／あの世の境と信じられた場所に建てられている。善明寺は市内の大工町にあり、その境の地としての性格はさだかではない。前身と伝えられる松崎の養安寺のがわから、十王堂の出自は問われるべきなのだろうか。ともあれ、遠野人《びと》の宗教観念や伝承のうえに、十王と地獄の信仰は、意外なほどに濃い影を落としているのかもしれない。他界観の歴史を辿りなおす作業は、東北の常民たちの見えにくい精神史を掘るためには、もっとも核心をなすテーマのひとつだといってよい。

その十王堂のある寺に、あの世の暮らしを描いた絵馬が奉納されてきた。偶然であったはずはない。三十枚ほどの絵馬が本堂の壁に掛けられてあった。縦が五、六十センチ、横が一メートル足らずの額に納められた絵馬である。本堂の奥の曼陀羅《まんだら》図のしたのほうには、地獄の十王のまえに曳きだされて、責め苦にあう亡者たちの姿が描かれている。図絵馬はそれとは趣きをたがえ、むしろあの世における幸福な生活を主題としている。図柄のなかの字が逆さ文字になっているのは、この世とあの世とが裏返しにイメージされていたことを暗示している。

一見して祝言の光景とおもわれるものが多い。亡くなった年若い死者たちが主人公である。あの世の若者たちはハレ着に身を飾り、周囲にはハレの日のご馳走が所狭しとならべられている。豪華な調度品も眼につく。三々九度の盃を交わす婚姻の儀や、幼い子どもらの遊ぶ光景は、おそらく死者たちがこの世で恵まれなかった幸福な人生を描いたものだ。若い娘がよちよち歩きの赤ん坊をいとおしげに眺めている図柄は、かの女が未婚のままに、あるいは子どもを産むことなく死んだことを想像させる。戒名のかたわらには、十八歳という細字の書き込みが見える。

いや、こうした解釈はあるいは、先入観に歪められた誤りであるかもしれない。わたしがこのとき思い浮かべていたのは、山形のムカサリ絵馬である。ムカサリは山形の方言で婚礼を意味する。山形市の周辺や最上地方では、近世のなかばから、このムカサリ絵馬を寺や神社に奉納する習わしがおこなわれてきた。山寺《やまでら》奥の院や若松寺は、とりわけ絵馬の奉納が多いことで知られる。未婚のままに死んだわが子のために、せめてあの世で花嫁を添わせてあげたいという動機によるが、たいていはオナカマとよばれる盲目の巫女の口寄せが契機となっている。ムカサリ絵馬に類似の習俗は山形のほかには、津軽や下北などに見られるが、岩手県内からの報告はない。

それゆえ、善明寺の絵馬がムカサリ絵馬の一種であるとすれば、大きな意味があることになる。しかし、時が経つほどに、その可能性は低い気がしてくる。これはあの世の光景をではなく、若き死者たちがこの世で体験した、もっとも幸福な生活のひと齣を描いた絵馬なのかもしれない。いや、やはりこの世における不遇を裏返した、あの世の光景である可能性も捨てきれない。わたしの思いは揺れている。善明寺の絵馬は修復の手が加えられている。そのためにあたらしい印象を受けるが、近世の末期から明治にかけてのものが多い。これらの絵馬の背後にも、生者と死者とをつなぐ媒介者としての巫女たちの活動が隠されているのだろうか。それもまた、確認できずにいる。

遠野のムカサリ絵馬をまえにして、わたしが最初に頭に浮かべたのは、かつて訪れたことのある津軽の弘法寺《こうぼうじ》の花嫁人形であった。暗いお堂の奥に、色褪《あ》せた写真をそえて納められた千体以上におよぶ花嫁人形の群れを見たときの、あの衝撃は忘れられない。若くしてこの世を去った死者たちの、異様なまでに生々しい息遣いが堂内にたれこめ、わたしは体験したことのない畏《おそ》れにうたれた。イタコやカミサマなどと称される宗教者たちの姿が、そこにも見え隠れしている。

盲目の巫女がこの世／あの世を媒介する。そうした死者の口寄せをなりわいとする民間の巫者の源流は、はたしていつの時代に発しているのか。イタコの起源をアイヌ語のイタク(＝語る)にもとめる解釈は、すでに早く明治の末年には唱えられていた。その真偽のほどは知れぬ。が、盲目の巫女たちは、たとえ呼称はイタコ・エチコ・ミコ・オナカマ・ワカ・オガミサマとさまざまではあれ、東北一円にその分布が偏って見いだされる。性急にアイヌ文化との関わり、また北方シャーマニズムとの関わりを説くつもりはないが、ここにも仏教以前の影は濃密に射している。

それにしても、南から侵攻する稲の民によって、古代に異族の民・エミシの地とされた東北には、とりわけ豊かに仏教以前が埋もれている気がする。仏教以前とは何か。古代七世紀に、天皇という名の王をいただき、中国の制度を模倣しつつ、瑞穂の国として誕生した日本という国家のむこうに祀り棄てられ、微妙なひずみと屈折を孕んだ同化を強いられてきた、もうひとつの精神史の系譜……、それをここでは仮に仏教以前とよんでいる。仏教以前を掘る。危うい作業であることは承知のうえだ。わたしはただ、その可能性の涯てまで歩き抜くことだけを願う。

3　ナマハゲの鬼は男鹿の山から来た、という

虹の立つ半島にて

男鹿《おが》半島はわたしにとって、つねに菅江真澄の名とともにあった。足を踏み入れたことはなかった、遠い土地であった。真澄の時代から二百年が過ぎ、わたしはいま、そのナマハゲの半島にいる。昭和初年の柳田の「をがさべり」の旅からも、はるかに遠く、季節はずれの、うら寂しい観光地化のすすんだ男鹿嶋の風景を辿る旅だ。またしても景観主義の旅か、というそしりの声が聞こえる。むろん、わたし自身の内なる声だ。

秋田市内から浜沿いの街道を走り、半島の北端に近い男鹿温泉に着いたのは、陽《ひ》のとっぷり昏《く》れた夕刻だった。宿に入るとすぐ、大きな半島の地図や本を広げて、翌日からの周遊コースを決めた。真澄の足跡を辿りつつ、ナマハゲに関わりの深い神社を訪ねたいと考えていた。同行者は沖縄出身のひとりの友人である。男鹿のナマハゲと沖縄の

島々の仮面仮装の神々との親近性、という、柳田以来しばしば語られてきたテーマではあった。

翌日、わたしたちは海岸に沿って車を走らせ、北浦から真山《しんざん》神社へと向かった。路傍に庚申《こうしん》や百万遍の石塔が立っているのが眼につく。神社のすこし手前にある万体仏《まんたいぶつ》に立ち寄った。小さな堂舎の四壁や天井を、杉の木彫りの二十センチ足らずの地蔵が埋め尽くしている。その数、およそ一万三千体という。手の届く高さにある地蔵には、白い布きれで頬かぶりがされている。佐渡の梨の木地蔵が思い浮かぶ。暗い境内に、なかば下肢を地に埋もれさせながら、万に及ぶかとおもわれる数の石の地蔵が立ちならんでいた。壮観だった。数も知れぬ木や石の地蔵たちの身体《からだ》にこめられた、小さな民の祈りの結晶だ。

この堂舎はかつての光飯寺《こうぼうじ》金剛童子堂であり、明治の神仏分離とともに真山から現在の地に移された。真山は明治以前には、天台・真言《しんごん》の修験山伏によって支配される、神仏習合の霊場であった。維新にさいして、赤神山《あかがみさん》光飯寺から真山神社へと名も改められたが、いまも境内には仁王門・歓喜天《かんぎてん》堂・薬師堂などが残り、廃仏毀釈《はいぶつきしゃく》の生々しい傷痕を感じさせる。

真山神社の特異な神事として知られるナマハゲ柴灯《セド》祭りは、正月三日の夜におこなわれる。これは修験の加持祈禱の儀礼と、民俗行事としてのナマハゲが結合されたもので、

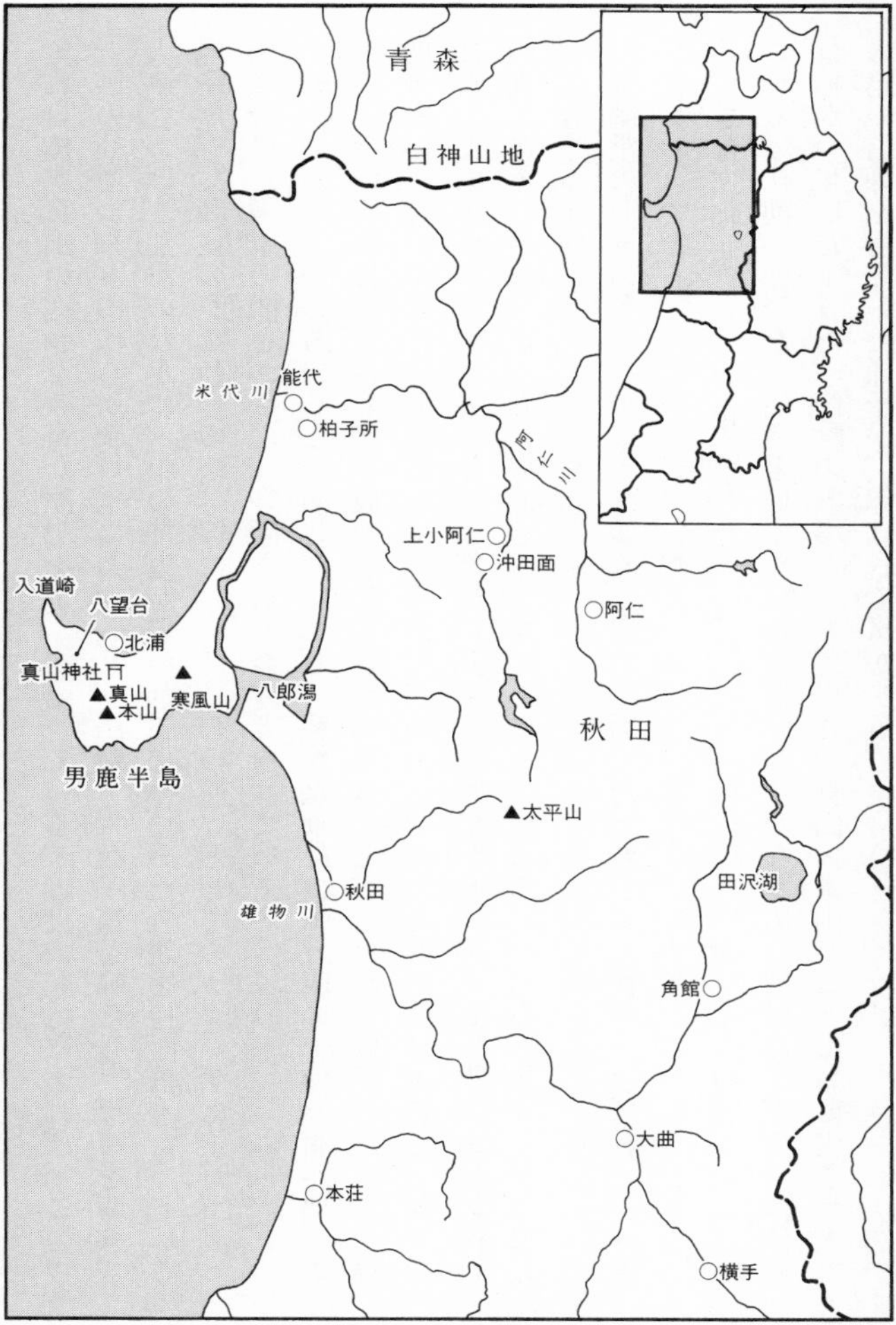
青森
白神山地
能代
米代川
柏子所
阿仁川
上小阿仁
沖田面
阿仁
入道崎
八望台
北浦
真山神社
真山
本山
寒風山
八郎潟
男鹿半島
秋田
太平山
秋田
雄物川
田沢湖
角館
大曲
本荘
横手

それ自体が真山の辿った数奇な歴史をよく物語っている。近世の記録によれば、この夜、一山の社僧つまり山伏らが柴灯堂にあつまり、法螺《ほら》・太鼓・笛を鳴らし、板戸を叩き、大声をあげる乱声《らんじょう》のなかに、山の神鬼が現われて火のついた丸餅を持ち去った、という。現在は、薬師堂のかたわらの柴灯場において、神の使いとしてのナマハゲに柴灯で真っ黒に焼いた護摩《ごま》の餅をささげ、守護を祈る祭りとなっている。

若い神官の方がいろいろと説明してくれる。柴灯祭りには十五匹のナマハゲが出るらしい。その祭りに使う青と赤の仮面を手に取って見ることができた。仮面にたいする神聖視といったものは、すでに薄れている印象があった。ナマハゲの面は木製で、繊維状になった樹の皮や蔓《つる》が毛髪として頭部や口元から垂れており、怖ろしい異形の神の使いの面である。それをただちに鬼面とみなすことには、ためらいが残る。ナマハゲははたして春来る鬼か。

薬師堂のわきの参道をのぼってゆく。奥宮に詣でた。昔から五社堂とよばれ、赤神様を祀るお宮である。外陣や鴨居のいたるところを、落書きが埋めている。もっとも古い落書きは文化元(一八〇四)年のもので、五社堂の造営がそれ以前にさかのぼることが知られる。松前・津軽から能登といった日本海に面したかなり広い地域に、真山の信仰圏は拡がっていたようだ。修験の霊場として、男鹿の真山・本山《ほんざん》がことに海に生きる人々の篤《あつ》い信仰を得ていた様子が、偲《しの》ばれる気がする。

そうした海にむけて開かれた貌をもつとともに、真山・本山・毛無《けなし》山は男鹿三山、あるいはお山と称され、男鹿の民衆にとっては信仰の核となる山々でもあった。この地にもお山駈けの風習があった。真山神社から、半島の南海岸の本山門前まで、山に祀られる神々を詣でながらの縦走登山がおこなわれた。かつては、このお山駈けをしてはじめて大人の仲間入りが許された、という。わたしの知るかぎりでは、こうした成年儀礼としてのお山駈けの習俗の舞台となる山は、きまって修験道の影を負わされている。お山駈けは中世以来の修験道の盛行が産み落とした信仰行事なのか、それとも、それ以前からの山の信仰の古層のうえに修験道が乗っかるかたちでつくられた、いわば仏教以前の信仰であり、習俗であったのか。呪文のごとくに仏教以前を唱えて事足れりとするわけにはゆかぬ。東北の修験道の歴史の底には、いったいいかなる山の信仰の古いかたちが埋もれているのか、問いつづけたいと思う。

それから、わたしたちは入道崎を経て、八望台《はちぼうだい》へと向かった。男鹿三山をほんの間近に仰ぐ。紅葉の盛りをすぎた山なみはくすんだ赤や黄の褐色に沈んでいるが、しかし、山肌は一面の樹林に覆われて、深い。三山のむこうには寒風《かんぷう》山が見える。半島のつけ根にある、この、三百六十度の絶景を眺望することの可能な寒風山は、三山とは対照的に禿げ山である。それもまた信仰の山であった。

その寒風山から虹が立った。虹はするすると延び、半天に大きく、きれいな淡い弧を描きながら海のかなたに消えている。男鹿が半島であることが、奇妙に実感される。男鹿半島の南海岸に椿の自生北限地があり、その低い丘のうえに女神を祀る椿神社がある。青森の夏泊《なつどまり》半島にも椿の北限地があり、椿神社があった。椿の枝をたずさえた漂泊の巫女の群れが、幻のように浮かぶ。海のきわ、ことに半島や岬には、はるかな彼岸《ひがん》から神や人やものが流れ寄るものと信じられてきた。その椿神社を訪ねたのは、翌日のことだ。

ナマハゲの今と昔

あくる日は、日本海を眺めながら南へと浜伝いの道をくだり、本山門前の赤神神社を訪ねた。九百九十九段といわれる石段をのぼりつめ、五社堂に詣でた。赤神神社の本殿として、近世の中期に建てられた社殿には、五匹の鬼が祀られている。社殿のまえには、枯れた逆さ杉が横たえられてあった。二十センチ足らずの鳥居を添えて、枯れ杉はのたうつ龍の身体《からだ》のようにくねり、重ねてきた年輪を感じさせる。

こんなナマハゲの起源伝承が語り継がれている。漢の武帝が五匹の鬼をしたがえて男鹿へやって来た。ある年の正月十五日、一日だけと鬼を自由に放したところ、鬼たちは家畜や娘たちをさらって喰らった。困りはてた村人たちは、毎年一人ずつの人身御供《ひとみごくう》を出す代わりに、五社堂まで千段の石段を一夜のうちに築くようにと、鬼たちに求めた。

五匹の鬼は寒風山から石を運び、見るまに石段を築いていったが、九百九十九段まで積み上げたところで、村人が一番鶏の鳴きまねをした。鬼たちは驚き、怒り、かたわらの千年杉をひっこ抜いて逆さに大地に突き立てたが、結局、約束を果たせなかった責めを負わされ、舟に乗せて海へ流されてしまった。それから、鬼の祟《たた》りを畏れた村人たちは、年に一度日をさだめて、若者が鬼の扮装をして里を訪れ、饗応を受けて山に還るという行事をはじめた。これがナマハゲの起源である、という。

この漢の武帝と五鬼の物語はしかし、ナマハゲの起源伝承としてはいかにも唐突で、違和感が拭いがたい。ほかに、難破して男鹿に流れ着いたロシア人や女真《じょしん》族といった、異邦人にまつわるナマハゲの起源譚もあるが、そのどちらも、ナマハゲの出自を海上はるかな外国＝異界にもとめている。ところが、ナマハゲは訪れた家の主人との問答のなかで、自分は「お山から来た」と名乗りをあげるのがつねだ。ナマハゲの祭りは多く、海辺の集落を舞台にしておこなわれてきたにもかかわらず、山中深くの異界から出現すると信じられているのである。

海から／山から、とナマハゲの出自をめぐって二つの他界観が交錯する。伝承レヴェル／祭祀レヴェルにおける、この齟齬《ズレ》はいったい何を意味するのか。ナマハゲとはいかなる神の使いなのか。祭りのなかのナマハゲは、それが真山・本山であれ、八郎潟《はちろうがた》のむこうの太平山《たいへいざん》であれ、きまってお山の神の使いの鬼として登場する。そこに、修験道以前のナマハゲの姿が透けてみえる気がする。それはおそらく、ナマハゲという祭りや習俗を読みほどくための重要な鍵といえるものだ。

かつては小正月の晩であったが、いまでは大晦日の晩に、男鹿半島周辺の百数十の集落においてナマハゲ行事がおこなわれている。十五歳から三十歳くらいまでの、身を清めた若衆たちが祭りを取りしきってきた。ナマハゲに扮する者は、古くは神前でクジ(籤=神心)をひいて定めたという。年を取ると祭りの集団からはずれた。年齢階梯制《ねんれいかいてい》が祭りの背後にあったのかもしれない。しかし、それもしだいに崩れて、ナマハゲ行事の主体となる年齢層は高くなっているらしい。形骸化はたしかに随所にみられる。とはいえ、祭りの輪郭そのものは、菅江真澄が文化七(一八一〇)年の日記「男鹿の寒風《さむかぜ》」に書き残したナマハゲとさほど変わらぬ姿で、現代にまで承け継がれている。

「男鹿の寒風」の一節を覗いてみよう。――小正月(十五日)の夕暮れも深く、火を灯して炉のもとにみなが円居《まどい》している頃あい、不意に、角《つの》高く丹塗《にぬ》りの仮面をつけ、黒く染めた海菅《うみすげ》の髪を振り乱し、肩蓑《けら》を着て、カラカラと鳴る箱を背負い、手には小刀をもったナマハゲが、わぁ、と叫びながら飛び込んできた。それっ、ナマハゲだ、と童はびっくりして声も出ず、人にすがりつき、物の蔭に隠れる。餅を取らせると、怖いぞ、泣くな、などと脅す。

簡潔な描写のなかに、二世紀ちかい昔のナマハゲ行事の像がくっきりと浮かぶ。日記に添えられた絵をみると、豆や野菜や稲穂らしきものをぶら下げた注連縄《しめなわ》のかかる敷居のところで、主婦とおもわれる女が餅を二個、青と赤の面をかぶった二匹のナマハゲに差しだしている。子どもらは衝立《ついた》ての蔭に身をひそめ、小さくなって震えている。そんな素朴な子どもたちの姿は、むろん今は昔の光景ではあろう。

蓑着て笠着て来る者が鬼よ、そう、近世のわらべ唄にうたわれたように、民俗のなかの鬼は蓑笠をつけて現われるものであった。ナマハゲもまた、そうした鬼の一類であったことは否定しがたい。しかし、ナマハゲはもとは鬼ではなかったとする解釈が、しばしば語られてきたことに関心を惹かれる。男鹿のナマハゲには以前は角がなかった、という。実際、男鹿では最古のものであろう北浦・真山のナマハゲの面は、寛文二(一六六二)年頃のものとされるが、角もなく牙もない。角をもたぬことが、ただちにナマハゲと鬼とのあいだに一線を画する根拠となるわけではないが、すくなくとも修験道ないし仏教以前の影が、その角のないナマハゲの古い仮面のうえに射していることは疑いない。

ナマハゲ系の儀礼は、アマハゲ・ナモミハギ・シカタハギ・ヒカタタクリなどの名称をもって、かつては東北や北陸の海沿いの地方に広く分布がみられたという。それらの習俗はこれまで、小正月の来訪神の系譜のなかで論じられてきた。列島の固有信仰をいろどる一群の儀礼・習俗とみなされてきたのである。とはいえ、来訪神を迎える祭祀・

芸能はヴァラエティに富んでおり、たとえばそこには、祝福をあたえる善なるマレビトの貌と、怖ろしい邪悪な祟りをなす鬼の貌とが微妙に絡《から》まりあっている。そうしてナマハゲの本質は後者の、怖ろしい鬼の来訪を主題とした儀礼であるとされてきた。

しかし、わたしはあえて、男鹿のナマハゲには角がない、かつては鬼ではなかった……という、どこか呟きか呪文にも似た土地のがわからの声にこだわりたい。鬼といい、マレビトといい、それは所詮、ある抽象化された分析概念である。列島における鬼の観念や習俗の歴史は、たいへん複雑によじれている。仏教以前の鬼の姿を掘り起こすことは、たしかに至難の業にちかい。ナマハゲは鬼ではないという呟きの声が、わたしの耳には、ナマハゲは仏教以前からの信仰であり、習俗なのだ……という秘められた声に重なって聴こえる。ナマハゲを仏教的な鬼のかなたに解き放ってみたい、そんな誘惑に駆られている。

南／北の秘密結社の祭り

黄昏の頃、わたしたちはある人気のない海水浴場にいた。浜辺に立って、海をへだてた男鹿の半島の山蔭に沈んでゆく夕陽を眺める。菅江真澄が文化八(一八一一)年の正月に滞在していた漁村が、たぶんその辺りのはずであった。

寒風山の頂きで男鹿半島に別れを告げた。それから、能代《のしろ》へと延びる海ぎわの道を北上した。真澄がナマハゲの見聞を日記に残したのは、南秋田郡琴浜村の宮沢という、琴の湖(八郎潟)と潮海(日本海)とにはさまれた漁村であった。宮沢はすでに農業主体の集落に変わっているが、ナマハゲは青年会の手で続けられている。宮沢はすでに農業主体の集落に変わっているが、ナマハゲはこの集落にやって来ると信じられている。いま夕陽の落ちてゆく山が、そのナマハゲのいる男鹿三山つまりお山であった。

わたしはふと、かたわらに立って遠く男鹿の山なみを仰いでいる沖縄の友人とともに訪ねた、南の島の豊年祭の光景を思い浮かべていた。赤と黒の仮面をつけ、草の蔓や葉っぱで異装をこらした来訪神を迎える祭りの前段に、司《つかさ》とよばれる巫女や神役の人々が白砂の浜にならんで、対岸の島の嶺を仰ぎつつ神迎えの儀礼をおこなう。仮面・仮装の神は海上はるかなニライカナイという他界から訪れてくる、という。そうした仮面・仮装の来訪神の出現する祭りが、沖縄の南の島々では現在の事実として生きられている。たとえば宮古《みやこ》島のマユンガナシという神は、蓑笠をつけ頬かぶりに杖をつく姿で家々を訪ねてまわる。あるいは、八重山《やえやま》のアカマタ・クロマタという神の仮面は、その怖ろしい威圧的な異形さにおいて、男鹿のナマハゲの面を想いださせる。

すでに早く、柳田は『雪国の春』のなかで、八重山と男鹿の来訪神の祭りの根源が一つであることを説いていた。南の島々から北の果てにいたる列島の全体を、固有信仰という名の、一枚のモノクロームの風景画に封じ込めようとした、その柳田の志向には同意しがたい。南と北の来訪神をつなぐためには、おそらくもうすこし前提となる操作や手続きが必要だ。とはいえ、南の島々の蓑笠や仮面・仮装の神々が、およそ仏教的な鬼の観念とは無縁な場所にいまなお生きられてあることに、とりあえずは注意を促しておきたい。ナマハゲ系の儀礼もまた、修験道や仏教に覆い尽くされる以前の歴史の闇のなかに、見えにくくはあれ、その母胎となる信仰・習俗を秘め隠しているのではないか。ナマハゲのまとう鬼の衣裳を剝《は》ぐことだ。善／悪の二元論に分かたれる以前の、より原初的な来訪神信仰として、ナマハゲ儀礼を再構成することはできないか。困難はもとより承知のうえだ。もはや南の島々の祭りとは比べものにならぬほどに、ナマハゲの祭りは形骸化し、崩れている。それでも、残された資料や報告書のなかから、いくつかの手掛かりらしきものは得られる。

たとえば、ナマハゲの仮面にまつわる禁忌や作法の言い伝えがある。ナマハゲの面にたいする神聖視が、かつては広くみられた。この仮面は神符《しんぷ》を水に浸し、型に打ち抜いてつくられた、家々の古いお札をあつめて補修がほどこされた、祭りの日、ロウソクを灯しお神酒《みき》と餅を供えて、一同神妙に面にむかって拝礼をした、祭りが果てると、仮面は神社・寺・ナマハゲノヤドなどに大事にしまわれ、けっして他人に見せてはならないとされた……といった伝承が、数多く語られている。そうした仮面の神聖性は、八重山の神々の仮面をめぐるひそかな伝承を想わせるところがないか。

あるいは、ナマハゲ祭祀のにない手が若者組であったことは、何を意味しているのか。年齢階梯制と祭りとの関わりといってもいい。しかも、女や子どもにたいして、強固に閉ざされた秘密結社的な性格があったことが、いくつかの報告からは知られる。南の島々の来訪神儀礼とまったく軌《き》を一《いつ》にするものだ。ナマハゲの威圧的な貌は、悪しき鬼といった神の本性に拠るよりは、祭祀集団の閉ざされた性格を背景にしているのではないか。ナマハゲ儀礼にみられる、村の伝統的な秩序や権威の維持・強化といった側面が、南島の秘密結社の祭りにしばしば見いだされるものであることも、けっして偶然ではあるまい。

岡正雄が提示した、列島の文化的な基層をなす五つの種族文化複合という仮説が、しきりに脳裡を去来した。岡がそのもっとも古層に見定めていたのは、母系的・秘密結社的・イモ栽培‐狩猟民文化であった。縄文中期がその時代として比定された。岡の壮大な仮説の真偽を問う力は、むろんわたしにはない。いくつもの批判があることも承知している。ただ、東北や南の島々の一群の来訪神にまつわる祭祀や儀礼のなかに、列島の文化的な古層としての、種族＝文化の幽かな痕跡《こんせき》がみられることに関心を惹かれてきた。岡の仮説のむこうがわに、東北と南の島々をつなぐ隠された文化の連なりを探ることだ。柳田的な、稲の祭りを核とした固有信仰論によっては捕捉しがたい、異なる種族＝文化が重層的に織りなす時間の堆積の底に、たとえば男鹿のナマハゲ祭祀を位置づけることはできないか。それとも、これは南太平洋の島々の来訪神に繋がる祭りとしてではなく、中国の江南《こうなん》地方の稲作文化の流れとして解釈されるべきものなのか。

ナマハゲの源郷の山々が、いま蒼く湿った闇に包まれてゆく。ナマハゲは鬼ではない、鬼よりも深い。修験道の、また仏教の鬼に覆い尽くされる以前の、原ナマハゲ祭祀を掘り起こし、再構成することだ。そこにはおそらく、鬼の信仰よりもはるかに深い、列島の北の涯てに生きる常民の歴史が、その精神史の幽かな系譜が埋もれているはずだ。わたしたちはどこから、何を携えて、この地にやって来たのか。いや、わたしたちとはいったい誰なのか……。

4 日時計の向こうに、縄文の夕陽が沈んだ

環状列石のかたわらで

ブナの森の蔭から、十和田湖は思いがけず美しい、その神秘的な姿をあらわした。山々の奥に、こんなにも深い碧《みどり》の水をたたえた湖があるのを知った、たとえば縄文の人々は、いったい何を思ったことだろうか。車を停めて、ブナの原生林のなかの湿った小道を歩きながら、幾度か想った。冬至まで、およそひと月あまり、明日にでも初雪が降るかもしれない、そんな気配が漂う。年たけた樹々はすっかり葉を落とし、姿を見せぬ鳥たちの声が枯れた樹間に谺《こだま》している。迫りくる厳しい冬を前にして、縄文の人々はこの森のなかを獲物をもとめて彷徨《さまよ》い、木の実やキノコの採集に明け暮れていただろうか。

十和田湖のまわりを巡ってから、発荷《はっか》峠をこえて、国道一〇三号を南下する。大湯《おおゆ》温

泉の先を県道に入り、しばらく行くと、広々とした台地のうえに大湯のストーンサークルがあらわれる。標高が百五十から百八十メートルほどの、風張《かざはり》台地とよばれる河岸段丘上に位置を占める、この大湯環状列石《かんじょうれっせき》は二つのストーンサークル、野中堂遺跡と万座《まんざ》遺跡とから成る。昭和七年に発見されて以来、幾度かの発掘・調査がおこなわれ、その謎に満ちた縄文後期の遺跡は広く名を知られるようになった。現在もなお、周辺遺跡の発掘が続けられている。

写真では見たことがあるが、あまり明確なイメージはなかった。金網のフェンス越しに眺める野中堂の環状列石は、意外に小さい。組石がまばらなせいだろうか。外周の径は約四十二メートルという。枯れ草の低い土手に囲われながら、立石や平積みの石がゆるやかな二重の円環をなしている。自然の河原石でつくられた組石遺構のあつまりであり、確認されているかぎりで、野中堂の場合には四十四基の組石が内帯・外帯、二重の環状に配されている。運び去られた石がかなりの数にのぼり、本来の遺跡のかたちは崩されているらしい。内帯と外帯とのあいだの空閑部に独立して置かれた、中心に棒状の高い石を立て、ほそい柱状の石を放射状に散り敷いて、径が二メートルほどのきれいな円を描いた組石が、ひときわ眼を引く。いわゆる「日時計」の名で、人々の好奇心をさまざまに掻き立ててきたものだ。

およそ九十メートルの距離を隔てて、県道の西側にもうひとつのストーンサークル、

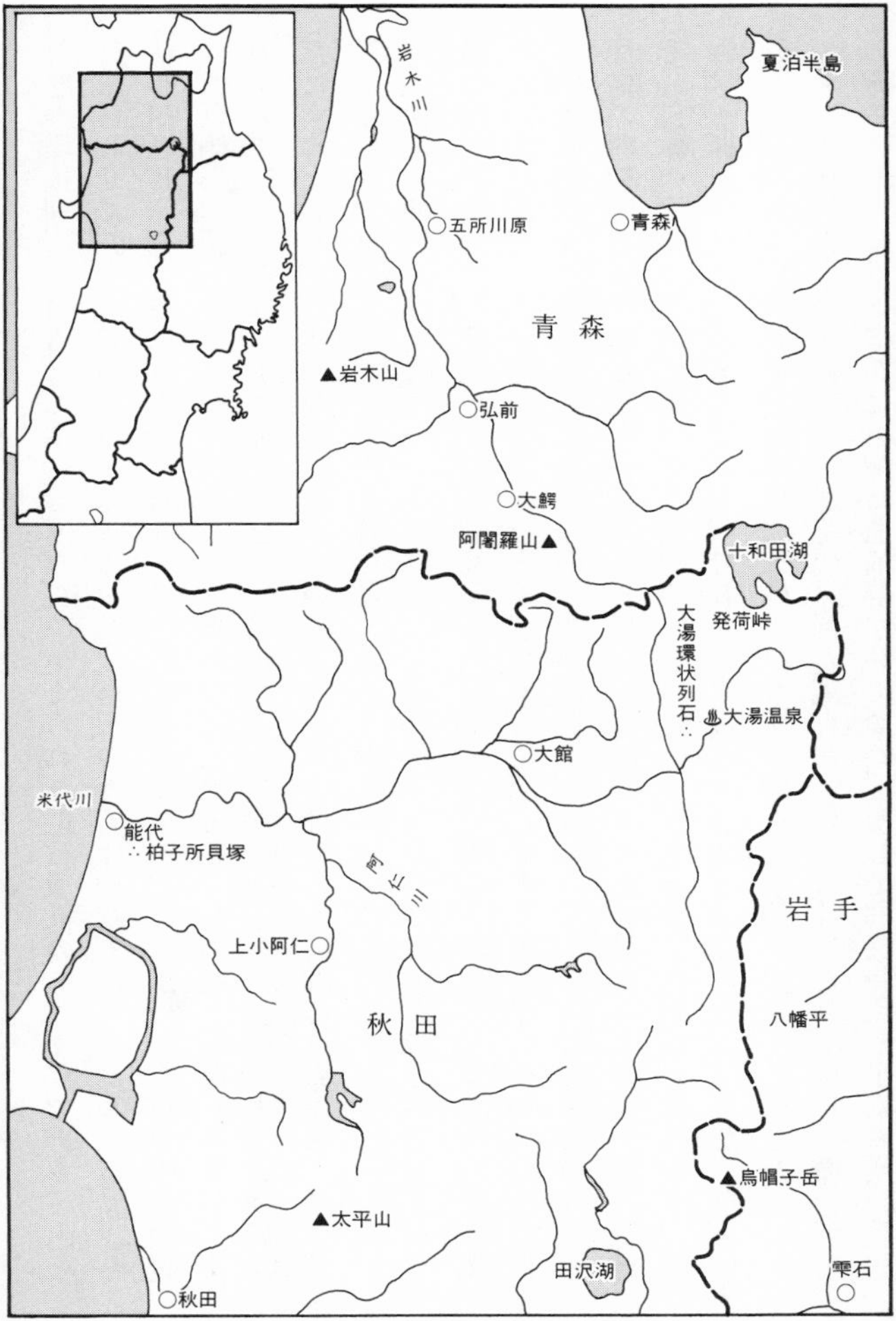

夏泊半島
岩木川
五所川原
青森
青 森
岩木山
弘前
大鰐
阿闍羅山
十和田湖
発荷峠
大湯環状列石
大湯温泉
大館
米代川
能代
柏子所貝塚
阿仁川
岩 手
上小阿仁
秋 田
八幡平
烏帽子岳
太平山
田沢湖
雫石
秋田

万座の環状列石がある。こちらも河原石でつくられた組石遺構のあつまりであり、内・外帯合わせて四十八基の組石から成る。環状列石の外周は約四十六メートル。「日時計」状の組石が一基、やはり外帯からややはずれた位置にあるが、ほかにも立石が中央に置かれた円形の組石がいくつか見られる。野中堂に比べると、石の数がかなり多く、全体のイメージもまたはるかに雄大さを感じさせる。ススキの白い穂が組石や枯れ草のあいだにすっと立ち、かすかな風に震えている。四千年の埋もれた時間《とき》の水底《みなそこ》から、この遺跡が姿を覗かせたときの、人々の魂の震えと戦《おのの》きがふと思いやられる。

大湯環状列石の性格については、いくつかの解釈がある。祭祀遺構説と墳墓説とが有力なものであるが、考古学的な定説を見るには到っていないようだ。しかし、祭祀遺構とみなす解釈には実証的な根拠がほとんどなく、墳墓説をとる考古学者が多い。山岳信仰や太陽信仰などにかかわる祭祀の場であったとすれば、たしかに現代にまでつながる民俗の原初的な姿を辿ることができるわけで、関心をそそられはする。とはいえ、遺跡それ自体の配置や構造によって、祭祀の場としての性格を浮き彫りにしえない以上、考古学とは無縁な場所にある者にとっても、いくらかの禁欲は必要だろう。わたし自身はむしろ、大湯環状列石を共同墓地の遺構とみなす立場を積極的に択ぶことにしたい。

大湯環状列石とかかわる周辺遺跡の発掘と調査が、いまも続けられている。環状列石のある台地上には、ほかにも配石遺構群がいくつか、そして縄文時代や平安時代の住居跡などが発見されている。この周辺はあきらかに、縄文時代の早期から平安時代まで人々が暮らしつどう場だったのである。ことに、大湯環状列石がつくられた縄文後期には、二つのストーンサークルを中心とした大規模な集落が形成されていたらしい。

地層のなかの花粉の化石を分析することによって、当時の風張台地がいかなる植生に覆われていたかが明らかにされている。現在、遺跡の周辺には、スギ・カラマツの樹林や、ミズナラ・ハンノキ・クリ・オニグルミ・アカマツ・カエデなどの樹種が見られ、全体としてスギ－ブナ林となっている。しかし、スギが急速に侵入・拡大してくるのは約二千五百年前頃のことで、縄文後期には遺跡周辺から山腹にかけて、ブナ・ミズナラ・トチノキ・クリなどの落葉広葉樹林が一面に拡がっていた、という。

このブナ系の落葉広葉樹林が、やはり環状列石をつくった縄文人の暮らしを支えたのだろうか。アク抜きを必要としないクリやクルミが多量に出土している。貯蔵穴や住居の屋根裏に保存され、冬期の貴重な食料となったはずだ。また、ドングリ類やトチなど、熱処理やアク抜きを要する堅果《けんか》類も出土しており、重要な食料源となったことが想像される。そうした豊富な木の実とともに、春には青ものとよばれる山菜類が、そして、秋にはブナやミズナラの風倒木や地上に生えるキノコ類が食料となる。ブナ林は山菜やキノコの宝庫であった。ブナの森にいだかれて暮らした縄文の人々は、そうした森があたえてくれる幸《さち》と恵みを生かすだけの知識と技術をもち、それを利用して、季節のめぐりのなかに日々の生活を営んでいたのである。

台地上のブナやミズナラなどの原生林を伐りひらき、そこに大きな集落をつくり、壮大なストーンサークルを築いた縄文人の精神世界とは、いかなるものであったのか。なぜ、石なのか、円環なのか、そして、自然石で組み立てられた環状列石なのか……。考古学者は慎重だ。放恣《ほうし》な想像力の飛翔を極度に忌み嫌う。わたしは幼い頃から考古学が好きだった。いまも、そのモノにこだわる執拗《しつよう》な実証主義が好きだ。しかし、幸であったか不幸であったかは知らず、考古学者にはならなかった。その、考古学者にはならなかったわたしが、考古学者のひそかな禁欲の語りにそそのかされながら、しばし環状列石をめぐる縄文人の精神世界に踏み迷おうとしている。

死者を抱えこんだ円環

円環は定住農耕民とともに出現してくる図形である、そう、西欧のひとりの考古学者が語っている。環状列石や、能登半島の真脇《まわき》遺跡にみられるようなクリの巨木のウッドサークルを造りあげた縄文の人々は、しかし、いうまでもなく定住農耕民ではない。たいへんユニークな縄文文化論を展開している人類学者の西田正規によれば、縄文人はほかの狩猟採集民とは異質性のきわだつ、むしろ定住農耕民に類似した文化をもっていたとされる。西田は人類史を遊動から定住へ——という、大きなパースペクティヴにおいて把握する仮説を示しているが、いわば縄文人とは、定住する狩猟採集民であった。円環というかたちの鮮明な認識、あるいは円環へのあきらかな志向性といったものは、定住農耕とともにではなく、遊動から定住へと移りゆくはざまにこそ出現したものなのだろうか。むろん、円環というかたちそれ自体は、すでに早く定住とも農耕とも無縁な旧石器時代の図像のなかにも見いだされることは、よく承知している。

また、これも西田の指摘するところだが、縄文の環状をなす集落や配石遺構は長い年月をかけて形成されたもので、その初期には環状構造をなしてはいなかったはずだ。それはいわば、あらかじめ存在した環状のコスモロジーによって造形されたものではなく、そこには偶発的な要因が大きく作用している(『縄文の生態史観』)。

とはいえ、たとえ偶発的なものではあれ、環状をなす集落や環状列石が造りあげられたとき、円環の思想もまたゆるやかに生成を遂げたことは否定しがたい。そして、主として東日本の縄文集落にしばしば見いだされる同心円的な構造は、円環への志向性がけっして偶然の所産ではなかったことを、示唆しているように思われる。

たとえば、岩手県紫波《しわ》町の西田遺跡は、縄文早期から中期にかけての集落跡である。中央にいくつかの墓壙《ぼこう》をともなう広場があり、その外側に多数の墓壙群が長軸を広場のほうにむけて環状にめぐる。この墓域の外側を、おそらくは墓壙にかかわる祭祀の場と想定されている掘立柱の建物群がとりまき、さらにその外側に、やや空間をおいて同じような掘立柱の建物や竪穴住居跡がめぐっている。いわば、この縄文集落は広場を中心として、墓域／祭祀の場／居住域と拡がってゆく同心円的な構造をもつことがわかる。山形県村山市の西海淵《さいかいぶち》遺跡は縄文中期の集落跡であるが、広場を中心に墓域／貯蔵穴域／住居域とめぐる、やはり同心円的な構造を示している。

たしかに、これらは縄文集落の普遍的な姿ではない。墓域を基本とした特殊な集落である、ともいわれる。しかし、墓域という死者たちの空間を集落＝ムラの内部に、いや中心に抱えこんだ構造それ自体まで、特殊な、あるいは偶発的な集落のかたちとして片付けることはできないだろう。こうした構造をもった集落跡は、南関東あたりでも確認されはじめている、という。縄文時代には、墓域と居住域とが大きな距離をおいて分離されず、むしろ両者が緊密な一体性を有している場合がきわめて多い。それは、弥生時代の墓域が居住域とはあきらかに隔てられた、森の向こうの別世界であったこととは、いちじるしい対照性をなす。死者や死の穢れを集落の外部に排斥する思想は、縄文にはない、弥生に始まったということだ。高取正男の『神道の成立』などを思い浮かべるとき、ここからとても興味深い問題が開かれてくることは疑いない。

死者たちの空間を内部＝中心に抱えこんだ集落のありようは、じつは、大湯環状列石の場合にもひとしく見いだされるものだ。万座の周辺遺跡の発掘と調査からは、環状列石のまわりに規則的な同心円状をなす集落が営まれていたことが、しだいに明らかにされつつある。列石の中心から二十四メートルが環状列石＝墓域、二十四メートルから四十八メートルまでが遺構分布域（祭祀の場／居住域）、四十八メートルから七十二メートルまでが遺物の廃棄域という、一：一：一の同心円的な構造が想定されている。墓域に隣接する祭祀の場は、何らかの葬送儀礼にかかわる施設であったはずだ。

死を内部＝中心に抱えこんだ円環のムラ＝共同体を結んだ縄文の人々。かれらが造形してみせた環状列石は、おそらく縄文人の精神の内なる風景、その世界＝宇宙のイメージつまりコスモロジーを豊かに映しだしている。すくなくとも、かれらの他界観は、死を外部に排斥した弥生以降の人々の他界観とは、決定的な一線を画されるだろう。現在《いま》に生きる東北の常民たちの死者に寄せる想い、そして、他界の観念のなかに、いったい縄文的な他界イメージがどのように影を落としているのか。東日本に主として分布がみられる環状列石や配石墓と、北海道で数多く発掘されているストーンサークル・環状列石墓・立石遺構との関わりが想定されるならば、むしろアイヌ民族の他界観との比較・検証が必要とされるのかもしれない。いまのわたしには、残念ながら、そのどれひとつとして明らかに語るだけの力はない。

いずれであれ、東北のいにしえ人は、生ける者らと死せる者らとの交わりの風景を、河原から運んできた自然石によって、大地のうえに幾重もの円環の構図において描きだした。東北のいまに生きる常民とは、かれらの末裔である。あるいは、その種族＝文化的な系統を少なからず承け継いだ人々である。はるかな縄文人の精神、その内界に想いを馳せるとき、いくつもの問いかけの声が谺しているのを感じる。大地に河原の石で描かれた壮大な円環をなす死の紋様とは、いったい何であったのか。ふと、北海道の東釧路貝塚で発見された、円陣を組むイルカの頭骨の写真が浮かぶ。六頭のイルカの頭骨を放射状に、その鼻先を円の中心にむけて並べて埋葬されたものだ。そこにも、たしかに死の紋様としての円環が見られた。死と円環とのかかわりとは、何か。

円のシンボリズムをめぐる書物は、たとえば世界中のさまざまな民族において、黄泉《よみ》の国の象徴として円が描かれてきたことを教えてくれる。しかし、ここでは意識的に禁欲を択ぶことにしよう。一般的なシンボリズムの地平に還元することではけっして見えてこない、列島に生きた人々の描く死の紋様、その個性にこそ光を射しかけたいと願うからだ。

日時計はだれの墓か

野中堂遺跡の前に佇んだ者はだれしも、内帯と外帯のどちらにも属さず、あきらかに独立した存在のありようを示す「日時計」状組石に眼を奪われるはずだ。「日時計」とよばれている配石遺構は、野中堂・万座に一基ずつ、ほかに万座にはやや簡略な構成のものが一、二基あり、あわせて三、四基ある。そのうち、両遺跡のともに中心から見て西北の位置にある組石が、ふつうは「日時計」と通称されているようだ。どちらも中央に柱状の石を立て、四方に円石を配し、そのあいだを結ぶように細長い石を並べて縁石とし、そのなかを柱状の石で放射状に埋めている。

これらの「日時計」を特異な組石遺構とみなすことにたいして、考古学者のなかにはたいへん抵抗が強いらしい。これが「日時計」とされたのは、遺構の中心にある柱状立石を西欧のメンヒル(立石)になぞらえ、いわゆる巨石遺構の連想から日時計説を直輸入した結果である、という。野中堂の「日時計」の場合には、ほぼ東・西・南・北の四至に円石(ほとんど地中に埋もれた柱状立石)が置かれているのにたいし、万座の「日時計」のほうは、その円石が東南・西北・西南・東北の方位にある。そこから、四方の円石に装飾的な意味合いしか認めない立場が出てくる。また、野中堂の「日時計」の中心に位置する立石は短くて、その影は南の極の石のうえには届かず、南中のときを知るための役割を果たさないともいう。たしかに、ただちに日時計とみなすには問題が残る。むしろ、日時計という解釈は成り立ちそうにない。

現実的な機能として日時計であったとは思えない。とはいえ、この特異な位置と形態をもった組石が、その下に埋葬されたはずの死者が、生前にムラ=共同体の内部でになっていた特異な役割を象徴する、ある種の墓標であったことまでは否定しがたい。いうまでもなく、それを実証的に追いつめるだけの客観的なモノや手掛かりはほとんどない。考古学者であれば、ここで沈黙ないしは留保の立場を択ぶことになるが、考古学者にならなかったわたしはあえて、その先に踏み迷うことの快楽をこそ択びたい。

第一に、いわゆる「日時計」状組石は、内帯・外帯のいずれにも属さぬ、やや中途半端な位置にあえて置かれている。内・外帯に配された組石遺構と、周辺の居住域とのあいだに有機的なつながりを認め、そこに生ける者らの此岸《しがん》の生活(集落内の家族規制)と、死せる者らの彼岸の生活(死者たちの構成する家族規制)とが重なりあう、ある対応の法則を見いだそうとする試みがなされてきた。その成否は問わず、環状列石がそうした家族ないし親族的な規制の所産であったとすれば、当然ながら、そこからの一定の逸脱性を示す「日時計」にたいしても、何らかの解釈が必要とされるだろう。「日時計」がある特異な役割をになう被葬者のための墓標であったことは、確実といってよい。

その役割とは何か。縄文時代には、いまだ特定の個人が別格の棺や副葬品をもって埋葬される現象は、顕著には見られない。しかし、葬送儀礼において、より丁寧なあつかいを受けるリーダー格の存在は確認されている。環状列石の内帯に埋葬された人々について、それぞれの家族ないし親族の内なる長の可能性を示唆する考古学者もあるようだ。「日時計」の被葬者の場合にも、階級・身分や権力関係といったレヴェルではなく、ムラ＝共同体の内部において特異な位置を占め、特異な役割をになった者であった可能性はかなり高いはずだ。

野中堂・万座の「日時計」がともに、列石の中心からおよそ西北の位置に配されていることは、はたして偶然であろうか。西北という方位にこだわりたい。大湯環状列石および周辺の配石遺構の調査からは、組石の下に多く土壙が確認されている。その土壙のなかで、方位のあきらかなものは圧倒的に西北をさしている、といわれる。あるいは、米代川《よねしろ》の河口に近い柏子所《かしこどころ》貝塚で発見された八体の人骨の頭位は、西北を示すものが多いらしい。環状列石内の配石墓の分布密度が、北－西北において高く、東－南西において低いことも指摘されている(――ことに野中堂の場合に顕著である)。この時代、この周辺の地にあって、西北が死者と特異に結びつく方位であった可能性は考えられないか。そうであったとすれば、「日時計」の占める西北という方位もまた、偶然の所産ではなかったはずだ。死者を弔い他界へと送る葬送儀礼のにない手としての貌が、そこに浮かび上がる。

あるいは、第二に、「日時計」の形態の無視しがたい個性は何に由来するのか。径が二メートルほどの円、中心に柱状の高い立石、ほぼ正確に東西南北をさししめす四至の円石(野中堂の場合)といったものは、何を意味しているのか。この遺構が、いわゆる日時計としての機能を十全には果たしえぬものであるにせよ、縄文人には確実に方位の観念はあった。方位、そして時間や季節などにかかわる知識は、太陽や月・星の移りゆきを観察することで得られたものだろう。それらの知識なしには、環状列石のまわりに集落を営んだ縄文の人々の暮らしは成り立ちえないものであった。

かれらはおそらく、ブナの森や台地のしたを流れる川といった自然があたえてくれる、四季折々の森の幸や川の幸を得るための狩猟・漁撈・採集にまつわる、独特の生活カレンダーをもっていた。そうした日読《かよ》み＝暦の技術に習熟したシャーマン的な人物が、想定されなければならない。日を知る者、いわば日知《ひじ》りこそがムラ＝共同体の首長であった。とはいえ、かれら日知り的なシャーマン＝首長には権力は付随しない。「日時計」の形態は、その被葬者が日知りとしての役割をになう存在であったことを、ひそかに暗示的に語りかけているような気がする。

わたしは一人、暮れなずむ万座の環状列石のかたわらに佇みながら、はるかな古代からの呼び声に耳を傾けていた。まあるいミカン色の夕陽が、死者たちの枯れた骨のようなリンゴの樹立ちのむこうに沈んでゆく。わずかな地平線のきれめに、あわあわと浮かぶ火の玉を眺めていると、不思議な荘厳さに打たれる。環状列石をつくった縄文の人々が、四千年のときの隔たりの彼方で仰いだにちがいない、その同じ夕陽である。縄文への旅、それもまた、もうひとつの東北を掘るための道行きとなるだろう。

5　大同二年に、窟の奥で悪路王は死んだ

達谷の窟にて

その日、国道四号、かつての陸羽街道をひたすら北上した。古代の七世紀から八世紀、ヤマト王権のさし向ける軍勢は、マツロワヌ民・蝦夷を討つために北へ北へとくりかえし侵攻した。その道筋であったはずの街道を車で辿る。一関の市街を過ぎたあたりで左手に折れ、達谷《たっこく》の窟《いわや》へと向かった。

達谷の窟。田村麻呂の創建と伝えられる毘沙門《びしゃもん》堂の縁起由来には、こんなふうに語られている。延暦二十（八〇一）年、征夷大将軍・坂上田村麻呂《さかのうえのたむらまろ》は、達谷の窟に籠もって抵抗する悪路《あくろ》王《おう》らの夷賊を激戦のすえに、ついに打ち破った。田村麻呂は多聞天《たもんてん》の加護によって蝦夷平定が果たされたことを喜び、この地に毘沙門堂を建立した。京の清水《きよみず》の舞台造りを模して、九間四面のお堂を建て、鞍馬寺にならって百八体の多聞天を祀り、以

来、北方鎮護の祈願所にさだめた、という。それが伝承レヴェルに結ばれた達谷の窟の由来譚である。

一月半ば、達谷の窟はうっすらと雪に覆われていた。訪ねるのは二度目だった。はじめに姫待《ひめまち》不動堂に詣でる。丈六の不動明王は背に火炎を負って、眼光鋭くこちらを見下ろしてくる。桂の一木彫りという不動明王は右手に剣をたずさえ、左手には数珠を巻きつけている。民俗レヴェルの火の神、眼病を治す神といった信仰とはかけ離れた、いかにも武や力の神のおもざしである。不動明王の前におかれた獅子頭は、達谷神楽の権現《ごんげん》舞《まい》に使われたものだという。

毘沙門堂はそそり立つ岩山を背負うように建つ。幾度かの火災に遭って、薄暗いお堂のなかに祀られている多聞天は百八体ではなく、三十体足らずである。本尊の毘沙門天は秘仏といい、御厨子《みずし》の奥に安置されている。毘沙門天、その別称である多聞天は、マツロワヌ異族の民の征服と鎮撫のために祀られるにふさわしい、まさに軍神である。暗い堂舎のなかに立ちならぶ、ひたすらに威圧的な仏像の群れを眺めていると、不思議な感慨に囚われる。古代蝦夷の末裔にちがいない北奥《ほくおう》の人々は、みずからの祖先が果敢な抵抗のすえに滅ぼされたこの地に祀られる、征服者の神＝仏にたいして、いかなる崇敬の念を抱いてきたのだろうか、と。

宮沢賢治の「原体剣舞連《はらたいけんばいれん》」の一節が思いだされる。

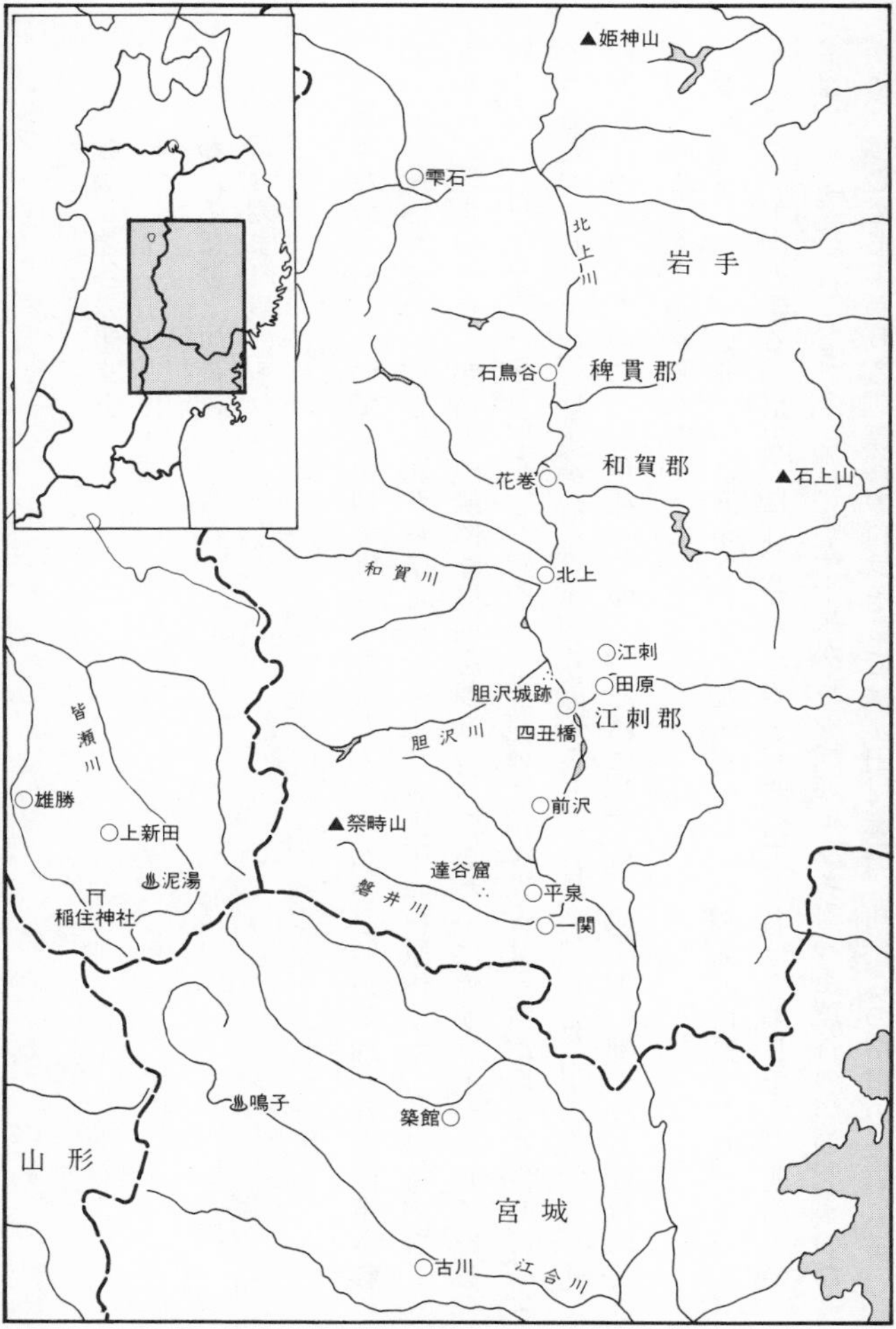

姫神山
雫石
北上川
岩手
石鳥谷
稗貫郡
和賀郡
花巻
石上山
和賀川
北上
江刺
田原
胆沢城跡
江刺郡
四丑橋
胆沢川
皆瀬川
雄勝
前沢
上新田
祭時山
達谷窟
泥湯
平泉
稲住神社
磐井川
一関
鳴子
築館
山形
宮城
古川
江合川

むかし達谷《たった》の悪路王
まつくらくらの二里の洞《ほら》
わたるは夢と黒夜神《こくやじん》
首は刻まれ漬けられ

剣舞はたいてい、かつてその地で戦さに敗れた人々の怨霊を鎮める踊りだと伝承されている。賢治もまた、達谷の窟からほど遠からぬ江刺《えさし》郡田原村原体に伝わる剣舞のむこうから、蝦夷の首長・悪路王の無惨な最期を夢うつつのあわいに浮かび上がらせている。むろん、「打つも果てるもひとつのいのち」と詩篇を結んでみせる賢治のまなざしは、そうしたマツロワヌ民・蝦夷の怨念の光景に閉ざされてはいない。はるかに遠く、「銀河と森とのまつり」の方へと飛翔してゆく。それにしても、悪路王の刻まれ漬けられた首は、たしかに祭りの庭に転がっている。

悪路王はじつは、東北一円に流布されてきた伝説のなかの蝦夷の首長であり、王である。ヤマト王権の綴る「正史」には、すくなくとも悪路王の名は登場しない。悪路王の名は、『吾妻鏡《あづまかがみ》』にみえる、源頼朝が平泉からの帰途に立ち寄った達谷の窟の記事のなかに、はじめて現われる。達谷の窟はそこでは、田村麻呂、利仁《としひと》らの将軍の征夷にさいして、賊王・悪路王と赤頭が塞《とりで》を構えた岩屋として語られている。悪路王の伝説はこれ以降、謡曲・浄瑠璃・語り物などのなかに、さまざまなヴァリエーションをもって語り継がれてゆくことになる。

悪路王とは誰か。『日本紀略』によれば、延暦二十一(八〇二)年、征夷大将軍として胆沢《いさわ》城を築いた田村麻呂のもとに、夷大墓公阿弖利為《たいものきみあてるい》と盤具公母礼《ばんぐのきみもれ》が五百人をひきいて降《くだ》ったが、田村麻呂の嘆願にもかかわらず、河内国杜山《もりやま》に斬られた、という。このアテルイが悪路王に重ね合わされた可能性はある。あるいは、賢治の悪路王イメージには、アテルイの影が射しているようにも思われるが、さだかではない。ともあれ、悪路王はつねに田村麻呂と対《つい》にされ、いわば古代の蝦夷征服をめぐる伝説の光と闇を織りなす主人公として、東北の地にくりかえし生成を遂げてきた。悪路王はマツロワヌ蝦夷の栄光と悲惨、その、ある象徴的な結晶ともいうべき人物なのである。

いわば、悪路王が負の、闇にまみれた英雄であったとすれば、坂上田村麻呂は正の、それゆえ光に包まれた英雄であった。事実、田村麻呂の創建になると伝承される寺社が、東北には数多く分布している。被征服者の蝦夷の子孫らが、征服者の田村麻呂を英雄として受容するという構図が、普遍的に見いだされるということだ。ここには疑いもなく、ある見えにくい屈折が孕まれている。この東北の民の心性に織りこまれた結ぼれを解きほぐすことが、たぶん、あたらしい東北像を創りだすための手掛かりのひとつになってゆくにちがいない。

その晩は磐井《いわい》川沿いに西へ車を走らせ、祭畤《まつるべ》山の麓の温泉に泊まった。旅館の壁には、こんな祭畤山の由緒書が貼りつけてあった。――この地は紀元前には、天の神・火の神・山の神・地の神・水の神の五帝の遊ぶ庭であった、田村麻呂を悩ませた蝦夷の大将・大竹丸は、祭畤山を火の神の山として崇め、信仰し、この地を治めていた、という。出典はあきらかではない。いずれであれ、ここにも記紀神話とは無縁な、もうひとつの神話語りが言い伝えとして残され、あるいは、いま創られつつあるのだろう。大竹丸の名は、お伽草子『田村草子』や奥浄瑠璃『田村三代記』などに登場する、大だけ丸・大嶽丸といった蝦夷の首長に通いあう。悪路王の一類である。田村麻呂、それゆえヤマト王権の侵攻以前の歴史への欲望が、大竹丸や悪路王らの名を借りて脈々と承け継がれてきたということであろうか。

田村麻呂伝説をめぐって

翌日、夜のうちに降り積もった雪の道をゆっくりと走り、国道四号を平泉から前沢、水沢と、さらに北上した。北上川と胆沢川の合流点に近い、平坦な水田地帯のなかに拡がる胆沢城跡を訪ねた。一面の雪野原だった。水陸万頃《すいりくばんけい》と史書に誌《しる》された、蝦夷の首長・アテルイの本拠地である。雪原のうえに枯れた果樹の林が顔を覗かせ、新建材の家々がまばらに点在している。土饅頭のように低く盛り上がった高台、凍りついた池などは、六百メートル四方ほどもある遺跡の一部でもあろうか。はるかに、厚い雪をかぶった北上の嶺々が見える。

この地に拠ったアテルイとモレは、延暦八(七八九)年、北上川の対岸の巣伏《すぶし》村の戦いで、紀古佐美《きのこさみ》がひきいるヤマトの征討軍を迎え撃ち、敗走させた。数キロほど下流の四丑橋付近が、その古戦場跡という。しかし、胆沢の地は延暦二十(八〇一)年、田村麻呂によって攻略され、アテルイとモレは捕囚として都に連れてゆかれ、処刑される。田村麻呂はここに胆沢城を築いた。馬や金を豊かに産する古代東北には、こうして律令支配の楔《くさび》が打ち込まれたのである。やがて、胆沢城には蝦夷征討の軍事機関である鎮守府《ちんじゅふ》がもうけられ、北上川流域がヤマト王権の支配下に入った。「正史」の語るところである。

遺跡の北東には、鎮守府八幡宮の杜《もり》があった。威容を誇るといった趣きはなく、意外に小社であり、歴史を感じさせない。境内の隅には、雷神塔・鳥海山・古峯山などの石塔が三十ほど並んでいる。『吾妻鏡』によれば、頼朝がこの八幡宮に参詣しており、そこに創建の由来が田村麻呂に仮託して語られている。蝦夷征討の折に、勧請《かんじょう》・崇敬した霊廟《れいびょう》であり、田村麻呂の帯する弓箭《きゅうせん》・鞭などが宝蔵に納め置かれている、とみえる。東北で語られた最古の田村麻呂伝説であった。

達谷の窟、鎮守府八幡宮をはじめとして、坂上田村麻呂の創建になるという縁起をもつ寺社は、『増補 大日本地名辞書』によれば、少なく見積もっても東北一円で五十以上はあるらしい(高橋崇『坂上田村麻呂』)。再興・修理などの関わりを含めれば、その数がいったいどの程度に脹《ふく》らむのかは予測がつかない。田村麻呂や坂上氏とは接点の乏しい秋田県内においてすら、百二十をこえる田村麻呂伝説が収集されているほどだ。田村麻呂草創の寺社の数も、おそらくは数倍の数に上るにちがいない。

試みにいま、谷川健一編の『日本の神々——神社と聖地』第十二巻から、田村麻呂創建の伝承をもつ古寺社を拾ってみよう。都都古別《つつこわけ》神社・東堂山《とうどうさん》観音堂(磐城)、白山神社・白山宮(陸前)、出羽神社・於呂閉志胆沢川《おろへしいさわがわ》神社・志賀理和気《しかりわけ》神社・早池峰神社・岩手山神社・姫神岳神社・室根《むろね》神社・黒森神社(陸中)、旭岡山神社(羽後)、猿賀《さるか》神社・十和田神社(陸奥)と、とりあえず十五ほど拾うことができる。蝦夷の最期の抵抗の地であった北上川沿い、また北上山地の周辺に、とりわけ分布が濃密なのは、むろん偶然ではあるまい。内容は大同小異で、延暦・大同の頃、坂上田村麻呂が建立ないし祈願・勧請したとする伝承である。

ここでの関心は、それら古寺社の創建年代が定型的なまでに、延暦十七(七九八)年か大同二(八〇七)年と語られていることだ。ことに、後者の大同二年が多くみられる。田村麻呂伝説を論じる研究者は例外なしに、この年号に注目し、清水寺との関わりを説いてきた。堀一郎の「大同二年考」(『我が国民間信仰史の研究』所収)が、そのなかでは比較的に詳しい。

世阿弥《ぜあみ》作という謡曲『田村』には、「そもそも当寺清水寺《せいすいじ》と申すは、大同二年の御草創、坂上の田村麿の御願《ごがん》なり」とある。史実は措《お》くとしても、中世には広く、田村麻呂による大同二年創建という伝承が、清水寺をめぐって流布していたのである。あるいは、藤原明衡《あきひら》の筆になる『清水寺縁起』は、延暦十七年と大同二年を田村麻呂の清水寺創建にかかわる年号として語る。堀一郎の指摘するように、東北の寺社縁起に多くの名残りをとどめる二つの年号は、そうした清水寺の創建伝承と深い関係を有するものであろう。

堀はその背後で活躍した僧の名として、会津慧日寺《えにちじ》の徳一《とくいつ》をあげる。最澄と論難を戦わせ、のちに東土に謫遷《たくせん》されて、東北教化にしたがった興福寺系の僧である。福島県下にはこの徳一を開基と仰ぎ、事蹟を伝える古寺社が数多くみられる。寺院芸能のうえに大きな役割を演じた興福寺大乗院、また、その末寺である清水寺を本拠としつつ、東国に仏教を広めてあるいた宗教者=聖の一群とともに、田村麻呂伝説は成長・伝播《でんぱ》を遂げていったのではないか、そう、堀は推測する。ここで、堀の魅力的な所論に付け加えるべきことは、さほどない。すくなくとも、延暦十七年と大同二年という特異な年号の由来が、清水寺縁起と密接な関わりをもつことは否定しがたいだろう。この伝承の古層のうえに、慈覚大師の流れを汲む天台宗系や弘法大師系の僧の一群、さらに、浄瑠璃語りの徒の活動といったものを重ね合わせてゆけば、東北の田村麻呂伝説の拡がりの一端は、やがて読みほどかれてゆくはずだ。

それにしても、そうした解読はあくまで、堀みずからが断り書きしているごとく、ほかの由来を不問に付しつつ、たんなる年号として、しかも、それが古来一貫して何らかの意味を示すものとしたうえで――という、一定の留保をつけた限定的な分析である。堀の論考の冒頭近くにおかれた問いは、依然として謎のままに残されている。すなわち、大同二年という年号は、奥州ではことに不可解な年号であり、いわば「昔々」と称すべきところにつねに用いられ、田村麻呂との由緒を説かぬ寺社も大同年間の開創を伝え、さらに陸中辺では村の旧家を「ダイドウ」と称する例さえあって、何か別に隠れたる由縁があるのか、と。大同年号はいわば、けっして宗教史や芸能史の領域には収まりきらぬ、ある東北に固有な拡がりと方位をもった問題であるといってよい。そのことに、堀は周到にも、十分に自覚的であった。

大同、歴史のはじまりに

ところで、柳田国男の「山島民譚集(二)」には、やや唐突に、こんな一節が書き留められている。すなわち、「大同二年は何故かは知らぬが我邦の伝説の上で極めて多事なる年である。殊に東北地方では弘法大師も田村将車も共に此年を期して大に活動して居る」と。あるいは、『雪国の春』には、「坂上田村麿が悪路王を征討した、所謂大同二年頃から」といった、前後の脈絡から切れた記述がみられる。柳田が大同二年という年号に、独特の嗅覚をもって関心をさし向けていたらしい様子は、それらの断片的な言葉からも窺われるはずだ。

柳田はじつは、すでに早く、明治末年の『遠野物語』の聞き書きのなかで、この大同年号にまつわる問題に遭遇していた。『遠野物語』第二十四話には、こんな大同という旧家にまつわる伝承がみえる。

村々の旧家を大同と云ふは、大同元年に甲斐国より移り来たる家なればかく云ふとのことなり。大同は田村将軍征討の時代なり。甲斐は南部家の本国なり。二つの伝説を混じたるに非ざるか。

そして、その註として、大同は大洞《おおほら》かもしれない、洞とは東北では家門または族ということだ、と書きつけていた。大同家は遠野の草分けのイエのひとつである。その旧家をめぐって、『遠野物語』にはほかにもいくつかの話が拾われている。大同家に伝わる、正月の門松を片方だけ地に伏せたまま注連縄を渡す風習(第二十五話)、オシラサマやオクナイサマの神像とその祭り、怪異の起こる小部屋(第十四話)など、といったものだ。柳田はこの旧家の屋号の由来を、ヤマトの年号のがわからではなく、家門や族を意味する東国方言のホラとの関わりにおいて説こうとしたわけだが、これ以上にその詮索を試みた形跡はない。

遠野の草分けのイエが大同とよばれたばかりではない。早池峰神社や六角牛山善応寺《ぜんのうじ》など、遠野の古寺社はたいてい大同年間の創建と伝えられる。また、人柱譚をもつ古い堰《せき》が大同の堰と名づけられている。遠野郷とはかぎらない。稗貫《ひえぬき》・和賀《わが》・江刺・閉伊などの地方では、ものごとの起源を語る伝承のなかにしばしば大同の年号が見いだされる、という。

ここではすでに、大同はヤマトの年号ではなく、歴史の起源《はじまり》を刻印された象徴的な記号のようなものと化している。大同二年はたしかに、清水寺の創建にかかわる縁起と切り離しがたい年号であった。ヤマト王権の侵攻の描線に沿って、あるいは、仏教の拡がりとともに、東北の古寺社が大同二年という年号を身にまとってゆく過程は、それなりに了解しやすい。しかし、いつしか大同二年は曖昧《あいまい》に、大同元年や大同年間へと拡散しつつ、清水寺縁起とは関わりのない場所にまで浸透してゆく。旧家や堰の名称、さらに、ものごとの由来などに大同が冠せられているのをみるとき、大同はもはや、たんなる年号ですらなくなっていたことが知られる。それがいつの時代の変化であったのか、おそらく突き止めることは至難の業だ。

大同という問題を、丹念に、可能なかぎりの限界まで読み抜いてゆくことが、東北の常民たちの精神史に孕みこまれた結ぼれをひもとくための、ある重要な鍵のひとつになるだろうという予感が、わたしにはある。大同はヤマト王権による東北侵略の、固有に徴《しるし》づけられた年号である。むろん、「正史」の語る歴史がむしろ、大同年間をヤマト／エミシのあいだの比較的に平和な時代として描きだしていることは、よく承知している。ここで大切なのはただ、それが田村麻呂伝説に不可欠の年号として織りこまれ、その結果として、伝承レヴェルの生きられた歴史の一端を過剰なまでに担い、不断に活性化しつづけてきた、ということだ。

ヤマト王権による蝦夷征討の象徴的な歴史語りは、この年号抜きには完結しないともいえるだろうか。東北の生きられた歴史は、大同を起点として紡がれる不幸を背負わされてきた。東北の常民の多くが、古代蝦夷の末裔であったとすれば、大同という、ヤマト王権による侵略と征服の年号を起点に歴史が披《ひら》かれることは、大同以前のみずからの歴史を闇に葬ることをこそ意味したはずだ。征服者の、そして朝鮮半島からの帰化人の裔《すえ》と伝えられる坂上田村麻呂を、英雄として受容させられ、あるいは、みずから受容してきた見えにくい屈折の歴史《とき》の連なりは、東北の民の精神史の根っこに重たるく絡みついている。

達谷の窟、胆沢といった蝦夷の抵抗の拠点であった地に、征服者・田村麻呂の勧請になると伝えられる寺社が建立され、北方鎮護の神仏として崇敬される。達谷の窟のいかめしい多聞天像の群れが、足下に踏みつけているのはアテルイやモレであり、悪路王である。古代蝦夷の荒ぶる力の復活を忌み畏れ、蝦夷の末裔たちを威圧し、抑え込むために、毘沙門堂は建つ、鎮守府八幡宮は建つ。そうして皮肉にも、歴史は惰性のごとくにくり返された。近代には、北海道のアイヌの地に、アジアの植民地に、日本という国家を鎮護すべき神社が次々に創建され、愚かにも土地の民に異族の神への信仰が強制された。イデオロギー的な批判の皮相さは承知のうえだ。ただ、蝦夷の抵抗とヤマト王権による征討の歴史が、たんなる昔語りではない、わたしたちの現在に通底する事件《できごと》であることを確認しておけば足りる。

一面の雪原のしたに埋もれた胆沢城跡のかたわらに立ち、わたしはアテルイや悪路王の姿を見たいと思った。むろん、そんなものが夢うつつの底から顔を覗かせることなど、あろうはずもない。生きられた歴史への、豊かな想像力に裏打ちされたまなざしだけが、つかの間、そこに幻の風景を起《た》ち上がらせてくれる。そうだ、底ごもるような濁声《だみごえ》で歌わねばならない、むがすたつたのあぐろおう、まつくらくらのぬりのほら、わだるはゆめどごくやずん、くびはきざまれつげられ……、むがすたつたのあぐろおう……(佐藤通雅による)。

「原体剣舞連」の一節だ。賢治とはだれか。それはたぶん、東北の民の精神史の結ぼれを解きほぐす方法を求めつづけた、稀有なる思索の徒、それゆえ豊饒なる歴史語りの人でもあった、と呪文のごとくに書き付けておく。

6　その晩、鮭の大助は月光川をのぼる

鮭の千本供養塔

かつて肘折《ひじおり》は月山《がっさん》への登り口のひとつであった。昨夜はその肘折温泉に泊まった。朝の九時前には出発する。三月のなかば過ぎの肘折には、まだ雪が残っている。昨夜もうっすらと雪が積もった。はじめて大蔵村を訪ね、この肘折温泉に泊まったのはすでに五、六年も前のことだ。バスの屋根よりも高い一面の雪に覆い尽くされた世界を眼《ま》のあたりにしたときの、言葉もなく、茫然自失した自分をふと思いだす。山形に、いや東北に半分だけ本拠を移してから、はじめて体験する東北の冬は、やはり雪に悩まされた。未熟な運転では、とても自由に動きまわることはできない。結果として、冬は当然のごとくに籠もりの季節となってしまった。

その冬がようやく終わろうとしている。また、気ままな野良仕事に取りかかることが

できる。この日、わたしは思い立って庄内平野まで足を伸ばし、秋田との県境にちかい遊佐《ゆざ》町を訪ねることにしていた。何日か前に、手元にあった資料を拾い読みしているときに、遊佐の海岸に立つ鮭の千本供養塔の写真を見つけた。鮭にかかわる伝承に関心を覚えはじめていたわたしは、この鮭の供養塔へと思いを飛ばし、心を躍らせ、すでにすっかりその気になっていた。道路地図を拡げて、遊佐町の位置を確認し、二日後に訪ねることに決めた。そんないい加減な野良仕事の流儀をしばらくは、みずからに許したいと思う。

かつての鶴岡街道、国道四七号を最上川に沿って走る。この川も以前は鮭がのぼる川として知られ、古くから鮭漁が盛んだった。いまでは最上川水系の鮭の捕獲数は、山形県内でもわずか一割程度にすぎない。庄内平野から日本海にそそぐ月光《がっこう》川水系が大半を占め、昭和五十年前後には、この水系で捕れる鮭は数万尾に及んだ。岩手の津軽石《つがるいし》川に次いで、東北第二の鮭ののぼる川であった。遊佐は北に鳥海山を望み、西に日本海をひかえ、そして、この鮭がのぼる月光川の七つの水系を擁する町である。

雪がしだいに疎《まば》らになる。庄内に入ると、不意に空気が緩むのがわかる。見渡すかぎりの水田風景が開けてくる。やがて、なだらかに裾野を広げた鳥海山が、その雄大な白い姿態をあらわす。頂きは雲に覆われて見えない。同じ山形でも、最上と庄内とでは気候や風土も、文化的背景も異なり、また、月山をはじめとする出羽三山と鳥海山とは、

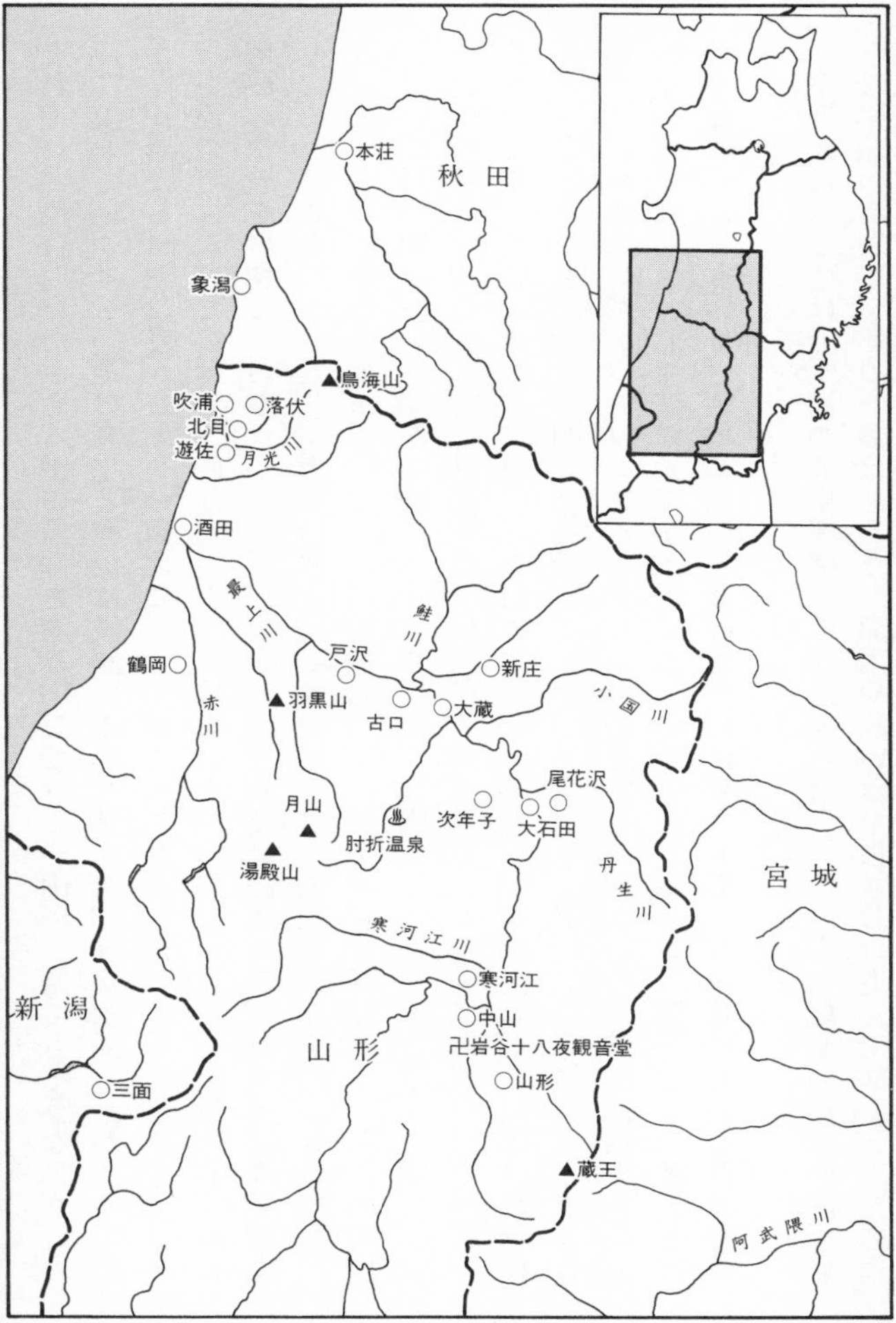

本荘
秋田
象潟
鳥海山
吹浦
落伏
北目
遊佐
月光川
酒田
最上川
鮭川
戸沢
新庄
鶴岡
羽黒山
古口
大蔵
小国川
赤川
尾花沢
月山
次年子
大石田
肘折温泉
湯殿山
丹生川
宮城
寒河江川
寒河江
新潟
中山
卍岩谷十八夜観音堂
山形
三面
山形
蔵王
阿武隈川

それぞれに色合いをたがえる山の信仰を産み出してきた。山形一県でもそうなのだ。一口に東北といっても、その文化と歴史は微妙な差異を孕んで、群雄割拠《ぐんゆうかっきょ》の感がある。しかし、わたしはやはり、ひとつの東北にこそ、あえてこだわりたいと思う。

遊佐の町に着いたのは十一時前だった。役場の観光課に寄り、資料を手に入れ、鮭の塔婆《とば》の位置を確認しておきたかった。思いがけず企画開発課の方が、一人の女性を紹介してくれることになった。尾形なつさん、女性だけで鮭の加工と販売をおこなう「レディースゆーわ」の代表である、という。国道七号沿いの喫茶店で落ちあい、遊佐の鮭漁について話を聞き、いくつかの鮭にかかわる場所を案内していただくことができた。

遊佐の鮭も、昭和五十四、五年頃からだんだん減って、いまでは最盛期の一割ほどの捕獲量になってしまったらしい。月光川水系に七ヵ所ある人工孵化《ふか》場から放流された稚魚は、北洋一帯を回遊し、四、五年後にふたたび月光川へと産卵のために回帰してくる。川の流れはきれいで、クレソンの群生が見られるという。川の汚れが鮭の回帰を拒んでいるわけではない。北海道で大半が水揚げされてしまい、本州まで南下してくることができないのだともいう。昭和初期の豊漁は月光川においても、今は昔の話となりつつある。

尾形さんはじつは、吹浦《ふくら》の鮭供養塔の存在を知らなかった。十六羅漢のある海岸を見下ろす丘の突端に、その塔婆はあった。灌木や高い草を掻き分け進んでゆくと、丘の頂きのそこかしこに、草に埋もれ、朽ちた古い塔婆が横たわっていた。比較的にあたらしい塔婆が五本ほど、海からの風に傾《かし》ぎながら立っている。三メートル近くもありそうな塔婆は、鮭の千本供養塔と称されている。吹浦の漁師たちは鮭を千本捕ると、その一本を海禅寺《かいぜんじ》に持ってゆき、供養をしてもらう。そして、鮭の菩提《ぼだい》を弔い成仏を祈る回向文《えこうもん》と、漁船名や船頭の名を墨書した塔婆を、この丘に立てる。鮭を精霊化し、報恩感謝の心をあらわす信仰行事であるらしい(梅木寿雄『風土記・庄内』)。

これと同じ供養塔を自分たちも毎年立てると、尾形さんがいう。鮭の孵化場や加工場に案内してもらうことになる。月光川水系のひとつ、滝渕《たきぶち》川の清流に沿った枡川というところに、採捕場があり、その棟続きに尾形さんたちの加工場はあった。すでに鮭の季節は終わり、加工場は閑散としていた。その片隅に四、五本の供養塔が並べてあった。塔婆の頭には三角の屋根が乗せられ、中ほどに木の台があり、木製のロウソクと竹の花立てがつけられている。以前は、採捕場の裏の燻製《くんせい》小屋のかたわらに立て放しにしていたが、最近では春になるとこうして軒下にしまうのだという。

採捕場のなかには、神棚がある。鮭供養の祭りは毎年、一月の末頃に、落伏《おちふし》の永泉寺《ようせんじ》の住職を呼んでおこなう。今年は二十二日であった。神棚の前に立派な祭壇をつくり、どんぶりに稚魚を十四くらい入れて供え、住職が読経して鮭の菩提を弔う。鮭漁の終わりの季節に、稚魚を供えておこなうこの祭りは、鮭の供養とともに豊漁を予祝する儀礼の貌を持っているかのように想像されるが、定かではない。

滝渕川は川幅が五、六メートルほどの、川床が見える浅瀬である。晩秋になれば、この小さな川を、六十センチから八十センチにも成長した鮭が傷ついた体をぶつけあい、水面《みなも》に跳ね、群れをなしてのぼってくる。鮭はウライという捕獲柵のところで遡上《そじょう》を止められ、網ですくい捕られる。いま、その清流の底には、孵化場から放たれたばかりの十センチにも満たぬ稚魚の群れが、眼を凝《こ》らすほどに見えてくる。すこし離れた孵化場では、さらに小さな稚魚たちが、放流までの日々を過ごしている。放流された稚魚たちのなかで、ふたたび月光川に還ってくるのは、わずかにその〇・〇二パーセントであるという。

鮭の大助という謎

こんな昔話がある。――昔、滝渕に鮭の好きな石があって、毎年秋になるとたくさんの鮭がのぼってきた。あまりに多く鮭がのぼってくるので、捕り尽くすことができず腐ってしまうほどであった。そこで、永泉寺の和尚さんが困ったことだと、その石を越後の三面川《みおもて》に投げ捨ててきた。それからは、三面川には鮭が多くのぼるようになり、滝渕川には少なくなった、という。滝渕は枡川のすこし下流、落伏とのなかほどに位置する。

鮭と石との関わりを語る説話モチーフは、じつは岩手の津軽石川の弘法伝説にも見いだされ、何か隠された背景が感じられるのだが、ここでは措く。

同じ月光川水系のひとつ、高瀬川沿いの北目・南目では、大助《おおすけ》・小助《こすけ》という行事がおこなわれていた。旧十一月十五日、耳塞《ふた》ぎ餅をつき、それをかならず臼のなかでちぎり、藁苞《わらづと》に入れて高瀬川に流す。大助・小助は鮭の王で、川に餅を流したら、大助・小助を見ないように後ろを振り向かずに走ってかえる。鮭の捕れる季節の終わり頃になると、鮭の王が「大助、小助いま通る」と叫びながら川を遡ってくる。その声を聞いたものは死ぬといわれ、それが聞こえぬように耳塞ぎ餅を川に流すのだという(菅原伝作『遊佐新風土記』による)。

こうした鮭の大助にまつわる行事や伝承は、庄内地方とはかぎらず、山形県下の最上川・鮭川・小国《おぐに》川・丹生《にゅう》川・寒河江《さがえ》川などに沿った村々にも分布する。遊佐の事例にもあきらかなごとく、鮭の大助はたんなる昔話の主人公ではない。鮭漁にかかわる大切な祭りや行事をささえる核ともいえる存在であった。鮭の大助の声を聞くと凶事が起きるので、この日は鮭漁を休み、宿に集まって酒を飲み、歌い騒いで過ごす。その日は土地によってさまざまであるが、湯殿《ゆどの》講・エビス講・川水神《かわすいじん》の祭りなどの祭日であった。耳塞ぎ餅はおそらく、そうした祭りにおける物忌みのタブーを暗示している。

耳塞ぎ餅は一般的には、同年の人が死んだことを聞いたときに、餅や団子を耳にあてがって同じ運命にさらされることを避けようとする習俗である。鮭の王は同い年の人間とよく似た感覚で捉えられていたのである（谷川健一『神・人間・動物』）。たしかに鮭の大助の叫び声にたいする強い畏怖は、同い年の人間の死への強烈な畏れにつうじている気はする。そうした解釈の当否は措くとしても、ほかの種類の魚には認めていない、どこか人間的な／神的な性格を鮭の王に見いだしていたことは否定しがたい。

遊佐の鮭の千本供養塔については触れたが、庄内地方ばかりではなく、同じような鮭供養は秋田県内でもおこなわれていた。仙北《せんぼく》郡花館《はなだて》村では、捕れた鮭が千本に達すると千本祭りをもよおし、鮭のために塔婆を立てて法要をいとなんだ、という（中山太郎編『日本民俗学辞典』「鮭供養」の項）。よく似た例としては、鯨やイルカの霊を鎮める神社や、ジュゴン（人魚）を祀る沖縄の八重山諸島の御嶽《うたき》などが、ただちに浮かぶ。遊佐の吹浦の海岸にちかい松林のなかには、鯨の供養塔があった。しかし、鮭供養の場合には、あたかも人間の葬送や供養のごとく念入りに様式化されており、鮭漁にしたがう人々の年中行事の一部に組みこまれている。鮭はやはり特別の魚だったのである。

山形県下では、鮭のことを「イオ」「ヨー」「ヨ」などと呼び、その語源は古くは魚一般をさす語で、それゆえ、鮭は魚の代表つまり王であったともいわれる。中世の『精《しょう》進《じん》魚類物語』という、北日本の民間伝承を背景にもつとされる物語のなかでも、鮭は魚類一般の指導者＝王として描かれている。鮭はすくなくとも列島の北半にあっては、古い時代から特権的な地位を占めてきたのである（大林太良「北太平洋地域の神話と儀礼における鮭」）。鮭を重要な食料資源としてきたアイヌ文化のなかで、鮭がカムイ・チェップ、つまり神の魚と敬意をもって呼ばれていることは、よく知られているところだ。

ところで、アイヌはマレップという銛《もり》で鮭をひっ掛けて捕り、ヤナギやミズキの棒（打頭棒＝イサパキクニ）で頭を叩いてとどめを刺した。この棒は小さな削りかけのついた一種のイナウであり、鮭の頭を叩くときには小声で「イナウコル、イナウコル」と唱える。これは木幣つまりイナウをもって、鮭が神の国へ還るようにという意味であるらしい。この棒はたいへん大事にされて、漁期ごとにあたらしく作り、用がすめば戸外の祭場に持ってゆき、その魂をあの世に送り返すのだという（谷川・前掲書）。あるいは、浦河のアイヌは、漁期の終わりに川をのぼる鮭をイナウ・コル・チェップ、つまりイナウの削りかけをつけた鮭と称した。この鮭は削りかけで飾られ、特別に火の女神に供えられた（大林・前掲論文）。

こうしたアイヌの事例を前にして、わたしは東北にみられる類似の習俗を想い起こさざるをえない。鮭を押さえて、「このエビス！」と叫びながら、網の浮子《あば》で鮭の鼻柱を叩いて殺す作法があったことは、谷川や中山が紹介している。青森県三戸《さんのへ》郡湊《みなと》村の大《おお》佑《すけ》明神はその名前からして、鮭の大助を思わせるが、鮭漁にちなんだ由緒をもつ。そこの漁夫たちは鮭を捕るとき、エビス槌で頭を打ち、「千魚又次郎八百長才」の九字を唱え、大漁を願う神呪《しんじゅ》とするという(柳田国男「鮭と兄弟と」)。このエビス槌は、エビスという装飾を施されているが、そこに埋もれた信仰のかたちは十分に、アイヌの打頭棒《イサパキクニ》に通じるものを感じさせる。

あるいは、アイヌのイナウ・コル・チェップ(イナウの削りかけをつけた鮭)は、以下のような事例を連想させずにはいない。山形の河川流域には、鮭を神饌《しんせん》として供える神社が点在する。それらの鮭は、背中に十字のたすきを掛けているとか、首に数珠を巻いているとかいわれ、神に捧げる贄《にえ》として捕ることを厳しく禁じられている。この鮭が注連《しめ》かけの鮭、また数珠かけの鮭、阿弥陀魚などと呼ばれているのだ(大友義助「『鮭の大助』のこと」)。

神の贄とされる注連かけの鮭については、菅江真澄の「雪の出羽路雄勝郡」にも見えており、すくなくとも古くは秋田でもおこなわれていた習俗であった。アイヌの削りかけをつけた鮭《イナウ・コル・チェップ》が、漁期の終わりに火の女神に供えられるのにたいして、これらの事例ではもはや、そうした鮭漁にまつわる儀礼の影は稀薄にしかうかがえない。しかし、これもまた、仏教的な装いをほどきながら、その背後に沈められた鮭の祭りや儀礼を掘り起こしてゆけば、ある文化的な連続/非連続の相を浮き彫りにすることが可能となるのかもしれない。

北太平洋地域の鮭をめぐる伝承や儀礼を検証しながら、大林太良が魅力的な仮説を提示している。すなわち、アムールランド・サハリン地域から北海道、そして本州北部にいたるまでの鮭の儀礼はひとつの連続体として見られるのではないか、と。いま、大林の仮説の是非を論じる力はとうていないが、その照り返しのなかで、以下のことだけはいえる。ある種の昔話研究者が、たとえば鮭の呼称の「ヨー」を稲の穀霊を意味する「よ」に結びつけ、あるいは、鮭の大助の伝承を稲作農耕民の世界観の内側に摂り込もうとすることにたいしては、はっきり異議を申し立てねばならない、ということだ。瑞穂の国の民俗学の、あまりに安易に陥りやすい初歩的な誤読というほかはない。いったい鮭の大助が南からの稲の道を島伝いに北上しつつ、東北の地に辿り着いたとでもいうのか。

鮭の大助とはだれか。ここではただ、次のことをあえて断言命題のように言い捨てにしておくことができるだけだ。北アジアからの文化の太い流れと、南からの稲作文化のほそい流れとが出会う、その接触面にたちのぼる霧のなかに、はじめて鮭の大助はそのたしかな像を結ばれるだろう、と。

サケ・マス文化論を越えて

鮭石とよばれる、魚のかたちを線刻された大きな石の存在が、秋田県側の鳥海山をめぐるいくつかの地域から報告され、注目を浴びてきた。たとえば、雄勝《おがち》郡秋ノ宮の稲住《いなずみ》温泉の魚形石などは、鮭の供養碑として語り継がれてきたという。とはいえ、それがはたして鮭を描いたものであるのか否かについては、議論が分かれ、年代の比定もさだかな結論を見ていない。しかし、青森や岩手の縄文遺跡のなかから類似の遺物がしだいに出土しつつあり、鮭石を縄文期にさかのぼらせ、そこに鮭の祭祀の痕跡を認めようとする立場にも可能性は出てきたらしい。いずれにせよ、秋田の鮭石は鮭にかかわる文化の拡がりを念頭に置いてのみ、豊かな議論を産むはずだ。

この鮭石が熱い関心の的になってきたのは、かつて考古学者の山内清男《やまのうちすがお》が提起した「サケ・マス文化論」のゆえであろうか。縄文の遺跡分布は列島の西南部には稀薄で、東北部に偏在をみせる。縄文文化はあきらかに、列島の東北部を中心として栄えたのである。山内はその理由を自然環境との関わりにもとめ、ことに食料資源として、ドングリ・クリなどの堅果類のほかに、東北部にはサケ・マスの豊かな恩恵があったことに注目した。それがのちには、「サケ・マス文化論」として考古学的な裏付けをもたぬままに広く流布されていったために、強い批判にさらされることになった。遺物としてのサケ・マスの骨の発見例が少ないことが、その批判の重要なポイントとされたのである。しかし、微小な骨や鱗が検出される例は確実に増えており、あらためて山内清男の仮説は検証されるべき時期にさしかかっているようだ。

むろん、列島の東北部に暮らした縄文の人々が、サケ・マス類だけを食料資源としていたとは考えられず、あくまでその一部を成していたにすぎない。とはいえ、それが堅果類と並んで、東北の豊かな縄文文化をささえた資源のひとつであったことまで否定することは、やはりむずかしい。そうして、サケ・マスが縄文の人々にとって重要な意味をもった食料資源であったとすれば、縄文の遺跡や遺物のなかに、その痕跡を実証的に探りもとめてゆく必要がある。それはいうまでもなく、考古学者の領分であり、仕事である。

さて、わたしの関心は逆に、現代にまでつながる鮭の伝承や民俗の解析をつうじて、「サケ・マス文化論」の地域的／時間的な射程を測りつつ、その可能性を問い直すことである。瑞穂の国の民俗学が、多くは無意識に加えてくる暴力的なまなざしをやわらかく解きほぐしながら、北方アジアの鮭文化の流れのなかで、東北の鮭のフォークロアの空間的な連続／非連続の相を腑分《ふわ》けしてゆくこと。そして、さらには、縄文以来の鮭をめぐる文化の歴史的な流れを押さえつつ、その時間的な連続／非連続の相を掘り起こしてゆくこと。むろん、あまりに壮大にして稀有な、みずからの力にあまる課題であることは承知のうえだ。ともあれ、そこにゆるやかに結像してくるはずの東北は、懐かしい移民史にはじまる稲のある東北の向こう側に拡がっている、もうひとつの東北の風景であることははっきりしている。

縄文の鮭の文化が何らかのかたちで、のちの時代に影を落としているとすれば、鮭の大助の伝承がその謎を解くひとつの鍵になりうるのではないか、そう、大友義助が語っている（前掲論文）。わたしはその大友の直観に共感を覚える。鮭の大助型の伝承は、ことに山形に濃密な分布をみせるとはいえ、さまざまなヴァリエーションをもって東北一円に拡がっている。たとえば、遠野でもっとも古い家だと伝えられる宮家の起源伝承のなかにも、それと名指されぬままに鮭の大助が姿をあらわす。鮭喰わずのタブーをもつ、この旧家の始祖は、遠野郷がいまだ広い湖水に覆われていた時代に、大きな鮭の背に乗ってこの地にやって来た、という。神話的な起源《はじまり》の風景のなかに、その人は鮭の大助とともに登場したのだといえようか。あらためて、鮭の大助とはだれか——、はるかなる問いへの道行きは、その、忘れられたささやかな問いのかたわらからはじまる。

7 山に生かされた者らよ、と石の環が囁く

マタギ伝承をめぐって

小雪の舞う、ひどい底冷えのする日だった。四月も半ばに近いが、そこまで来ているはずの雪国の春は、足踏みをしながら、まだ何かを窺っているかのようにやって来ない。北上から横手・秋田へと抜ける国道一〇七号を、西へと辿った。錦秋湖《きんしゅうこ》のほとりを過ぎ、湯田《ゆだ》町にさしかかるあたりで、右に折れる。しばらく北上すると、沢内《さわうち》村に入る。以前から勧められていた、この村の碧祥寺《へきしょうじ》にある博物館を訪ねることにしていた。

沢内村はかつては、一年のうち四、五ヵ月も深い雪に閉ざされる、隠れ里の趣きのある村だった。いまから二百三十年ほど前に、この地に罪あって配流された宮古の儒者・高橋子績が著わした『沢内風土記』には、「天牢雪獄《てんろうせつごく》と謂《い》ふべし。亦《また》上古の土窖《どこう》の住居を想像すべし」とみえる。天然の雪の獄舎といわれた沢内村は、しかし、すでに当時か

ら水田が数千頃《けい》もあり、山の幸や川の幸にも恵まれた土地柄であった。とはいえ、『沢内年代記』をみれば、近世以来、数年ごとに凶作と飢饉に見舞われ、また百姓一揆が頻発する土地でもあったことが知られる。

『沢内年代記』にいつの頃からか附されるようになった、「奥州和賀郡沢内開闢之事《かいびゃくのこと》」という古い書き物がある。この村に鎮座した住吉神社の由来を物語るもので、住吉の神が一面の湖水に覆われていた里にやって来て、悪獣・猛禽・毒竜蛇をことごとく退治してから、しだいに落人や隠れ人らが住むようになり村立てがなされた経緯が、七五調の語り物のスタイルで述べられている。ある時代に民間で語られた奥浄瑠璃の一種か、とも想像される。

その「奥州和賀郡沢内開闢之事」には、たいへん興味深い、狩人にまつわる伝承が語られている。建久九(一一九八)年、この地に暮らしていた筑紫の浪人・高橋なにがしが、魔生《ましょう》のために命を奪われる。悲嘆する妻子のもとへ、山谷をめぐる狩人が七匹の犬を連れて現われる。住吉の神のお告げによって里に分け入った四人の狩人は、七匹の犬とともに魔生と戦い、ついにこれを退治する。魔生の骸《むくろ》は四つに断ち、四ヵ所に宮居を立て、そのしたに埋めた。一郷の老若男女は群れつどい、神楽を奏し、湯の花を捧げた。そのとき、住吉の神が七歳の少女に憑いて、託宣をくだす。魔生のために殺された七匹の犬は七ヵ所に葬られ、七鼻と名づけられた。四人の狩人は東南をさして去った。高橋なに

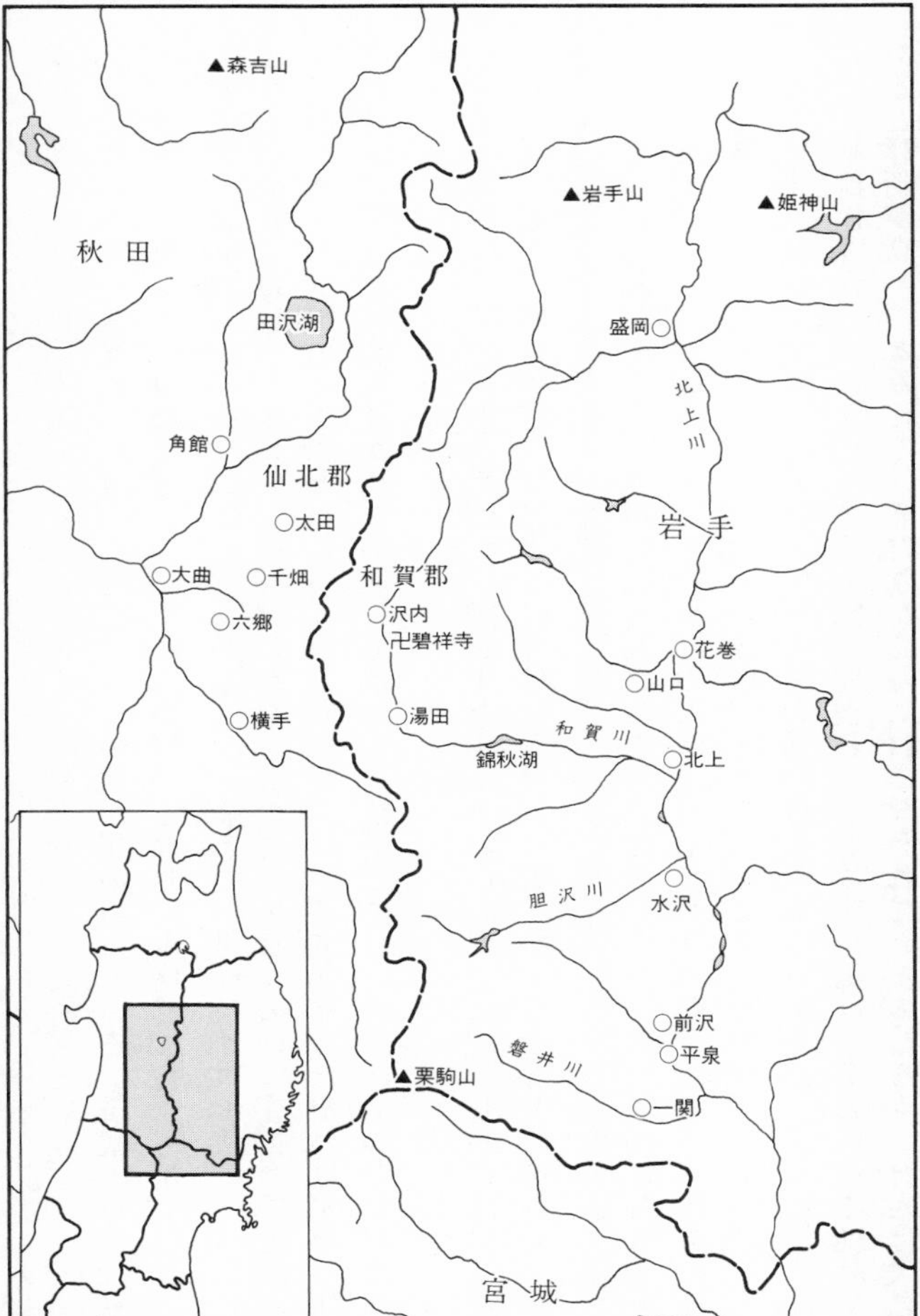
森吉山
岩手山
姫神山
秋田
田沢湖
盛岡
北上川
角館
仙北郡
太田
岩手
大曲
千畑
和賀郡
六郷
沢内
碧祥寺
花巻
山口
横手
湯田
和賀川
錦秋湖
北上
胆沢川
水沢
前沢
磐井川
平泉
栗駒山
一関
宮城

がしの残した兄弟は、太田の村に屋敷を構え、村長《むらおさ》となって栄えた、という。

この住吉の神の鎮座伝承には、おそらく多くの謎が秘められている。筑紫出身の、平家の落人とも覚《おぼ》しき高橋なにがしの息子たちが村長となり、本格的な村立てがなされるわけだが、この地方ではかつて全戸数の四割以上が高橋姓で占められていた。むろん、現在も高橋姓はたいへん多い。なぜ、はるかな筑紫の国の出身なのか。住吉信仰と関わりがありそうだ。頻出する四と七という数字もまた、けっして偶然ではないはずだ。住吉の神を奉ずる語り物の徒が、この地を拠点として活動していた時代があったのだろうか。

そして、村立てに狩人が決定的な役割を果たす伝承の核心部分に、とりわけ注目しなければならない。四人の狩人は魔生に犬をけしかけ、弓矢と槍・鉾《ほこ》でとどめを刺している。『今昔物語集』巻第二十九にみえる、陸奥の国の猟師がおこなっていた狩猟の方法と同じものである。家にたくさんの犬を飼いおき、その犬たちをつれて深山に分け入り、猪や鹿を喰い殺させて捕らえる。それを世の人は「犬山」と称した、とある。住吉の神に遣わされた狩人たちは、この犬山を狩猟形態とする人々であったのだ。

近世以来、秋田マタギとともに沢内マタギの活動は広く知られてきた。『沢内風土記』にも、猟師が冬から春にかけて多くの獣を捕獲し、ことに熊の胆《い》はよそと比べて絶品であると評判が高い、とみえる。熊狩りが盛んにおこなわれていたのだろう。狩人は大きく、「山立根本之巻」を有する日光派と、「山立由来之事」を携える高野派とに分かたれる。沢内マタギは日光派に属する。その巻物が建久四年五月の奥付けを持つことから、「奥州和賀郡沢内開闢之事」の建久九年という日付けとの関わりが説かれてもいる（司東真雄「沢内村とマタギ」）。その真偽を問う力はないが、気にかかるところだ。

「山立根本之巻」は以下のような内容を持つ。

清和天皇の時代、天智天皇の十七代の子孫である万事万三郎という者が、下野《しもつけ》の国に流され、日光山の麓に住んでいた。天下無類の弓の名人であった。日光権現と上《こう》野《ずけ》国の赤木明神とがしばしば合戦をしていたが、万三郎は日光権現を助け、権現からあたえられた白木の弓と白羽の矢をもって、ついに大蛇の赤木明神を射留めた。日光権現はそれを内裏《だいり》に報告した。万三郎はご朱印をあたえられ、それからは、日本国中どこの山でも山立《やまだち》（＝狩猟）が許されることになった。万三郎は先祖を御門《みかど》とするがゆえに、日光山の麓に伊佐志《いさし》明神として祀られた。山の神は産火・死火を忌むが、心あきらかに念誦《ねんじゅ》すれば、産火・死火を嫌わず、いかなる尊い社や山においても、日本国中の猟師は鳥・獣を喰うことができる。右の趣きは代々の子孫にいたるまでの御免である。

こうしたマタギの携える由緒書は、むろんそのままに史実ではないが、ほかの職人由緒書と同様に、マタギの職掌にまつわる特権とかれらの社会的アイデンティティを保証するものではありえた。流された天皇の末裔という、典型的な貴《き》種流離譚《しゅりゅうりたん》の構図であるが、天台系の山岳信仰の聖地である日光山との関わりのほうが、伝承の核であろう。そして、この由緒書をもって、マタギを仏教以後に形成された狩猟集団とみなす理解がときに語られてきた。しかし、ことはそれほど単純には解きがたい。マタギという狩猟の集団、いやマタギという狩人の存在それ自体は、はたして仏教以前か／以後か。こだわり続けたいと思う。

マタギ／アイヌ文化

沢内村の太田にある碧祥寺博物館には、みごとな収蔵品があつめられていた。山の神の木像、古いオシラサマの木像、アイヌの木幣《イナウ》が、意図してかあらずか並んでいるのを見たときには、不思議な感慨に打たれた。そこに、何か隠された信仰の連なりが感じられてしまうのは、こちらのまなざしに孕みこまれた歪みのゆえだろうか。柳田国男はオシラサマを、御幣《ごへい》や採り物から人形へと展開する途上に結像させようと試みた。日本人の固有信仰の内側に、東北の地のさまざまな信仰・習俗を地域的なヴァリエーションのひとつとして封じ込めようとした、その作業の一環であった。そうした柳田がはめた枷をほんの少しゆるめて、オシラサマの木像を眺めてみるとき、異相の風景が堰を切ってあふれ出すのではないか。アイヌの木幣を見つめながら、そんな幽かな予感を大事に暖めてゆこう、とあらためて思う。

いくつかの収蔵館のなかで、やはりマタギ関係のコレクションをあつめた資料館が圧倒的だった。写真や文字づらばかりで実際には見たことのないものが、さほど広くはない館内に豊富に展示されている。二十センチ足らずの、しなびた異形のオコゼ魚を、はじめて見た。狩人が山の神に獲物がたくさん捕れるように祈るときに使う、秘伝の呪物である。狩人は海オコゼを、漁師は山オコゼを秘蔵しているともいわれる。山オコゼはじつは、山野の湿地に自生する細長い小貝であったらしい。山の民／海の民が、ひとつの奇怪な姿態をもった海／山のオコゼ(魚／貝)をはさんで、見えにくい交換＝交歓を果たす図柄は、いかにも楽しい。想像力がかぎりなく刺戟される。

『遠野物語拾遺』の第八十三話に、こんな狩人の秘密の道具をめぐる話が、書き留められている。

オシラ様を狩りの神と信じている者も多い。土淵村の菊池という狩人の家に、大切に持ち伝えている巻き物には、金の丸《たま》銀の丸、オコゼ魚にオシラ様、三途縄《さんずなわ》に五月節句の蓬菖蒲《よもぎしょうぶ》、それから女の毛とこの九つを狩人の秘密の道具と記し、その次にはこういうことも書いてある。「狩の門出には、おしらさまを手に持ちて拝むべし。その向きたる方角必ず獲物あり。口伝」

狩人の九つの秘密道具、という。金の玉・銀の玉・オコゼ魚・オシラサマ・三途縄・蓬・菖蒲・女の毛、いくら数えても九つにならないところが愛敬だが、巻物も加えて納得しておこう。いずれも狩人が山中で危難に遭ったときに使用する、呪的なモノないし道具である。それにしても、ここにオシラサマが含まれているのは、なぜか。オシラサマは狩猟の神であったのか。

オシラサマを狩猟の神として祀る信仰は、本来のオシラ神信仰からの派生態とみなされるのが、いわば通例であろう。この事例の狩人が所持するオシラサマは、占いの道具であった。養蚕とも家の信仰とも縁がない。しかし、イタコが小正月の晩に、オシラサマを遊ばせる所作のなかにも、一年間の吉凶を占う意味がこめられており、オシラサマはオシラセの神、いわば神像そのものが神の意志を伝える呪具でもあった。養蚕の神という表層の貌を剝がしてやれば、狩人の占いの具というオシラサマの姿もまた、けっして唐突なものとはいえない。本来の信仰からの派生物にすぎない、と簡単に決めつけるわけにはいかない理由も、そこにある。

最上川のほとりの村で、山の神の社に奉納された素朴な木の人形を見たことがある。山仕事の無事を祈って、正月に村の人々が納める習俗がかつてあった、と聞いた。二、三十センチほどの木の棒の先端に、墨で顔が描かれ、髪の毛はまるで、アイヌの木幣とそっくりに、小刀で小さく反りあがる形に削られていた。奇妙な関心をそそられた。布切れをかぶせてやれば、そのままにオシラサマができあがるはずだ。山の神とオシラサマはあるいは、柳田を真似て言ってみれば、根源ひとつの信仰だったのではないか。山の神の像は男神・女神それぞれ一体のこともあれば、対の組み合わせのこともあり、さまざまである。どれが古い形態であるのかは、おそらく断定しがたい。とはいえ、獲物や作物の豊饒、そして生殖の祈願といった側面からすれば、男神／女神の双体であることが自然である。オシラサマの神像は例外なしに、対の組み合わせであった。こんなところにも、自明なこととして打ち棄てられてきた問題が転がっている、そんな気がする。

ところで、東北一円の狩人たちは一般にマタギと称されている。このマタギの語源については諸説がある。マタギは元はマタハギで、マタ＝シナの木の皮を剝いで布に織り縄になう山の民をマタギと呼んだとも、信州の山の民が使うマタツボという杖から来たとも、又《また》になった木の枝で獲物を追ったから、狩りを又木と呼び、狩人をマタギと呼ぶようになったとも、はては山の峰を跨いで歩くからマタギと称したとも、いう。アイヌ語に狩りを意味するマタクという言葉があることから、柳田は初期にはアイヌ文化との関わりに注目したが、のちにはアイヌ起源説を放棄する。四国の山中に同じ意味のマトギなる言葉があるので、アイヌ語と速断するわけにはいかない、とされた。

それでは、マタギの使う山言葉のなかに、アイヌ語と共通するかと思われる言葉が多数見いだされることは、どのように判断されるべきだろうか。柳田がこの問題に触れた形跡はなさそうだ。柳田の盟友ともいえる金田一京助が、マタギ言葉のなかから、アイヌ語と共通する語彙を拾い出している。マタギ言葉／アイヌ語と並べてみる。

犬（セッタ・シエダ／セタ）
頭（ハッケ／パケ）
水（ワッカ／ワッカ）
雪（ワシ／ウパシ）
木（ツクリ・ツクイ／チクニ）
心臓（サンベ・サベ／シャンベ・サンベ）
大（ホロ／ポロ）
大水（ワッカホロ／ワッカポロ）

ほかのアイヌ語研究者によっても、同様の試みはなされている。偶然といって片付けるには、その類似はあまりに生々しい。マタギ言葉は里では使用を禁じられた、山のなかで狩りをするときにのみ許された神聖な山言葉であった。アイヌが狩猟や採集を主とする生業をいとなむことは、あらためていうまでもあるまい。こうしたマタギ言葉／アイヌ語のあいだの共通性をどのように読み解くかが、問題として浮上してくる。

かつて、古代のある時期に、アイヌが東北地方に居住していた痕跡とみなすか、あるいは、むしろ逆に、東北の地に狩猟・採集をなりわいとして暮らした古代人が、アイヌ語的な言葉を使っていたと考えるか。前者の解釈は、虚心に眺めてみれば、成り立つ可能性がたいへんに少ない。仮に、東北にアイヌ(の祖先)が住んでいたとして、その言葉はアイヌ語を解さぬ人々(→「日本人」)にどのように伝えられ、残されたのか。しかも、それは山や狩猟にかかわる領域にのみ、特異に、限定された残存の仕方をしている。マタギという狩猟の集団のなかに、山中でのみ使うハレの言葉として伝えられてきたことの意味も、アイヌの居住の痕跡とみる立場からは解きがたいはずだ。

やはり、狩猟や採集を主体とする生業をいとなんでいた、古代東北の地の、エミシと呼ばれた人々がアイヌ語的な言葉を日常的に話していた、と考えるのが素直な理解ではないか。そして、その時代の生活スタイルを保ちつづけたマタギ集団のなかに、それが孤立したかたちで、山のハレ言葉として残されたとは考えられないか。アイヌ語地名の研究者である山田秀三がいうように、古代のある時期に、東北地方に「アイヌ語族」が広く住んでいたと想定してみることによって、結ぼれがほどけてゆく問題は、たしかに数多く存在する。マタギをめぐる問題は、その比較的に見えやすいものの一つにすぎない。

ある記録映画から

新宿の小さな事務所の片隅で、『越後奥三面《おくみおもて》――山に生かされた日々』を見てから、すでにひと月半近くが過ぎていた。素晴らしい、ありあわせの言葉ではとても語り尽くせぬ記録映画だった。記録という言葉のしたたかなる重さと奥行きとを、しばらくぶりに感じさせられた映画だった。そして、この映画は確実に、いまわたしが対峙しようとしている問題群の足元を照らしだす、導きの灯となってくれるにちがいない。

越後奥三面はマタギの集落として、その名を知られてきた。ダムの建設のために、そのマタギの村が水底に沈もうとしている。すでに戸数四十二戸の集落の人々は離村しているが、姫田忠義さんと民族文化映像研究所(民映研)のメンバーが離村前の集落に入り、四年がかりでまとめた記録映画だった。この映画を見ると、マタギの村という先入観が静かに崩れてゆく。奥三面の人々は、マタギによってのみ暮らしてきたわけではない。山猟・川漁・山菜採りをはじめ、カノ(焼畑)・常畑・水田による農耕、塩木作り・船木作り・造材・植林などの山林労働、また、ある時代には川での砂金掘りなど、多彩な生業にしたがいながら生きてきた村である。少なくとも近代には、それが奥三面の偽らざる姿だった。

映画の冒頭に近く、十二月十二日の山の神祭りの光景が映しだされる。この村でもっとも大きく、大事な祭りである。正月準備の松迎え、正月の山の神へのお参り、小正月の行事……と進んでゆく。ウサギ猟、クマ狩り、ゼンマイ採り、田植え、焼畑、丸木舟造りなど、それぞれに印象深く、映像のかけらが脳裡に刻まれてゆく。まさに山の民の暮らしである。

上映後、わたしはじつは、姫田さんにたったひとつだけ質問をさせていただきたいと思った。奥三面の山の神は、田の神／山の神の循環の伝承を持っていますか――と。この、たいへんに古風な山の神信仰のなかに、はたして春と秋の季節のめぐりに合わせて里／山のあいだを循環する、田の神＝山の神の信仰はあるか。姫田さんは即座に、「ありませんよ」と答えてくださった。しかし、それはのちにお会いしたときに、姫田さん自身の口から訂正された。どうやら、伝承としては奥三面にも存在するらしい。

わたしにとっては、とても重要な問題であった。山の神信仰の問題を根底から読み抜くことが、あたらしい東北像を拓くための関門のひとつになるはずだ、という予感がわたしにはある。柳田的な、それゆえに稲作農耕民のものである、田の神／山の神の循環図式のなかに封じ込められた山の神を、いかにして稲の外部に解き放つか。そこに突破口のひとつは、確実に埋もれている。

奥三面では、すでに四百年ほど前の記録に田があることが記されている。しかし、水の冷たい山の田であるから、収量は非常に少なかった。昭和三十年代までは、焼畑で作られたソバ・ヒエ・アワ・豆類などが一年間の食糧の三分の二を占め、残りの三分の一が水田でとれる米であった、という。そうした土地で祀られる山の神が、山に還った田の神の仮の姿にすぎない山の神であったとは思えない。わたしの予想は半ばは外れた。とはいえ、それは伝承として稀薄なものであり、しかも、一年間の暮らしと生産の暦のなかからも鮮明な像を結ぶことがない。田の神／山の神の循環の伝承はおそらく、狩猟や焼畑にかかわる山の神信仰に、後次的《こうじ》に接ぎ木されたものである。山の神信仰をめぐる問題については、時間をかけて追いつづけねばならないと思う。

ところで、その日、民映研の事務所の壁には、奥三面で縄文のストーンサークルが発見されたことを報じる新聞記事が貼られてあった。大湯の環状列石をはじめとして、ストーンサークルがいくつか残る北秋田はまた、マタギの集落が点在する地方でもあった。そのとき、わたしの頭をふっと、そんな想念の連なりが掠《かす》めてすぎた。そして、わたしがいま訪れている沢内マタギの地に、小さなストーンサークルが残されていることを知ったのは、役場で資料をコピーさせてもらっているあいだに、買い求めたばかりの『沢内村史』を眺めていたときのことだ。

マタギとストーンサークル、むろん、取り留めもない連想にすぎない。しかし、偶然とばかりはいえない。縄文的な世界のはるかな記憶が埋もれた土地に、狩猟を主たるなりわいとするマタギの集落、その歴史が刻まれてきたことは、けっして偶然ではないように思われるからだ。マタギははたして、仏教以前か／以後か。おそらくは、仏教以前からの歴史を宿した人々だ、そう、わたしはいま、環状をなす石の遺構たちの声なき声に励まされながら、静かに思う。

8　鉱山で、山の神の代官たちが福音を説いた

銀山の跡を訪ねて

雄勝《おがち》町を訪ねるのは二度目だった。

二ヵ月ほど前、四月の末であったか、秋ノ宮の稲住温泉にある魚形文刻石《ぎょけいもんこくせき》を見るために、国道一三号を北上し、秋田側に県境を越えた。雄勝町の院内《いんない》を過ぎてしばらくして、右折し、国道一〇八号に入る。その、一メートル足らずの魚形を刻んだ自然石は、稲住温泉のなかにある。古くから鮭の供養碑といわれてきた。以前は秋ノ宮の山居野《やまいの》にあったものだが、いまは稲住温泉に移され、保存されている。しかし、風化が進み、かつては数も知れず石の面《おもて》を跳ねていた魚は、しだいに肉眼では確認しづらくなっている。四十数センチほどの線刻の魚形は、はたして鮭なのか、そして、もし鮭であるとすれば、それは縄文の東北に生きた人々が残した鮭をめぐる信仰の跡なのか、……むろん判断は

つかない。

その帰りに、思い立って院内銀山異人館に寄った。院内銀山は一九五四年に、およそ三百五十年間にわたる歴史の幕を降ろしている。館内に展示された昔の絵図や写真を眺めているうちに、銀山の跡を訪ねてみたくなった。受付けの女性が、地図を示しながら、いまでは山全体が杉の林に覆われて、往時を偲ぶものはほとんどないと説明してくれる。

外は強い風とともに横殴りの雨だった。出直すことに決めた。

その、再訪の日にもまた、ときおり思いだしたように雨が降った。国道一〇八号を左に折れ、銀山町へと山のなかの濡れた道を辿る。銀山に入る物資から徴収金を取った十分一御番所《じゅうぶんのいちごばんしょ》跡の前に、案内板が立っている。異人館跡、白銀尋常小学校跡、そして、三番共葬墓地と、銀山町のかすかな記憶のかけらが山裾に点在している。共葬墓地には、銀山が開かれて以来の、三千人以上の死者たちが埋葬されているという。千基あまりの墓碑や石塔が高い草に埋もれ、雨に打たれ、丘のうえにひそやかに立ち尽くしている姿は、なかなか壮観なものだ。近世のいくつかの年号が、墓碑のおもてに読み取れる。

主鈴坂《しゅれいざか》下には、院内銀山の発見者たちや関わりの深い人々の石碑が、いくつか並んでいた。菅江真澄の天明《てんめい》五(一七八五)年の日記「小野のふるさと」には、次のような、銀山の発見にまつわるエピソードが書き留められている。――石田三成が戦《いくさ》に敗れた頃、三人の武士が命永《なが》らえ、小野の里の石山に逃れた。縁者のもとに身を寄せ、砂金を掘り

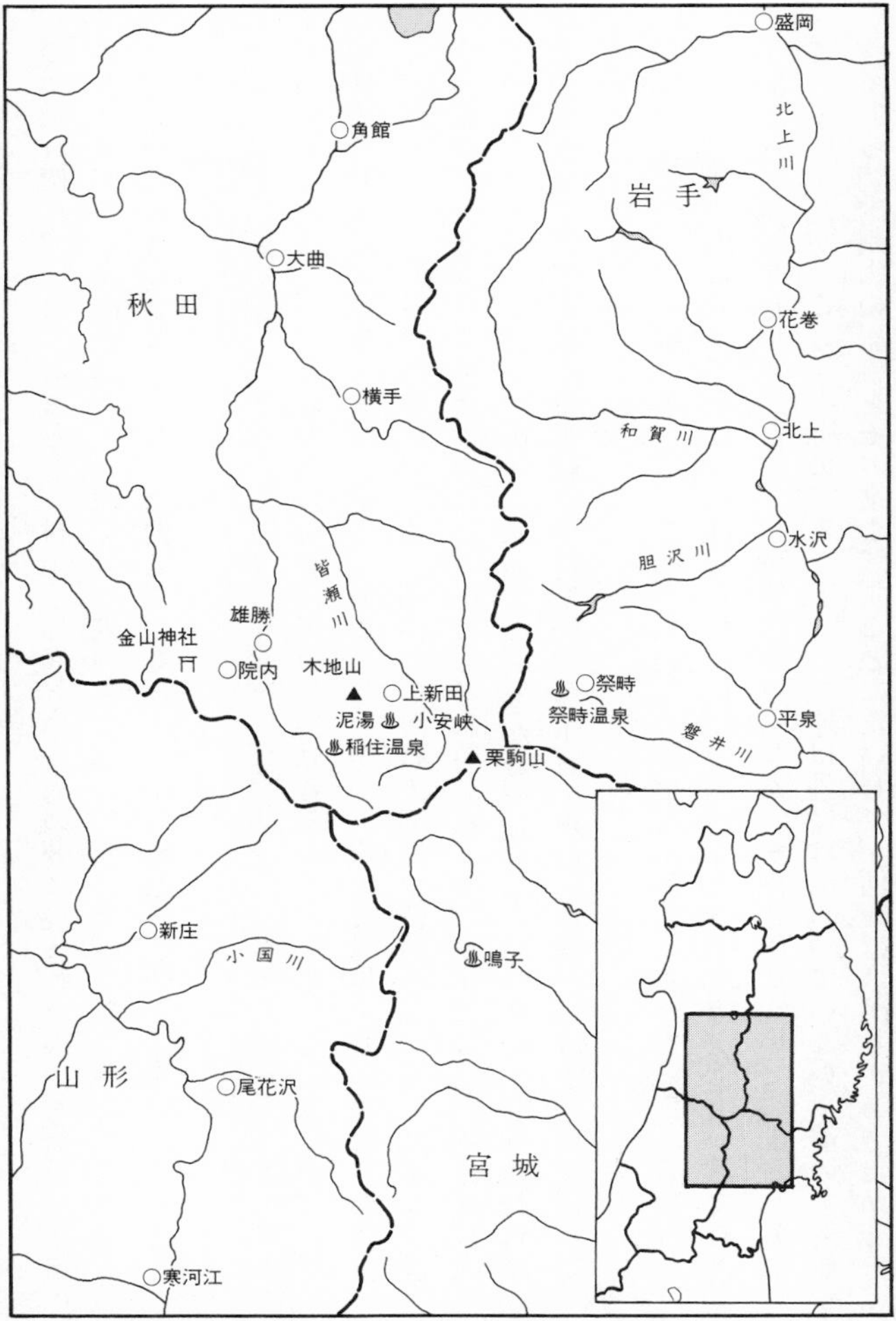

盛岡
角館
北上川
岩手
大曲
秋田
花巻
横手
和賀川
北上
水沢
皆瀬川
胆沢川
雄勝
金山神社
院内
木地山
上新田
祭時
祭時温泉
泥湯
小安峡
稲住温泉
平泉
磐井川
栗駒山
新庄
小国川
鳴子
山形
尾花沢
宮城
寒河江

つつ隠れ棲んでいた。あるとき、村山宗兵衛という人の夢に現われた神のお告げを手掛かりとして、長倉山を越えて谷深く分け入ってみると、夢にたがうことがなかった。そこで、かね掘る人(鉱夫)をあまた携えて、慶長十(一六〇五)年に開いた銀の山である、と。

『院内銀山記』(寛永十三年?)にみえる由来譚が口承化していたものであろうか。関ケ原の合戦に敗れた石田方の浪人たちが、銀山の発見者として名を連ねている。かれらが隠棲《いんせい》のなりわいに金掘りをし、やがて夢告にしたがって銀山を発見するにいたった背景には、おそらく隠された事情がある。鉱山にかかわる知識や技術をもたぬ、たんなる浪人者には、不可能な業《わざ》であったはずだ。ともあれ見いだされた銀山には、諸国から浪人者や、出家・沙門《しゃもん》・禰宜《ねぎ》・山伏・座頭・商人らがこぞり群がり、「さしも人も通わぬ深山幽谷なれども忽《たちまち》に山小屋千軒、下町千軒、数千軒の町屋とぞ成にけり」(『院内銀山記』)という活況を呈することになった。

真澄は先の記述に続けて、銀山で働く鉱夫らの姿を生き生きと描いている。あきらかに、実際に坑内に入ってみなければ得られぬ見聞の記述である。真澄が鉱山や鉱夫らの生態に鋭い関心を抱いていたことは確実であり、また、院内銀山についての記録も残しているはずだが、この「小野のふるさと」の記述以外には伝わっていない。藩の主要施設である院内銀山の記事をそのまま残すことにたいして、何かはばかりがあったかとも思われるが、定かではない。菅江真澄がみずから歩き・見て・聞き・描いた東北を丹念に辿りなおすとき、柳田の、たとえば『雪国の春』に描かれた稲をつくる常民たちの東北という像は確実に、その根底から突き崩される、そんな予感がわたしにはある。

村山宗兵衛らの石碑のかたわらに湧き出している小関清水は、江州生まれの美しい白拍子《しらびょうし》、小関太夫にまつわる哀しい物語の舞台として伝えられる。銀山は山峡にひらけた都市であった。さまざまな商人・職人が来たりつどい、芸能の徒や傾城《けいせい》・白拍子らが歌舞伎・芝居に芸を尽くし、夜も昼もなく都市の華麗なる文化が享楽された。天保年間の『院内銀山日記』には、銀山を訪れたおびただしい数の諸道・諸職の者らの姿が書き留められている。天保の最盛期には、人口が一万五千人、戸数が四千戸の、城下町の久保田(秋田)をしのぐほどの賑わいであった、という。閉山から四十年足らず、すでに山全体が鬱蒼とした杉の樹林に覆われ、かつてそこに現出していたはずの風景を結ばせることはむずかしい。

さらに車を走らせると、木の大鳥居が見えてくる。金山《かなやま》神社の門前に出る。銀山発見当初の創建になる山の神を祀った神社であるが、現在の社殿は文政期(一八一八～三〇)のもので、当時としてはたいへん豪壮なものであったらしい。村山宗兵衛の夢中にあらわれ、銀山の発見へと導いたのは、山の神であった。『院内銀山記』には、銀山を発見した宗兵衛が、これはひとえに山神《さんじん》の瑞夢《ずいむ》なりと、山神を祈りつつ深山に通夜したことがみえる。『院内銀山日記』にも、山神社への参拝・奉納や境内における祭り・興行のことなどが頻出する。山の神こそが銀山を支える宗教的な中心であった。

しかし、この、銀山で働く人々が信仰した山の神が、たとえば稲作農耕民の祀る、春に山から下りて田の神となり／秋に山にのぼって山の神となる、あの田の神の補完物としての山の神とはまるで性格を異にする、別種の神であることはいうまでもない。初期の山神の祭りは、記録によれば八月十九日におこなわれている。それが後代、農耕民の習俗に寄り添うかたちでか、六月十二日に変更になる。現在は九月二十一日であるが、これは明治十四年の天皇行幸にちなむものだ。いずれであれ、院内銀山の山の神が農耕民の祀る山の神とは出自を異にするらしいことは、この祭日の変遷からも窺えるところだ。

金山神社の向かいに、清流を隔てて、正楽寺《しょうらくじ》跡があった。銀山で最初に建てられた寺であり、村山宗兵衛の開基したものという。橋のたもとに水子地蔵が祀られているのが、いかにも唐突ではあった。寺の跡とはいえ、現在も寺を守る人はいるらしく、丘の斜面に立つ建物のなかからは人の声が洩れてくるし、生活の匂いもする。金山神社にお参りしていたときに聴いた鐘の音は、この寺から聴こえてきたものだった。わたしもまた鐘を撞き、遠く銀山町に生きてあった人々に想いを揺らした。そうして、その柱だけの鐘堂のかたわらで、わたしは思いがけず、求めていたものに遭遇した。そこに、十字架の刻まれた供養碑があった。

鉱山とキリシタン

供養碑は比較的に新しいものだった。碑面に刻まれた文字はひどく寡黙である。何のために建立されたものであるのか、そこにはいかなる具体的な歴史が秘められているのか……。どうやら寛永元(一六二四)年のキリシタン殉教にかかわるものであるらしいと知ったのは、東京に帰ってから資料を漁《あさ》っていたときのことだ。院内銀山はキリシタン殉教の地であった。碑面に刻まれた十字架の裏側から、東北のキリシタンの歴史が幽かに起ち上がってくるのを、そのときわたしはただ漠然と感じていた。

供養碑が建てられた経緯を知らぬままに、わたしは東北の鉱山とキリシタンの深い関わりの歴史を思った。疑いもなく、それは東北の地の、忘れられた遠く淡い風景のひと齣である。列島の北の果てに近いある村に、キリストの墓がある。それ自体はまったく荒唐無稽《こうとうむけい》なものだが、東北のキリシタンの歴史を思えば、どこかで、そのキリストの墓なる奇想も常民の具体の歴史の一端に繋がっているのかもしれない。

只野淳の『みちのく切支丹』によれば、東北地方におけるキリスト教の布教は、永禄年間(一五五八～七〇)に、宮城県本吉《もとよし》の城主・千葉土佐に招聘《しょうへい》された製鉄師・千松大八郎、小八郎兄弟によって開始された、という。この千松兄弟は、南蛮渡来の天秤《てんびん》流製鉄の技術をもった製鉄師であった。海岸の砂鉄地帯に炯屋(製鉄所)がいくつか設けられ、製鉄業は盛んになった。史料的には確認できないが、千松兄弟はキリシタンであったと想像され、その周辺からしだいにキリスト教が広まってゆく。のちには宣教師も入った。この地方では、やがて神社・仏閣が、次々と廃絶されるような事態にまでたちいたることになる。

いわば、東北のキリスト教の歴史は「下かち」始まったのである。みちのくへ移住していった信者は、たいてい下層階級の人々で、諸国遍歴の商人や盲人(の芸能者か)、あるいは鉱山で働く金掘りが多かったともいう(前掲『みちのく切支丹』)。千松兄弟は製鉄師であった。『院内銀山記』の、銀山発見者たちが隠棲しつつ砂金を掘っていたとする一節が浮かぶ。東北の鉱山とキリシタンの関わりの歴史は、たいへん濃密なものだ。しかも、それは幾重にもよじれながら、見えにくい非連続の軌跡を幽かな痕跡のように残しとどめているにすぎない。

鉱山を舞台とした伝道は盛んであった。元和年間(一六一五〜二四)には、イエズス会の一人の宣教師が東北地方の山中を訪ね、ことに秋田の仙北《せんぼく》地方の鉱山に入り込んで布教している。元和六年に、院内銀山で布教をおこなった宣教師の名も見える。鉱夫や商人に姿を変えることで、かれらはたやすく通行手形を手に入れることができた。東北の鉱山の多くは、社会的に疎外され、追放されたさまざまな人々が潜伏する場所であった。『院内銀山記』にいう、関ケ原の戦いに敗れた落武者たちが鉱山に結びつく背景は、確実に存在したのである。そして、そこには西国を逐《お》われたキリシタンたちが数多く含まれていた。

中世前期には、山林はアジールであった。逃散《ちょうさん》した百姓が駈け入り、また、下人《げにん》や所従《しょじゅう》といった身分の者らが逃げ籠もるのが、山であり山林であった(網野善彦『増補 無縁・公界・楽』)。そうした山林のアジール性や聖地性はしだいに稀薄となり、国家や領域権力によって囲い込まれてゆくが、鉱山はその特異な性格ゆえに、近世の初頭まで強固なアジール性を保ちつづけた。

近世の初め、鉱山開発に重要性を認める東北のいくつかの藩は、宣教師を利用してあたらしい鉱山技術を導入しつつ、労働力を充たすために、軽犯罪人や引き受け手のいない刑期満了者を鉱山に送りこんだ。それゆえ、鉱山には一般社会から疎外された人々を受容し、これを保護するための治外法権的な慣行が生じた。その、鉱山をアジールとみなす慣行＝私法を、「山法」と称した。藩権力とキリシタンの双方にとって、利害は微妙な一致を見て、山法を隠れ蓑とする鉱山の開発と経営が進められた。その頃、東北各地の鉱山には弾圧を逃れたキリシタンが集まっていた、という。秋田藩でも、諸鉱山は山法を理由として、公政不入の地すなわちアジールたることを主張し、ひとたび鉱山に入った者については、親殺し・主《あるじ》殺し以外は刑事訴追を拒否する特権を有していた。鉱山はキリシタンにとって、もっとも安全な避難場所として機能していたのである(菅野義之助『奥羽切支丹史』)。

ところが、寛永元(一六二四)年になると、東北の諸藩にもキリシタン迫害の波が押寄せてくる。鉱夫に身をやつしたキリシタンの摘発がはじまり、鉱山はアジール性を否定されてゆく。自他領民の区別なく、鉱山内のすべてのキリシタンが厳罰に処せられる時代がやって来る。寛永元年六月、寺沢(雄勝町内)の信徒十五人が、久保田(秋田)城外で斬罪に処せられ、続けて七月には、院内銀山の二十五人を含む五十人が転宗を拒み、見せしめのために斬首された。その寺沢の殉教者のなかに、朝鮮人信徒の夫妻の名が見えていることに関心を惹かれる。いかなる事情が隠されているものか。東北の鉱山で働いていたひとりの朝鮮人の姿を、記憶に留めておくことにしよう。寛永以後、キリシタン殉教の悲惨な歴史はくりかえされる。

キリシタンにたいする厳しい弾圧は、そうした殉教の歴史それ自体を闇のなかに封じこめてきた。わずかな口碑が残されている。寺沢の殉教に関して、殉教者の遺族や親戚の大きな抵抗があり、密告した(とされた)寺が焼き打ちにされ、檀家総代《だんかそうだい》らは村外追放になったと伝えられる。あるいは、院内にも殉教の場所と伝えられる地はあるが、確認されていない(『雄勝町史』)。

こうして近世の初め、ことに島原の乱以後に、幕府と藩権力が一体となったキリシタン弾圧政策が進行するなかで、鉱山のアジール性は否定・解体されていった。院内銀山の正楽寺跡に建つ、十字架の刻まれた供養碑の背後には、忘れられた東北の歴史のひと齣が声もなく埋もれている。キリシタンのいる東北とは、いかにも異数の杜の東北であるかもしれない。しかし、キリストの墓をもつ東北もまた、もうひとつの東北である。その、忘れられた遠い風景に眼を凝らしつづけねばならない。

大同年号を携える人々

ここで、『遠野物語』の山人譚のうえに射しかかる隠れキリシタンの影について、唐突ではあれ、触れてみたい気がする。菊池照雄は『山深き遠野の里の物語せよ』のなかで、南部領の鉱山に拠ったキリシタンが弾圧を逃れて、遠野盆地の周囲に点在する金山に身をひそめ、さらに、逐われながら北上山地の深い闇のなかに消えていったうしろ姿に、淡いまなざしを届かせようと試みている。山々の奥に信仰の灯を唯一のたよりにうごめく、その姿を目撃した里人らは、山人幻想を掻き立てられることになったのではないか、と。

たしかに、これは根拠なき妄想と紙一重というべき、菊池の抱いた山人の幻である。

しかし、キリシタンのいる鉱山の風景は、確実に『遠野物語』のいくつかの伝承の基層に横たわるものではあった。たとえば、遠野盆地の南に位置する小友《おとも》村には当時、有数の金山があり、そこはキリシタンが多く存在した地方としても知られる。元禄・享保の時代にいたるまでの、小友出身の隠れキリシタンにかかわる記録が残されている(『遠野市史』第二巻)。とはいえ、それが遠野の山人譚をささえる幻想の源、あるいは、そのひとつであったことを実証的に確認することは、たいへんにむずかしい作業である。

菅野義之助はその著『奥羽切支丹史』の最後を、以下のように結んでいる。すなわち、かくて奥羽におけるキリシタン信徒はほとんど絶滅し、ひそかにその信仰を維持する者も、これを導く宣教師もなく、集合すべき教会堂ももたなかった。したがって、西南各地に見られるような、文学・芸術にまでキリスト教の余風を遺《のこ》すものはなく、神仏の祭祀などと習合した、いわゆる隠れキリシタンの祭儀も伝わっていない。ただ、観世音の像やわずかな霊物、記号・略符に託し、ようやくこれを伝襲するほかになかったのだ――と。東北の隠れキリシタンからは、信仰を維持してゆくだけのいっさいの基盤が奪われていたのである。それは神仏への信仰に接ぎ木されながら、独自の隠れキリシタンの祭儀や習俗へと展開を遂げることはなかった。ただ、かれらの先祖のなかにキリシタンがいたことをもって、子孫・類族までが執拗に、キリシタンという聖痕《スティグマ》を負わされ、摘発と監視をされ続けたのである。

しかし、わたしはじつは、遠野の常堅寺を訪ねた折に、こんな話を聞いたことがある。住職さんによれば、二十年ほど前に庫裡《くり》を改修する以前、本堂のわきの中二階に秘密の小部屋があった、そこには、背中に十字架を刻まれた観音の小像や、光の加減でマリアの姿が浮かびあがる鉱石の塊が安置されていた、という。小部屋はすでに取り壊されてないが、観音像と鉱石の塊は見せていただくことができた。住職さんには確認できなかったが、この寺にはほかにも、本堂奥の昏《くら》がりに犯罪者や欠け落ち者をかくまう小部屋があったという聞き書きを、どこかで眼にしたことがある。遠野の隠れキリシタンは、山人幻想を分泌する源泉たりえるほどには、大きな存在でなかったかもしれない。しかし、『遠野物語』の後景をなす山々には、たとえ陽炎《かげろう》にも似た伝承のかけらではあれ、鉱山やそこに姿を潜めた隠れキリシタンの淡い影が揺れている、そんな気がする。

　そして、ここにはたぶん、それ以上に深さと拡がりを秘めたもうひとつの歴史が埋もれている。キリシタンが東北の鉱山に姿をあらわす以前から、鉱山の開発や経営に深い関わりをもった修験・山伏らの影である。菊池も語っているように、また、内藤正敏がその『遠野物語の原風景』のなかで執拗に掘り起こしてみせたように、金山師《かなやまし》の濃密な影こそが、やはり山人幻想の核に近く存在したものであったにちがいない。内藤の先駆的な仕事をあらためて再評価しなければならないときが、いま訪れていると思う。

　中世における宗教と鉱山との密接な関係に光を当てたのは、井上鋭夫《としお》の『山の民・川の民』であった。戦国大名が鉱山の採掘を大規模におこなう以前には、鉱山は「法印《ほういん》さま」とよばれる修験・山伏の経営するところであった。法印は水源地を掌握し、太陽の運行を熟知し、南都《なんと》・北嶺《ほくれい》の権威を戴くとともに、金山の光明を背景として、護摩の灰の霊力をもって民衆に臨んだ、山の神の代官であった、と井上はいう。山の神の代官たる修験者と、南蛮渡来の技術を携えたキリスト教宣教師……、この取りあわせの妙に、しばし足を止めるのもよい。偶然ではあるまい。宗教はつねに、その時代の最先端の知や技術を背負いながら、民衆布教の前線に降り立つものであったからだ。

ここにいたって、わたしの連想は不意に、あの大同年号の問題へと繋がってゆく。修験者は山の神の代官として、鉱山の採掘や経営にしたがう山師であり、また、山の神の祭りにさいしては猟師でもあった。遠野の早池峰山妙泉寺《みょうせんじ》は、大同年間、来内《らいない》村の猟師・藤蔵《とうぞう》の手によって建立されたと伝えられる。藤蔵はのちに修験者となった。そして、来内村の金山から採れた金をもって早池峰山の奥宮を建てたとする伝承は、かれが金山師でもあったことを物語っているはずだ(内藤正敏「早池峰修験と金属伝承」)。

金山師にして修験者である藤蔵が、早池峰開山の人物として語られていることは、さらには、それが大同年間の事跡として伝えられることは、はたして偶然であろうか。おそらく、そこには幾層もなす歴史の襞《ひだ》が織り込まれている。列島の各地の鉱山には、開坑を大同二年、また大同年間とする伝承が数多くまつわりついている。そこに、大同伝承を携えあるいた修験者の姿を浮かびあがらせようとしたのは、『日本山岳伝承の謎』を著わした谷有二であった。谷の所説には、あらためて検証すべき点が多いとはいえ、おおいに関心をそそられるところだ。

いずれであれ、大同年号をめぐる問題を読みほどくための、思いがけぬ手掛かりのひとつが、こうして鉱山と修験者の織りなす風景のかたわらに見いだされることになった。そこにはまた、山の神にかかわる問題が露頭を覗かせてもいる。修験者は山の神の代官であった、という。井上鋭夫は原石にも似た知のかけらを、数限りなく遺してくれた。それをひとつひとつ鍛えあげてゆく仕事を、あらためてみずからに課したいと思う。

9　ネブタ囃しに、遠く異族の血が燃えて騒ぐ

ネブタと竿灯

この夏は、東北の祭り、眠り流し系のいくつかの祭りを足早に辿ってみたいと思った。大迫の早池峰神社でおこなわれる神楽を見てから、ひたすら北上し、津軽の竜飛岬まで行き、それから青森・弘前・秋田と南下しながら、ネブタや竿灯《かんとう》といった東北の夏祭りを見てあるいた。しかし、東北のどこにも夏らしい夏はなかった。八月の初旬、早池峰でも青森でも、とても夏の盛りとは思えぬ寒さに震えつづけた。昔ならば、東北の農民たちは空を仰いで、もはや確実なものになった凶作の訪れに戦々恐々としていたにちがいない。毎日の天候と農作について、克明に記録しつづけた村々の日和見《ひよりみ》を務めとする人々を、ふと思った。こんな冷夏には、人々はどんな思いと表情で夏祭りに興じたのだろうか。

青森のネブタは初日だった。例年ならば、初日からこれほど多くのネブタは出ないが、冷夏のなかの久しぶりの晴天に、今年はいつになく盛り上がっている――、そんなことを隣りで喋っている。たしかに、極彩色のネブタ絵は壮麗なものであった。規模の大きさにも眼をみはらされた。ネブタをはじめて見物するわたしは、しかし、祭りを支える若衆が意外に少ないことが気にかかった。全体に、子どもと企業が主体の祭礼と化している印象があった。ハネトとよばれる踊り手たちの姿も疎らで、爆発するようなアナーキーな若い力の沸騰は感じられない。初日であったためだろうか。

むしろ、弘前のネプタのほうに若いエネルギーが感じられた。祭りの後半にさしかかっていたせいかもしれない。ことに、太鼓を叩く女たちの生き生きと躍動する姿が印象的であった。そして、ここでも男たちの影は薄い。ネプタ喧嘩もすでに遠い昔語りとなり、勇壮な男たちの祭りといった雰囲気を期待しては裏切られることになる。弘前ネプタもまた、都市の祭礼である。都市の祭礼は時代の移りゆきにつれて、変容を遂げる。それは承知している。が、わたしのなかには奇妙な苛立《いらだ》ちがしだいに募った。

いずれにせよ、神事《かみごと》からは遠くなり、その祭りの意味の地平が見えにくくなった祭礼である。祭りを仮に身体にたとえれば、下肢の一部が肥大化して、心臓や脳といった本体に当たる部分が忘却され、いつしか沈められてしまった状態とでもいえるだろうか。

わたしは子どもの頃、神社も寺もない新興住宅街で育ち、五月の祭りには漬け物石を載

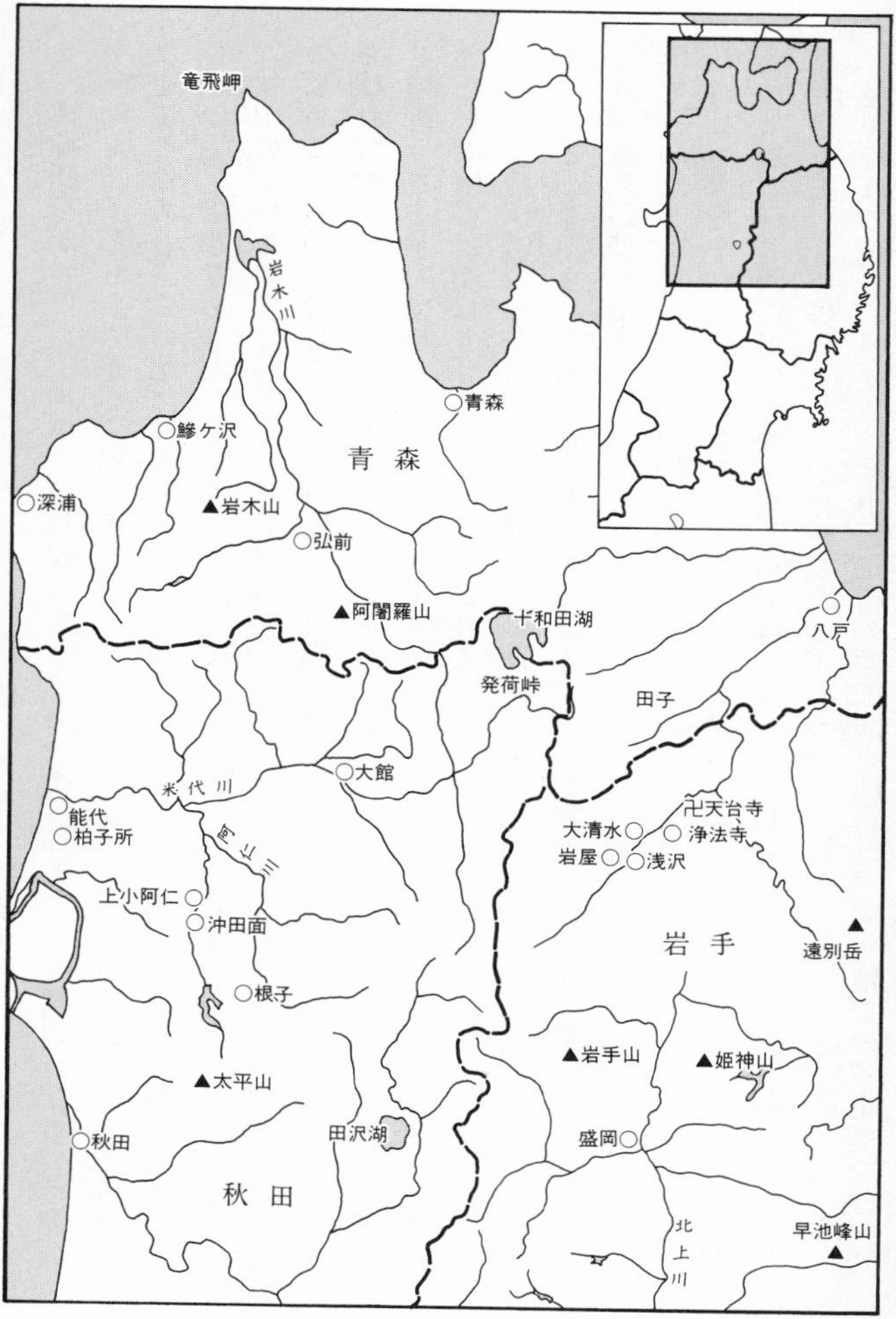
竜飛岬
岩木川
青森
鰺ケ沢
青 森
深浦
岩木山
弘前
阿闍羅山
十和田湖
八戸
発荷峠
田子
米代川
大館
能代
柏子所
阿仁川
卍天台寺
大清水
浄法寺
岩屋
浅沢
上小阿仁
沖田面
岩 手
遠別岳
根子
岩手山
姫神山
太平山
秋田
田沢湖
盛岡
秋 田
北上川
早池峰山

せた樽神輿《たるみこし》をかついだ。神事とは無縁な祭りであった。神々との交歓の時空という意味を忘れた、子どもらのかつぐ樽神輿が、しきりに頭を掠めた。とはいえ、いささか乱暴な連想ではある。この地に生きる人々にとって、年に一度のネブタ祭りが解き放たれたハレの時－空間であったことは疑いなく、それもまた、祭りのもつ貌のひとつであった。秋田の竿灯を見て、わたしの異和感はいっそう脹らんだ。少なくとも、これはわたしの求めている祭りではない、と感じた。壮麗の度を加えるにつれて、祭りの根っこは立ち枯れてゆく。見せる祭りとしての自己確立の途《みち》は、そのままに空洞化の罠と背中合わせの危うさを孕んでいる。神事と同義であるような、沖縄のいくつもの村の祭りを見てきた眼には、どうしてもそんな印象を拭うことができない。

その翌日、以前から訪ねたいと思っていた阿仁《あに》地方に車を走らせることにした。マタギの里として知られる阿仁は、わたしにとって菅江真澄の名とともに親しく、また、アイヌ語地名が豊かに残る土地としても深い関心をそそられてきた。その阿仁町の根子《ねっこ》集落で、わたしは思いがけず魚形文刻石に出会った。稲住温泉のいわゆる鮭石とよく似たものだが、刻まれた魚形はかなり小さく、その数はたいへん多い。昭和二十九年に発見されたものだ。阿仁川の支流、根子川のほとりにも、はるかな縄文時代、鮭をたいせつな食料資源として暮らす人々が存在したのだろうか。

陽が昏れてから、わたしは上小阿仁《かみこあに》村の沖田面《おきたおもて》を訪ねた。阿仁地方の各集落では、八月六日の晩に多く眠り流しの行事がおこなわれている。秋田の竿灯は、昭和に入るまではネブリ流しの名でよばれていた。青森や弘前のネブタも、その原形は眠り流しであったと想像される。都市の祭礼化したネブタや竿灯を、周辺の村々でおこなわれている眠り流しの側から、あらためて眺めてみたいと思った。

沖田面のネブ流しは、夜の七時過ぎにはじまった。太鼓を積んだ軽トラックを先頭にして、七、八十人ほどの母子連れ、弘前ネプタに似た回りネブタが三台、そして、それぞれに趣向を凝らして絵や字を描いた灯籠をもった子どもたちが続く。総勢、ざっと百五十人はいるだろうか。むろん、観光客の姿などはどこにもない。回りネブタは最近のものだという。灯籠の絵も近年にはじまったもので、かつてはただ「七夕」「天の川」の字を書いた灯籠だったらしい。ネブ流しの行列は町内を一周してくると、はじめの小学校に戻り、やがて散会になった。ここでも、すでに眠り流しの本義は忘れられていた。

隣りにいた、孫娘の付き添いに来ていたらしい女性に話しかけてみる。大正七年の生まれだという。昔はもっと賑やかだった、灯籠の上につけたカヤを、最後にまとめて川に流した、ケガチ(飢饉)を流して、豊作を祈願するものだ。そんなことを教えてくれた。子どもたちの掲げる灯籠には、いまも、その先端に稲穂を模したものだというカヤがついている。かつては、最後に灯籠かこのカヤを川に流すのが、阿仁地方のネブ流しの一般的なかたちであった。ねぶたも流れれ、けがじも流れれ……といった唱え文句があったようだが、もはやそれを唱える者はいない。村々の眠り流し行事も、やはり形骸化している。

秋田の竿灯の頂きにも、カヤの穂らしきものがついていた。紙と麻とで作られた御幣である、という。古くは、この御幣はそれぞれ町内の氏神様からいただいたものだが、昭和期に入ってからは、千秋公園の八幡神社で御幣渡しの式がおこなわれ、八幡神社の霊符のついた御幣をいただき、これを竿灯の先端につけるようになった。この御幣に穢れや災厄を移して、川に流し棄てるところに、本来の眠り流しの意義があったのだろうか（堀田正治『秋田のねぶり流し』）。

能代の鯱流しの夜に

八月七日の夕暮れ、わたしは能代《のしろ》の米代川《よねしろ》河畔にいた。米代川に架かる大橋がしだいに黄昏から、夜の闇に包まれてゆく頃、能代の町なかを練りあるいていたネブタの行列が、米代川の土手に集まってくる。城郭を象《かたど》ったネブタのうえに鯱《シャチ》をとりつけた、二台の華やかな舟形のネブタが、笛・太鼓に囃し唄の若者たちを大勢従えてあらわれる。中若・幸若・萬若などと染め抜かれたハッピをつけ、提灯をさげた若者たち。中老・後見などのハッピを着た老年の人々もいる。年齢階梯制をもった祭祀の組織が存在するのか、いや、かつて存在したのか。

冷たい川風の吹きつけてくる土手のうえには、若者たちの勇壮な太鼓と哀調にみちた笛、そしてアップテンポの囃し唄が間断《かんだん》なく轟きつづける。自分たちの祭りを精一杯演じている姿が、ひどく懐かしいものに感じられる。さらに年若い少年や少女たちは、「天の川」「加勢」などの字を書いた真っ紅な角灯籠を頭上に掲げて立ち、あるいは脇に置いて休んでいる。ここにも観光客の姿はほとんど見られない。

やがて、土手に群がる見物の人々が見守るなかで、曳き舟からはずされた城郭と鯱が若者たちの肩にかつがれ、川岸の桟橋に降ろされる。草を敷きつめた筏《いかだ》に移され、鯱は固定される。その筏を一艘のボートが曳いて、米代川の流れのなかに乗り出してゆく。そのまわりを十艘ほどの小舟が取り巻く。いくつもの舟の灯りが暗い水面に静かに揺れている様子は、とても幻想的だ。人々の期待の高まりのなか、一艘の小舟がゆっくりと筏に近付いてゆく。松明《たいまつ》をかざす男の黒い影が動いている。鯱の載せられた草の筏に火が点けられる。風が強い。下のほうから燃え出し、なかなか上の鯱まで火が燃え移らない。鯱は燃え尽きぬままに倒れ、川面《かわも》の灯が消える。そうして、能代の夏祭りの最後を彩《いろど》る鯱流しは終わった。

能代のネブタもまた、都市の祭礼ではあった。しかし、眠り流しの本義をかすかに留めているのは、この、七夕の晩に訪ねた能代のネブタであったような気がする。鯱の灯籠が何を意味するのかは知らない。が、ここには焼いて・流す、という眠り流しの神事としての意味の地平の一端をあきらかにする場面が、かろうじて残されている。祭りのクライマックスに、川面を舞台として演出された火と水の造型美は素朴だが、深く心惹かれるものがあった。青森のネブタや秋田の竿灯が、その壮麗さにもかかわらず、どこか根っこが立ち枯れて浮游している大樹のような印象をあたえるのは、焼く、あるいは流し棄てる場面に向けて凝縮してゆく力を喪失しているためなのだろうか。

村々の祭りを無意識の原形として、都市の祭礼を眺めているがゆえの、まなざしの歪みといったものがあるのかもしれない。都市には都市に固有の祭りがあり、民俗がある、それはたしかなことだ。とはいえ、この列島の都市の成り立ちを思えば、都市の祭りやフォークロアを対象とした「民俗学」は、村という時間や空間からどれほどに自由なものでありうるか。ひとたびは根底から問われてもいい、とひそかに思う。

都市の文化と、それを支える精神的＝物質的な母胎としての農村という、古めかしくはあれ、いまなお一定の説得力を失ってはいない、柳田の『都市と農村』に語られた都市／農村の二元図式を越えることなしに、はたして「都市民俗学」といったものが成立しうるものか。壊れてゆく東北の村々を歩きながら、わたしは『都市と農村』を折に触れて読み返してきた。この、昭和四(一九二九)年の柳田の著作が思いがけず、したたかに現在の書であることを痛感させられることが、幾度となくあった。『都市と農村』とという予見の書を残すことができた柳田国男は、やはり、日本の近代思想史のなかでひときわ傑出した人物であった、そう、あらためて思う。少なくとも、柳田以後に都市について語った民俗学やその周辺の人々は、原理的には『都市と農村』の枠組みを越えてはいない。『都市と農村』と真に対峙することなしに、いまだ「都市民俗学」の可能性について語ることはできないと、あえて乱暴は承知で言ってみたい誘惑に駆られる。

それにしても、ネブタや竿灯を眠り流しという水準にまで投げ返してやれば、もはや東北にしか見られぬ固有の祭りといった貌は失われる。柳田が『年中行事覚書』に所収の「眠流し考」のなかで、豊富な事例をあげつつ論じたように、信州以北には広く、ネンブリ流し・ネブ流し・ネムタ流し・ネブリ流しなどの名称をもつ類似の行事が分布する。類似は名称にとどまらず、旧暦の七月七日に川や海に流すこと、また、「ネブタは流れろ、まめの葉はとどまれ」という唱え文句などにも見いだされる。おそらく、ネブタや竿灯は南からの文化の流れが、日本海回りに北上する過程である変容を蒙《こうむ》った、いわば東北的な変種《ヴァリアント》とでも称すべきものだ。残念ながら、その変容の跡を辿っている余裕はない。

ネブタの起源伝承

能代のネブ流しの起源については、阿倍比羅夫《あべのひらふ》や坂上田村麻呂の蝦夷征討の折に、灯りを流し、誘《おび》き出して平定したことに由来するといった伝承があるらしい。青森のネブタに関しても、同様の田村麻呂にちなんだ伝承が語られてきた。いまでは俗説として斥けられている、この田村麻呂の蝦夷征討にかかわる由来譚に、あえてこだわることにしたい。それが、眠り流しという南からの文化を受容しながら、ネブタ祭りへとあらたに組み立てなおした東北の民の想像力のかたち、いわば精神史のひと齣をよく暗示していると思われるからだ。

伝承にはヴァリエーションが多く、細部に異同がある。たとえば、『東日流《つがる》由来記』(一六六二年?)に採録されている田村麻呂伝承は、以下のようなものだ。――桓武天皇の世に、勢州鈴ケ山に大丈丸《おおたけまる》という悪徒がいた。手下の悪徒があまたいて、異形異類に姿を変え、京都に出て人家をおびやかし、金銀資財を奪い取る。そこで、田村将軍に大丈丸を退治するようにとの勅諚《ちょくじょう》があった。大丈丸はこれを聞いて、鈴ケ山から日光山に逃げ、さらに津軽へと来て、阿舎羅《あじゃら》山に隠れ棲んだ。名を源九郎と改め、変装し、蝦夷と手を組んで大いに仇《あだ》をなした。田村将軍は花若丸と名を改め、阿曽部《あそべ》の森の鬼神退治と号して、面をもって顔を隠し、ひそかに阿舎羅山に向かった。大丈丸はようやく逃れて、外の浜に逃げ去るが、田村将軍は臣下の内蔵《くら》に追いかけさせた。大丈丸は畏れ、前は海、三方は大山の平内山に立て籠もった。内蔵は計略をめぐらす。七月初旬のこと、ネフタをこしらえ船に積み、灯火を多くつけて、そのなかに兵士を隠し、笛・太鼓・鐘・ササラで囃しながら、平内の海に流しやった。大丈丸は不審に思い、手下の者を引き連れて、海辺で見物していると、数艘の船がネフタを積んで流れてくる。囃しに、ササエイヤササエイヤ、ネフタ流れよ、まにはつに留まれ、その間に切れ出せ、という。この段、後の世まで残り、七月七日のあいだネフタを興行することになった……。後段は省略する。

田村麻呂の悪徒退治伝承とからめて、ネブタの由来が語られている。この『東日流由来記』が、藩政期のネブタ伝承として唯一のものであるという。一六六二年という成立年には疑いがもたれているが、近世にすでに、ネブタの起源を田村麻呂との関わりで説く伝承が流布していたことは、想定して誤りではあるまい。大丈丸が悪路王や女酋《お》・阿屋須《やす》などに変わることはあれ、田村麻呂ないしその臣下が灯籠(ネブタ)を作り、笛や太鼓の囃しでかれらマツロワヌ異族を誘い出し、退治したとする大筋は動かない。

青森のネブタ絵の題材は、主に歌舞伎の演《だ》し物《もの》か『三国志』から取られている。ほぼ例外なしに、勇壮な戦いの図柄である。今年のネブタ絵のなかには、田村麻呂や悪路王を描いたものは見られないが、勇者奮戦の図はそのヴァリエーションであろうか。雄々しい勇者とマツロワヌ者との戦い、この構図のしたには、あきらかに田村麻呂の異族征討にちなんだネブタ起源譚が沈められている。しかも、弁慶・天草四郎・村上義光・明智光秀・平景清《かげきよ》といった、敗れた側に属し、非業《ひごう》の死を遂げた武将たちが好んで描かれていることは、田村麻呂に討たれる異族の側への心情的な荷担を暗示している気がする。

ネブタの起源伝承として、田村麻呂の異族征討譚が語られてきたことは、やはり偶然ではあるまい。眠り流しの祭りとしての本義は、おそらく穢れや災いを祓い棄てることにあった。それを都市の祭礼として、大掛かりに演出するとき、眼には見えぬ穢れが非業の武将やマツロワヌ異族へと可視化される。平家の武将・悪七兵衛景清《あくしちびょうえ》などは、まさに怨霊そのものであった。穢れ＝マツロワヌ異族の祀り棄てという、この構造的な一致は見過ごすわけにはいかない。村々の習俗としての眠り流しが、大胆に物語的な転位を遂げることで田村麻呂のネブタ起源伝承を分泌し、やがて、あの極彩色のネブタ絵を産んだとは考えられないか。

津軽地方では、田村麻呂にまつわる伝承がたいへん広く流布されてきた。田村麻呂の創建になるという寺社は、明治五年に青森県が編纂《へんさん》した『新撰陸奥国誌《しんせんむつこくし》』のなかに、四十近く拾われている。『増補 大日本地名辞書』は東北全体で五十三、青森県内では十三を数えたが、その数ははるかに多い。いくつかを『新撰陸奥国誌』からあげてみる。

- 乳井村乳井神社　昔延暦中田村麻呂悪鬼退治の時、毘沙門の像を今の古堂と云ふ所に勧請
- 桜庭村多賀神社　旧は観音堂にして大同二年田村麻呂の建立と伝ふ
- 田子村真清田神社　もとは十一面観音を祀る。大同二年田村麻呂草創の由伝ふ
- 深浦村円覚寺観音堂　十一面観音を安ず。大同二年田村麻呂東征の時の草創

青森市や弘前市の周辺にはことに多い。その大半が創建を大同二年か延暦年中とし、熊野・毘沙門天・十一面観音・不動・弁才天などの密教・修験系の神仏の祭祀と深い関わりをもつ、といわれる(佐々木孝二『伝承文学論と北奥羽の伝承文学』)。史実としては、田村麻呂が足を踏み入れていない津軽の地に、その創建を伝える寺社縁起が数多く残されているのは、田村麻呂の物語を携えあるいた浄瑠璃語りや、清水寺系の宗教者の活動によるものであったはずだが、ここでは触れることはしない。

こうした寺社の縁起を通して、津軽という北辺の地に暮らす人々のなかには、田村麻呂の伝承がしっかりと根を下ろし、その信仰・祭祀・習俗のうえに影響を及ぼしてきた。ネブタの起源伝承は、けっして唐突に出現したものではない。都市の祭礼としてのネブタが成立する近世以前からの、おそらくは精神史的な背景を負っていたのである。

ネブタの狂躁が果てると、そこに秋が佇んでいる、という。ふと、棟方志功《むなかたしこう》のネブタ談議が思い出される。棟方はこう語っている、――むこうへ遠ざかるのもネブタ、こっちへこうかぶさってくるのもネブタ。表裏のネブタ。裏と表で、ネブタのさみしさがはっきりしてくるんです。ネブタ終わるでしょう。そして、家路に帰るんだ。跳ねた人がネ、サラサラ、サラサラとさせる鈴がネ。本当に秋を誘う感じがするの。家にいて聞いているとネ、その鈴の音がサラサラしてネ。本当に秋を連れてきたなという感じ。……

夏の温もりとは無縁な夏であった。東北の短い夏すら許さぬかのように、秋の気配がすぐそこまで漂い出していた。足早に通り過ぎてゆくだけの旅人のわたしに、棟方のいう、「ネブタのさみしさ」などわかろうはずはない。わたしはただ、ネブタの狂おしい笛や太鼓や囃しのなかに、跳ねる若者たちの姿のなかに、ネブタ絵の原色の赤のなかに、異族の血の騒ぎを見ようと眼を凝らし、あるいは、ヤマトの武将・坂上田村麻呂によって制圧された、遠く祖先に連なるかもしれぬ異族への鎮魂の旋律《しらべ》を聴こうと、耳を澄ました。もうひとつの東北の民の精神史が、すぐそこまで寄せてきている。

10 不意に、埋もれた記憶が黄昏の底に甦る

秋祭りの遠野にて

遠野の町は秋祭り一色だった。遠野郷八幡宮の秋の例大祭である。駅前から鍋倉《なべくら》城址へと延びる通りは、在の村々から繰りだした神楽・鹿踊り・田植踊り・さんさ踊り・南部囃しなどの行列で、思いがけず、はなやかな賑わいに包まれていた。ここでも祭りの主役は女たちだ。神輿にまたがり、太鼓を打ち鳴らし、南部囃しの行列の先頭をゆく若い娘たちが、眩しいほどに輝いてみえる。

夏がなかった。九月に入っても冷たい雨の日が続いていた。大祭前日の十四日も雨にたたられ、神輿渡御《とぎょ》が中止となった。夕刻からようやく雨が上がり、この日のために準備をしてきた人々は堰を切ったように、町中を練り歩きはじめた。過疎に悩む遠野のどこに、これほどの祭りの喧騒を産みだす力が潜んでいたのか、と不思議な気がする。遠

野がかつて、『遠野物語』によって陰に陽に作られてきたイメージとは異なり、遠野南部氏の城下町として栄えた交通の要衝の地であったことが、あらためて納得される。遠野は山奥の辺鄙な村里ではなく、北上の山々に囲まれた盆地のなかに不意に開けた、むしろ豊かな別天地であった。そこから、遠野／物語の世界はあふれ出した。佐々木喜善という在のまなざしが、そこに暗い彩りを添えることで、『遠野物語』なる小さな書物が産み落とされた、そう思う。

十五日、久し振りに空は晴れあがった。八幡宮の境内は人、人、人でごった返していた。それでも例年に比べると寂しい、という。村から例年ならば五組ほど出る鹿踊りが、今年は一組しか出ていない、そんな話がいくつもあった。近隣の町や村では、祭りが中止になった所が多いとも聞いた。すべてはこの夏の異常な天候のためだった。

秋祭りを迎えても、遠野の稲は青く立ち尽くしたままだった。籾は痩せてほそく、手に取ってみるとどれも空っぽで、稔りはない。わたしは出会うごとに、老人たちにひとつの問いを繰りかえした、昭和九年の凶作と比べていかがですか、と。ある農家の庭先で豆の仕分けをしていた、大正初年の生まれの老女は、昭和九年どころじゃないな、生まれて初めてのことだよ、と答えた。それなのに、深刻さが伝わってこないんですよ、そう、八幡宮の若い宮司《ぐうじ》さんが話していたことを思い出す。たしかに、稲を作る農家は兼業が多い。柳田国男が常民と名づけた、村を構成する大多数の「普通の百姓」のイメ

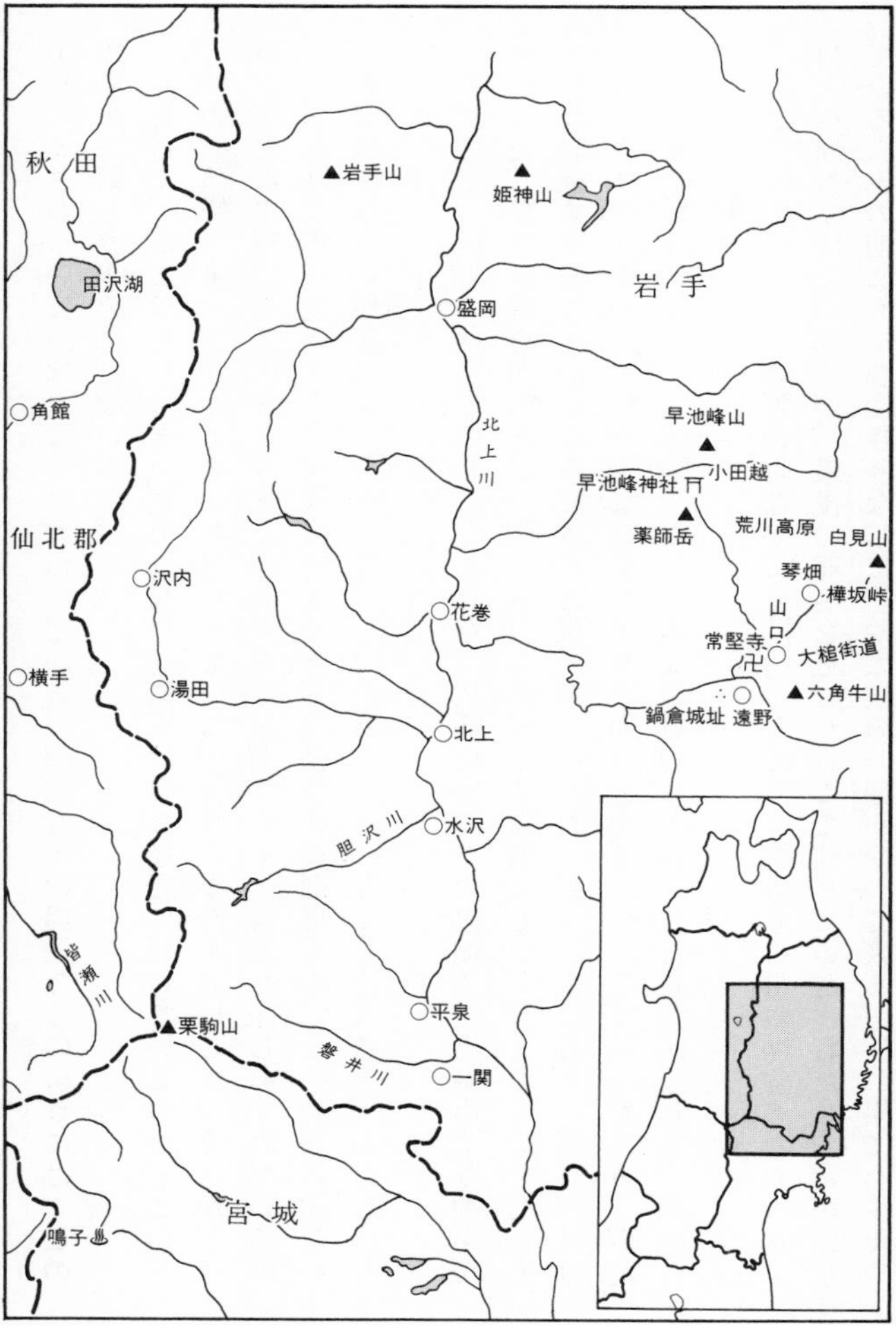

秋田
岩手山
姫神山
田沢湖
岩手
盛岡
角館
早池峰山
北上川
小田越
早池峰神社
薬師岳
荒川高原
白見山
仙北郡
沢内
琴畑
樺坂峠
花巻
山口
常堅寺
大槌街道
横手
湯田
遠野
六角牛山
鍋倉城址
北上
胆沢川
水沢
皆瀬川
平泉
栗駒山
磐井川
一関
宮城
鳴子

ージにふさわしい農民は少なくなった。だから、昭和九年の農民たちのようには、この凶作が深刻な意味を持たないのか。

おそらく、ことはそれほど単純ではない。農家はみな途方に暮れているのだ。この、天明《てんめい》の大飢饉以来の凶作かと囁かれはじめている未曽有の事件《できごと》を前にして、それがどれほど深刻な事態であるのか、うまく了解することができず、言葉を探しあぐねているのだ。一九九三年の夏は、六〇年代に始まった高度経済成長期以来の、この列島の激しい地殻変動をさらに加速する、事件の夏として記憶されることになるだろう。わたしはしきりに、そんな暗く乾いた予感に囚われていた。

それでも、遠野の秋祭りはおこなわれた。八幡宮境内での流鏑馬《やぶさめ》・馬場めぐり神事が終わると、祭りは幕を閉じる。一面の青立ちの稲田を背景として、見えにくい、しかし奇妙な緊張感を底に沈めながら催された秋の祭りだった。祭りが果てると、遠野の秋はぐっと深まり、やがて色鮮やかな紅葉が里や野原や森を覆い尽くしてゆくだろう。収穫のない秋という、だれ一人体験したことのない見知らぬ貌をした時間が訪れる。地崩れはすでにはじまっている。

陽が昏れてからも、遠野の町なかには門付けして歩く鹿踊りの群れが見られた。在の村々へ帰ってゆく鹿踊りが、最後の舞いをそこかしこで演じていた。わたしの定宿《じょうやど》にしている旅館の前にも、ひっきりなしに笛や太鼓の一団がやって来る。疲れ果てた少年や少女たちが、アスファルトの路上に重い手足を振りあげて舞い、踊りつづける。種フクベ役の老人は振舞い酒に酔い、真っ赤な顔だ。かつては、こうして夜の更けるまで、鹿踊りや神楽の群れが廻りあるいたものだという。旅館の主人が用意してあった祝儀袋を手渡し、大人たちに樽酒を勧める。鹿の面を脱いだ少年たちがいっせいにお辞儀をして、次の門付け先へと移ってゆく。少年たちの秋の祭りも、やがて果てる。

修験とオシラサマ

その数日後、わたしは上郷《かみごう》町の細越《ほそごえ》のある旧家を訪ねた。遠野の映像詩を撮ろうとしている衛星放送のスタッフに同行して、オシラサマ遊びを見せてもらうことになっていた。中山悦郎家は古くからの修験の家系であり、その座敷の奥には七体のオシラサマが祀られている。オシラ神祭りは毎年、正月十六日におこなわれているが、今回は無理をお願いして、撮影のためにオシラサマ遊びをしていただくことになっていた。

中山家の先祖は落ち武者であった。近辺には、阿曽沼《あそぬま》時代(十二、三世紀)のものという篠ケ館《たて》や瓜ケ館など、館の跡がある。その館の主か、それに繋がる武士が帰農して住み着いたものか、という。中世も末頃に、向かいの滝沢から移り、この地に土着した。代々、山伏の家系であり、由緒書によれば、初代は延宝五(一六七七)年の明正坊圓山から十五代を数え、明治の末になって神職に代わった。いまも座敷の高い棚のうえには、不動明王などの仏像が安置され、修験の免許状などが残されている。

その中山家に七体のオシラサマが祀られてきた。ガラス・ケースに納められ、いまは棚の下方に置かれているが、かつては神棚と仏壇の中ほどに祀られていたらしい。そんな姿はどこか、神と仏のあいだを揺れ動いた中山家の歴史を暗示しているようにも感じられる。二体一対が基本であるオシラサマが七体であるのは、何か隠された由来があるはずだが、特別な伝承は残っていないという。桑の木で作られたオシラサマは、いずれも神体の頭《かしら》が覗いている貫頭型であり、馬頭一体・姫頭三体・烏帽子三体であった。ただし、『遠野市史』第四巻には、冠一体・馬頭一体・円頭三体とあり、その判断にはまったく自信がない。黒光りする小さな頭の形状の識別が、意外にむずかしいと知ったことも、ささやかな勉強ではあった。

七体のオシラサマのうちの二体には、その芯木に慶安《けいあん》二（一六四九）年の記銘《きめい》が墨書されている、という。この年号は、これまで確認されている遠野の年号記銘のあるオシラサマのなかでは、四番目に古いものである。「南部大学院十六善神」の文字も見えるらしいが、南部大学院とは修験の院号でもあろうか。十六善神はオシラ神祭文にしばしば姿を見せる、オシラ神の本地と説かれる神名である。こうした神像に刻まれた年号や文字は、黙して語らぬオシラサマの歴史をひそかに物語る証言者となる。

たとえば、こんな推理を巡《めぐ》らしてみようか。慶安二年という墨書された年号は、はたして、この中山家のオシラサマ二体が祀られるようになった起源の時を示すのだろうか。おそらくは、そうではない。この旧家にもっと古い時代から祀られてきたオシラサマが、修験による関与を受けるようになった、その時代を刻印された年号である。さほど明確な根拠があるわけではない。ただ、傍証として、年号記銘のある数多くのオシラサマに関する先行の研究から、そうした推測が成り立つというだけのことだ。中世の末に、中山家の先祖がこの地に土着したときには、すでに少なくとも二体のオシラサマは祀られていたのではなかったか。

修験として名を留める初代の人・明正坊圓山は、慶安二年から二十八年後の延宝五(一六七七)年の年号(――入峰の時か)とともに、姿をあらわす。慶安二年には、中山家の先祖はいまだ修験ではなかったのだ。記銘を残した南部大学院なる修験は、この当時、遠野地方に霞場《かすみば》をもとめて盛んな活動を繰り広げていた羽黒《はぐろ》派修験の、あるいは一人であったかもしれない。その修験があるとき、布教のために訪れた中山家に祀られてあったオシラサマの芯木に、年号、神名、そして自身の院号を墨書した。由来も素姓もさだかには知れぬ、在地の奇妙な信仰の対象であるオシラサマに、十六善神なる由緒ありげな神名をあたえ、慶安二年霜月《しもつき》一日の日付けを記し、みずからの院号を書き残して去ったのである。それから三十年足らずのちには、この南部大学院かだれかほかの修験の影饗下に、中山家の当主は修験として身を立てる道を択んだのではなかったか。オシラサマの神像が七体となるまでには、いくつもの信仰をめぐる変転の歴史が埋もれているはずだが、それを知るための手掛かりはない。

わずかな史料の断片をもってする推理としては、あまりに大胆かつ粗っぽい代物《しろもの》であることは、もとより承知のうえだ。とはいえ、近世初頭におけるオシラサマ信仰と修験の関わりについての、漠然としたイメージ程度は得られたのではないか。現段階における、オシラサマ信仰に関する研究水準をそれなりに踏まえながらの推理であることは、あらためて断わるまでもあるまい。

毎年の祭りの日にオシラサマに着せかける布を、遠野ではオセンタクと称している。昭和四十年の調査では、中山家のオセンタクは平均四十五枚と記録されている。しかし、あまりに多くなり神像の頭が隠れてしまったために脱がせたという、古いオセンタクの布が大事に保管されていた。古い布は神社に納めたり、焼き捨てたり、またお守りとして使われていると聞く。中山家の脱がせたオセンタクは百五十枚ほどあるらしい。合わせて二百枚はしかし、それぞれのオシラサマが辿ってきた時間をそのままに表わしてはいない。年に一枚と、厳密に決まっているわけではないからだ。

とはいえ、このオセンタクもまた、ささやかな歴史の証言者ではある。鮮やかな花染の布が新しく、ある段階からは紅い布ばかりになり、もっとも古い部分には、麻の切れ端や色褪せた真綿が巻きついていた、そんな姿が想像される。『遠野物語拾遺』第七十九話にも、花染の赤い布を着せる様子が描かれている。この神が赤いオセンタクを好むというのは、さまざまな調査記録からも確認される。

オシラサマはそのシラの語感から、つねに白色と結びつけられ論じられてきた。しかし、オシラサマの名称は東北一円でじつに多種多様であり、オシラサマなる名称にはまるで特権的な意味合いはない。近世半ばの史書『遠野古事記』には、シラアの名であわれ、遠野近辺にも異称は多い。オシラサマという名称の定着は、修験や巫女の関与が強まり、やがてオシラ神祭文とともに、馬と娘の婚姻譚から養蚕神としてのオシラサマが説かれるようになって以降の、新しい信仰の推移のひとつではなかったか。

シラ＝白の連想から、白山信仰や三河の花祭り、さらに南島のシラの問題へと繋げてゆく解釈の描線は、生きられたオシラサマ信仰の実相からは微妙に逸れてゆくものだ、といわざるをえない。オシラサマ信仰の根源に横たわる色彩が、仮にあるとすれば、それは疑いもなく赤色である。小豆のむやみに好きなオシラサマ(『拾遺』第七十九話)には、やはり赤色への志向が窺われる。

そして、興味深いことに、中山家のオシラサマのもっとも古いオセンタクは一枚の布ではなく、麻の切れ端や真綿であった。『遠野古事記』の、守子《もりこ》という巫女の携えあるいたシラアは、細く裁った切れ物を、神体の頭が隠れるほどにたくさん結びつけた姿に描かれている。ここにも、オシラサマの神像の原型により近い形態を復元するための、かすかな手掛かりが秘められているはずだが、その作業にはもう少し時間が必要だ。

オシラサマ遊び

中山家の家刀自《いえとじ》である秀子さんの主宰で、オシラサマ遊びははじまった。秀子さんが中山家に嫁入りして以来、正月十六日の祭りは姑と嫁の秀子さんが二人でおこなってきた。そのお姑さんはいま、体を悪くして入院中であり、祭りは秀子さん一人の肩に掛かっている。孫たちや近所の子どもが数人、参加してくれることになった。オシラサマ遊びは、女や子どもらがその一年間を無事に過ごせるようにと祈る祭りだ、と秀子さんは言う。かつて、オシラサマ信仰がまだ盛んであった頃、小正月の祭りには、中山家に連なる一族の主婦や娘たちがこぞって参加したと想像されるが、姑と嫁の二人だけの寂しい祭りの現実からは、遠く失われた幻の風景のひと齣にすぎない。

秀子さんがガラス・ケースから、七体のオシラサマを取り出し、座敷の中央に運ぶ。子どもたちはみな、カメラを意識してか、それぞれに緊張の面持《おもも》ちで待ち受けている。円座をなした子どもたちのあいだに腰を降ろした秀子さんが、一枚の花柄の布をハサミで無造作に裁ってゆく。かつては刃物を使わずに裁ったものだ、と読んだことがある。

手頃な大きさにされた布切れの真ん中あたりに、やはりハサミで穴が開けられる。その穴から神体の頭を覗かせるのだ。慣れた手つきで、秀子さんが一体のオシラサマを取りあげ、オセンタクを着せてゆく。それから、子どもたちにオシラサマを一体ずつ手渡した。生まれて初めてオシラサマというものに触れた子どももいる。みな、どこか不思議そうな顔をして、秀子さんに手伝ってもらいながら、桑の木の神体に花模様の布切れを着せている。五分足らずでオセンタクは終わった。

あまりの呆気《あっけ》なさにディレクターが慌てている。しかし、秀子さんにとっては、これがオシラサマ遊びの飾らぬ現実なのだ。神体に白粉《おしろい》を塗ることもない、オシラサマの由来譚を唱えることもない、仰々《ぎょうぎょう》しい呪文とともに神体をぐるぐる回すこともない、一年の吉凶を占うこともない。それが、秀子さんが中山家に嫁入りして以来、姑と二人で守りつづけてきたオシラサマの祭りであった。おそらく理由はあった。なぜなら、中山家のオシラ神祭りはかつて、巫女が関与しておこなわれた祭りであったからだ。オシラ神祭文も呪文も年占《としうら》も、巫女の領分であり、すべてはその主宰でおこなわれていたのだ。もはや、オシラサマを遊ばせる巫女は、遠野にはいない。そうした中山家の伝統から切れた場所で、秀子さんは姑とともにオシラサマの祭りを続けてきたのである。

オシラサマを遊ばせてみてくれませんか、そう、職務に忠実であろうとするディレクターが声をかける。秀子さんは乞われて、隣りの子どもの背中にオシラサマを結《ゆ》わえつける。子どもは戸惑《とまど》いの表情を浮かべ、それでも、背負ったオシラサマを軽く揺さぶりながら、座敷のなかを歩いてみせた。

何か、オシラサマに縁のある話をしてくれませんか、さらに追い討ちがかけられる。秀子さんは一瞬、途方に暮れたように俯《うつむ》き、それから意を決して語りはじめた。馬と娘の婚姻譚である。細部にいくつかの異同はあれ、『遠野物語』に収められたオシラサマの昔話であった。『遠野物語』など、おそらくは読んだことがないはずだ。しかし、遠野に生まれ、遠野に育ってきた秀子さんにとっては、語らずとも知り尽くした昔話ではあろう。

そのなかで、秀子さんが蚕のことを「トドさま」と呼んだことが気にかかった。今回のオシラサマ遊びを準備してくれた、上郷生まれの研究者・荻野馨さんに尋ねると、遠野の方言では蚕のことをトドコとかトドッコと称する、という。蚕はシラと呼ばれているのではないのか。わたしの脳裡には、ふと、山形の村山地方の口寄せ巫女であるオナカマが、託宣のときに両手に捧げて揺り動かしたトドサマの姿が浮かんだ。オシラサマの一種である。名称の由来は不明らしいが、あるいはトドコ＝蚕と関わりがあるのかもしれない。オシラサマという名称に囚われることの危うさが、ここにも覗けている。

オシラサマ遊びを無事に終えて、さらに乞われた秀子さんが、もうひとつ昔話を語ってくれた。いわゆる異類婚姻譚のひとつ、「田螺《つぶ》女房」型の話であった。わたしがね、小さい頃、おじいちゃんに聞いた話だけどな、そう前置きをして、秀子さんは昔《むがす》あったずもな……とはじめた。どんどはれの文句で、長い昔話を語り納めると、秀子さんはホッと肩の荷を降ろしたように、優しい笑いを洩らした。素朴な、しかし、心に沁みる素晴らしい語りだった。息を呑んで見守っていた人々のあいだから、いっせいに拍手と、感嘆の声が上がった。

秀子さんはいわゆる昔話の語り部ではない。おそらく、この田螺女房譚も、はじめて人前で語ったものである。秀子さんが中山家に嫁入りし、幾人かの子どもを産み、育てあげた時代には、すでに囲炉裏端でくすぶる仄昏《ほのぐら》い薪の灯りに照らされながら、祖父母や親たちが昔話を語って聞かせる光景はなかった。父親の膝に抱かれて聞いた、はるかな遠い記憶の底に埋もれていた昔話である。しかし、その語りのリズムは、まさに遠野という土地の匂いそのものであった。そのリズムに乗せてやることなしには、語ることのかなわぬ柔らかな言葉の織物であった。みずからの記憶、家の記憶、そして土地の記憶が豊かに宿され、凝縮された身体が、追いつめられた末に、不意に弾かれたようにみずからを語りはじめた瞬間だった、そんな気がする。

わたしがこのとき思い浮かべていたのは、佐々木喜善の『老媼夜譚《ろうおうやたん》』の「自序」に描かれた、ある聞き書きの光景であった。『老媼夜譚』には、喜善の生まれた山口の集落の、たにえ婆様から聞いた百あまりの昔話が収められてある。喜善は吹雪の季節に、およそ五十日ほど毎日のように婆様の家に通いつめ、話を聞き、手帳に書き留めていった。村人たちは、今日もはぁ、馴染《なじみ》婆様のところへ往《い》くのしか、と呆れて笑った。婆様は初めのうちは、気兼ねと億劫《おっくう》さからそう話も進まぬ風であったが、しばらく経つと、どうせおらが死ねば、ダンノハナさ持っていったってだれも聴いてくれ申《も》さめから、おらの覚えているだけは話して残したい、どうじょ飽きないで聴いてくなさい、と言った。婆様は興が乗ると、言葉にはおのずからリズムがつき、自然と韻語になって同じ文句をくりかえした。少量の酒に酔って、老いた腰を伸ばしてちょいちょいと立ちあがり、物語の主人公の身振りなどをすることもあった。それはリズムが高調に達したときであったから、すこしも不自然ではなく、かえって人を極度に感動させた……、そんなことを喜善は書いている。

喜善の時代よりも、さらに物語の黄昏は深くなった。オシラサマ遊びも、昔話も、すべてが黄昏の闇の彼方に没してゆく。わたしにいま可能なのは、いったい何か。ただ、しばらくは東北の地を歩きめぐり、野辺送りにも似た仕事を重ねてゆくしかない、そう、あらためて思う。

11　北からの呼び声に、いま岩谷の扉が開かれる

オシラサマの古層へ

　その日、わたしは山形で開かれていたデザイン会議の、「地の霊の歌」と題されたセッションに参加していた。そのなかで、いささか唐突に、芭蕉の『奥の細道』を批判した。芭蕉の旅は、歌枕をたずね歴史の無常をなげく旅である。日本の歌はことごとく、京都の小さな盆地の風物を範型として詠《よ》まれてきた、――そう、柳田はかつて『雪国の春』の一節に書いた。都からのまなざし、いわば歌枕とそれをたずねる旅こそが、鄙《ひな》の文化を犯しつづけてきたのではなかったか。そうした辺境へのロマン主義に何かを期待することは、まったく愚かなことだ。それが、ほかならぬ都／鄙、中心／辺境という二元図式を再生産してきた、元凶であったからだ。わたしは芭蕉とその旅、さらにいって芭蕉的なるものにたいして、このとき、あえて批判を試みなければならぬ、ある深く内

在的な苛立ちに駆り立てられていたのだった。

午後からは、雨が降りはじめた。総括セッションの会場を抜け出して、わたしは一人、隣り町の歴史民俗資料館へと向かった。雨足が強くなる。フロントガラスに弾ける雨の向こう側を、山形の街はずれの風景が流れてゆく。ここは東北だ。東北の地から、歌枕を撃て、歌枕の息の根を止めよ。さらば、芭蕉的なるものよ、と低く呟いてみる。その声は確実に、わたし自身にこそ降りかかってくる火の粉のようなものだ、よく承知している。辺境へのロマン主義を越えて、いかに、みずからの東北論を鍛えあげてゆくことができるのか。わたしは問われている、声なき声によって、問われつづけている。わたしの東北は生々しい闘いの現場だ。

山形市内から車で三十分足らずの中山町に、わたしのめざす歴史民俗資料館はあった。そこに展示されているはずの、岩谷《いわや》十八夜観音堂にかかわる民俗資料を見たいと思った。東北のオシラ神信仰について、ひとつの長篇論考を脱稿した頃から、わたしのなかにはある予感が芽生えつつあった。オシラ神信仰が問題として発見されたのは、岩手の遠野である。その結果として、オシラサマという地域的な呼称が広く流布されることになり、研究の舞台もまた、オシラサマ／イタコが対をなして見いだされる岩手・青森に主として求められてきた。宮城や福島のオシラサマに類似の信仰に関しては、まだしも研究報告があるが、秋田と山形の場合にはほとんど空白地帯の感が強い。この空白を埋めてゆ

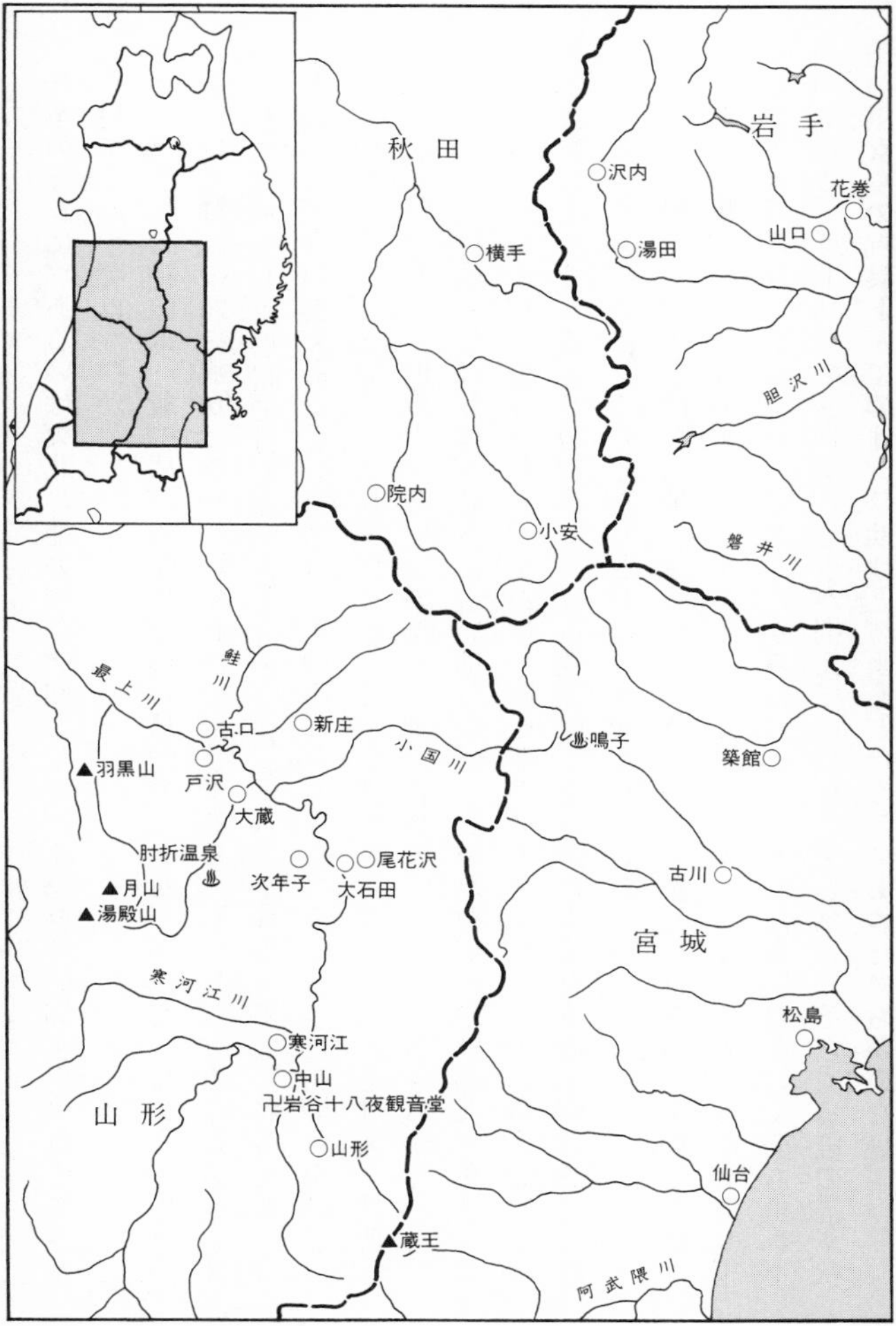

秋 田
岩 手
沢内
花巻
山口
湯田
横手
胆沢川
院内
小安
磐井川
鮭川
最上川
古口
新庄
小国川
鳴子
築館
羽黒山
戸沢
大蔵
肘折温泉
尾花沢
次年子
大石田
月山
湯殿山
古川
宮 城
寒河江川
寒河江
松島
中山
岩谷十八夜観音堂
山 形
山形
仙台
蔵王
阿武隈川

く作業のなかに、あるいは東北の地の固有信仰として、オシラ神信仰を再発見する途がひらけてくるのではないか。

オシラサマの神像は一般的に、包頭型であれ貫頭型であれ、芯木を一枚の布で覆うか、穴をあけて神像の頭を覗かせるか、いずれかの形状である。しかし、どうやら古態のオシラサマはそうした形状ではなかったようだ。たとえば、『遠野古事記』にみえる、守子と称する巫女の携えあるくシラアは、木の串にたくさんの細く裁った布切れを結びつけたものであった、という。近世初頭におけるオシラサマの姿が、彷彿《ほうふつ》とする。実際、芯木の記銘年号から中世の末から近世の初めにまでさかのぼることがあきらかな、古いオシラサマの神像はしばしば、芯木に近い部分に細く裂いた布切れや真綿などを巻きつけている。一枚の布で覆ったり、穴をあけて頭を覗かせるオシラサマは、時代的にははるかに新しいのである。この形状における変遷は、思いがけずオシラ神信仰の核心に触れてくる謎解きの鍵になるものだ、とわたしは想像している。

菅江真澄の「月の出羽路」に挿入されたオシラ神の図もまた、ひとつの手掛かりになるはずだ。神像の頂きは姫頭・鶏頭・馬頭などに彫られているが、その頭はすっぽり絹や綿で包み隠され、紐を巻いた首のしたからは、細く裂かれた布切れがいく筋も垂れ下がっている。近世初めの遠野で、守子が携えていたシラアとは、おそらく真澄の描く秋田の巫女らの呪具としてのオシラサマと、よく似たものであったにちがいない。

秋田の仙北郡の巫女たちは、このオシラ神を左右の手に執《と》り、祭文や祝詞《のりと》・祓《はら》えの文句を唱えながら、祈禱や加持をして祀る。こうした巫女たちは羽黒山などにたいへん多い、と真澄は記している。盲目の巫女であるのか否か、ここでの記述からは判然としない。真澄の日記「すみかのやま」には、ほとんど同形のオシラ神を左右の手に握り、膝のうえに打ち落とし、祝詞を唱えて世の中のなりわい(農作)の善悪《よしあし》を占う、イタクという盲目の巫女の姿がみえる。仙北郡の巫女も、おそらくはこのイタクの一類であった。

そして、じつは、山形の村山や最上地方のオナカマと呼ばれる盲目の口寄せ巫女たちが、神を降ろし、託宣を聞くときに使うトドサマが、まさに真澄が描いた秋田のオシラ神そのものともいえる形状をしているのだ。ただし、トドサマの場合には、芯木の頭に姫・鶏・馬などの顔は彫られていない。かつて刻まれていた人や獣の頭が、何かの理由で省略され、いつしか消えてしまったのか。それとも、山形のオナカマが携えるトドサマのほうが、むしろ古風なオシラ神の形態を示すものなのか。にわかには判断がつけがたい。しかし、ここには確実にたいせつな問題が隠されている。

オナカマという巫女

中山町に入り、しばらく走ってから、国道一一二号を左に折れる。資料館はすぐそこだ。訪ねるのは二度目だが、前回は閉館の時刻を過ぎており、いくつかの資料を買い求めただけで帰らねばならなかった。受付のわきを抜けて、わたしは「岩谷十八夜観音庶民信仰資料」と表示された展示室へと急いだ。狭い展示スペースにもかかわらず、内容は充実していた。展示の意図があきらかに感じられる。期待を裏切らぬ内容に、静かな興奮を覚えながら、展示品のひとつひとつに眼を凝らしつづけた。わたしは博物館や美術館のたぐいが、大の苦手だ。入った瞬間から、いかに早く逃げ出すかばかり考えている。そんなわたしが、ここでは滅多にすることのないメモまで取ることになった。

展示されているのは、岩谷十八夜観音堂にかかわる庶民信仰資料として保存されているものの、ごく一部である。トドサマ、梓弓《あずさゆみ》(仏降ろしの口寄せ)、イラタカの数珠(祈禱・卜占)、筮竹《ぜいちく》・算木《さんぎ》(卜占)、そして外法箱《げほうばこ》など、オナカマが巫業に使用した道具類がひと通り並んでいる。オナカマが亡くなると、酒一升を添えて、この地方の巫女たちの本山ともいうべき岩谷十八夜観音堂に納める習いがあった。二十数年前、そうして奉納されつづけてきたオナカマの道具が、偶然にも、十八夜観音堂の祭壇の周辺から数も知れず発見された。東北の文化的な基層をなすシャーマニズムの世界への扉を開く、得がたい一級資料であることが、やがて知られるようになる。わたしがいま眼にしているのは、その九百数十点に及ぶ貴重な資料のなかのわずかな部分であった。そこには、ほかに、信者から岩谷十八夜観音堂に奉納された絵馬・鏡・祈願札なども含まれ、この古い霊場の歴史をひもとくための豊かな手掛かりをあたえてくれる。

はじめて間近に見るトドサマは、遠野の旧家に祀られているオシラサマ、津軽の久渡《くど》寺《じ》や岩木山のお山参詣で見かけたオシラサマ、会津の慧日寺《えにちじ》資料館にあったオシンメイサマのいずれとも、あきらかに異質な貌をしていた。むろん、共通の信仰母胎から生まれてきた神像であることは否定しがたいにせよ、トドサマの漂わせる雰囲気には、ある考古学的な時間の深さが感じられる。オシラサマの神像の源流のひとつは、確実にここに発している、そんな、たいした根拠があるわけでもない確信めいた予感に囚われている。

トドサマは二体一対である。オナカマはこのトドサマを両手に捧げて揺り動かしながら、神を降ろし、託宣を聞く。死者の霊つまり仏を降ろし、口寄せをするときに用いるのは、梓弓である。トドサマは口寄せには使用しないらしい。ここにみえる役割分化は示唆的である。オナカマになろうとする少女が一定の修行を終えて、独り立ちするときには、「神つけ」という行事がおこなわれる。神が憑くと、手にしたボンデン(御幣)がぶるぶる震える。神の名を問われ、「お十八夜」と答えると、神つけの儀式はぶじに終了する。そのときのボンデンの棒に布をかぶせ、トドサマが作られる。

ボンデンはラウ竹の棒の先に、和紙を刻んでつくった幣束を付けたものである。竹の棒の先には、法印が書いたゴシン(護身符)が入っている。神つけの儀式を主宰するのは法印であった。ゴシンとはいわば、オナカマに憑いた十八夜様のご神体である。江戸前期のものと推定される古いトドサマの場合、棒の端に真綿がくくりつけられ、百数十枚の無地の紅絹《もみ》(紅花染めの布)が重ね着されている。布は毎年一回の祭りの日にかぶせたり、祈願成就のさいに寄進されたものをかぶせるといい、一定ではない。『図録・岩谷十八夜観音』を見るかぎり、その布は細く裁たれた布切れであり、岩手地方のオシラサマのオセンタクのような一枚の布ではない。

はたして、このトドサマはオシラサマの一種といえるのか。仮にいえるとすれば、それは本来のオシラサマの神像からの逸脱を孕んだ変種なのか、あるいは、むしろトドサマのほうがより原型に近い、オシラサマの神像の発生を暗示するものなのか。オシラサマは多く、その頭に人や獣の顔を刻まれ、あきらかに神像化(さらには人形化)している。真澄の日記にみえる、秋田の巫女たちが携えるオシラ神は、外見はトドサマと瓜二つであるが、その桑の棒の先には姫・鶏・馬の顔が彫られていた。

それにたいして、トドサマにはまったく神像の色合いがない。神つけの儀式にさいして、神の依《よ》り代《しろ》となるボンデンの竹の空洞にゴシンを納め、そのうえを真綿で包み、さらに細い布切れを縫いつけ覆ってゆく。オナカマが神降ろしのために揺り動かす姿は、おそらく神の依り代としての採り物や御幣そのものではなかったか。機能的にも、神像化したオシラサマからは窺い知ることのむずかしい側面が、トドサマのなかには鮮やかに息づいている気がする。

留保は当然ながら必要であろう。オナカマの起源はどこまで遡ることが可能か。仏降ろしに使う梓弓をかたわらに置いてみればよい。中世の梓巫女《あずさみこ》との関わりがただちに浮上してくる。あるいは、オナカマとトドサマとの関係を、そのままに本源的なものと認めることは許されるのか。トドサマ／神降ろし、梓弓／仏降ろしという機能分化は、いったい何に由来するのか。さらに、修験との強い結びつきを思えば、幣束の棒に護身符を納める形式が、ただちにオシラサマの原型的な姿を伝えているとは即断できない。神の依り代としての原型的なオシラサマがあり、それが一方は神像化することで本来の機能を忘却し、他方は護身符を入れることでご神体の性格を強め、同時に、神を降ろすための呪具として固有の展開を遂げることになったのか。謎はいっそう深まってゆく。しかし、ここにオシラ神信仰の源流を辿るための豊かな手掛かりが、いくつも埋もれていることは疑いない。

オナカマの主な道具は、トドサマ・ユミ・ジュズの三つである。ユミは梓の木で作られた、いわゆる梓弓である。このユミの弦をラウ竹の棒で打って、仏降ろし(または仏あそばせ)という降霊の所作をする。「弓の上の対面」なる言葉がある、という。鳴らされる弓の音によばれて降りてきた死者たちと、生ける肉親たちが対面し、オナカマに仲立ちされて言葉を交わす。降霊にさいして、山形市周辺のオナカマはユミを用いるが、尾《お》花沢《ばなざわ》の近辺ではユミではなくトドサマを使用するようだ。トドサマ／神降ろし、梓弓／仏降ろしという機能分化は、それゆえ、厳密なものではない。ユミを使うオナカマほど古い形をとどめていると、『図録・岩谷十八夜観音』に指摘されているが、それに従うならば、オナカマの源流として、中世の梓巫女が浮かびあがってくる。それでは、トドサマとの結びつきは本源的なものではないのか。

オナカマのジュズは、ムクロジュの実を連ねて作られる。玉の数は片方で百八個、両方で二百十六個といわれるが、実際には一定でないらしい。大きなイラタカのジュズには、カザリと称して、獣の骨や牙、貝殻や古銭などがはさまれている。修験の用いるジュズに似ている。修験との関わりは深い。羽黒山の巫女が訪れ、お堂の前に小さな草庵を建てて布教をおこなった、という古い言い伝えがある(『図録・岩谷十八夜観音』)。真澄の「月の出羽路」にみえる、秋田のオシラ神を祀る巫女は羽黒山にたいへん多い、とする短い記述が浮かぶ。オナカマ・ワカ・ミコなどと称される、山形や秋田周辺の口寄せ巫女たちと、羽黒修験との関係は、丹念に辿られるべき課題のひとつである。

オナカマのジュズには、狼の牙がはさんであるという言い伝えがあった。調査の結果、ニホンオオカミの牙は発見されず、すべてイヌの牙であることが確認された。興味をそそられるのは、しかし、オナカマのジュズをめぐって狼にたいする強い信仰が窺われることだ。ジュズのカザリとされた獣骨は、ヤマイヌのほかに、ツキノワグマ・キツネ・

イノシシ・ニホンジカ・ニホンカモシカ・タカの、顎の骨・牙・爪・歯・角などであった。獣の性別は確認されたかぎりでは、すべてオスであり、メスと断定しうる例はなかった、という。

狩人はかつて、熊や狼といった雄々しい山の獣たちにたいして畏敬をいだき、山仕事にでかけるときには、安全と豊猟の祈願のために、これらの獣の顎骨をお守りや煙草入れの根付けとして腰にはさんでいた。そうした狩人の山の信仰が、オナカマのジュズのカザリの獣骨といかなる経路を縫ってか、繋がっていったものだろうか。オシラサマを用いた巫女《イタコ》の神降ろしを、遠い狩猟時代のシャーマニズムの名残りとみなす仮説を立てたのは、オシラ神信仰の先駆的な研究者の一人であるネフスキーであった(『月と不死』)。

たしかに、実証的な裏付けに欠ける仮説ではあった。しかし、わたしはガラス・ケースのなかの、ある種異形の輝きと凄みをもったイラタカのジュズに心を奪われながら、東北の地の盲目の巫女たちが、どこかで山や狩猟にかかわる信仰に繋がってゆく可能性はある、と感じた。オシラサマを狩猟の神として祀ることは、たんなる信仰の派生形態ではなく、オシラ神信仰の源流に連なるたいせつな要素であるのかもしれない。たとえ、いまはまだ仮説の域に留まるとしても、これもまた問いとして抱えこんでおく必要がある。

ある研究者との出会い

その翌日、わたしは歴史民俗資料館にほど近い、烏兎沼宏之《うとぬまひろし》さんのお宅を訪ねた。烏兎沼さんは岩谷十八夜観音堂に眠りつづけてきた庶民信仰資料の発見者にして、オナカマ研究の第一人者でもある。わたしは昨日、資料館から戻ると、トドサマやイラタカのジュズを眼にした生々しい余韻のなかで、『図録・岩谷十八夜観音』と『霊をよぶ人たち』を明け方までかけて読んだ。ともに、烏兎沼さんの書かれた本である。ひとつの地域に根ざした歴史民俗学的な研究の、たいへん豊かな成果がここにはある。烏兎沼さんのその後の研究の深まりに触れてみたい、そう、わたしは烏兎沼さんの二冊の本に励ましを受けながら思った。念のために言い添えておけば、ここに書き連ねているオナカマにかかわる知識の大半は、烏兎沼さんの研究から得たものである。

予期にたがわず、精力的に仕事を重ねておられた。やわらかく開かれた研究者であることにも、安堵と小さな感慨を覚えた。すでに、この地方のオナカマで現役の活動を続けている人は、ほんのわずかしか残っていない。これまで二十数年間にわたって、オナカマの調査や聞き書きをおこなってきた烏兎沼さんには、ぜひオナカマ研究の集大成をまとめてほしい。失礼を承知のうえで、わたしはそんなことを話した。

それから、烏兎沼さんの案内で、岩谷十八夜観音堂を訪ねることになった。かつて岩谷三十三軒と称された山あいの集落・岩谷は過疎化のすえに、いまは廃村となってしまった。ＮＨＫの連続テレビ小説『おしん』のロケ地ともなった村のそこかしこに、崩れかけた廃屋が草藪に覆われ、ただ、ひっそりと深い眠りの底に沈んでいる。

岩谷は古くは、山形盆地一円の民衆の信仰をあつめる一大霊場であった、そんな時代があった。語られぬ歴史は消える。歴史と物語は背中合わせに息づいているものだ。小さな土地の失われゆく歴史を語り伝え、記録として残すことができるのは、烏兎沼さんのような土地に生まれ、土地に暮らしてきた研究者であり、数も知れぬ、小さな語り部たちである。ここでも、芭蕉的なるものに多くを期待してはいけない、それはあくまで一個の刺戟にすぎないからだ。

十八夜観音堂の拝殿のなかには、すでにオナカマたちの奉納した道具類は置かれていない。祭壇のしたを覗きこむ。ここにも、赤や青の原色の布の塊が、ひそやかに眠りつづけていたのだろうか。長いあいだ密封されてきた拝殿や本殿のなかから、オナカマの歴史を刻まれたトドサマやジュズや梓弓が発見されたときの、烏兎沼さんの興奮が痛いほどに感じられる。そのとき、東北の地に生きる人々の基層をなす信仰の重く錆《さ》びついた扉の一枚もまた、確実に開かれたのではなかったか。

烏兎沼さんは、『霊をよぶ人たち』の終章近くで、東北の口寄せ巫女の習俗と、南シベリア一帯に分布する北方民族のシャーマニズムとの関わりに触れている。シベリアのシャーマンたちが用いたオンゴン像や、シャーマンの矢、馬の杖といった呪具などは、たしかにオナカマが携える道具のそれぞれと、偶然としては片付けにくい、奇妙なほどの形態的類似をしめす。北方シャーマニズムとの関連という問題は、疑いもなく、かぎりなく魅力的なものだ。しかし、いまはまだ、禁欲をみずからに課しておく時期だろう。シベリアの狩猟民族の習俗と、東北のオシラ神や口寄せ巫女にまつわる習俗とを繋ぐためには、アイヌ民族の文化や宗教の研究を欠かすことができない。

資料館に展示されてあった、アイヌの木製イナウは、むろん、視覚的には十分な説得力をもって、南シベリア－アイヌ－東北を結んでゆく文化の共通母胎といったものを感じさせてくれる。まさにそれは、神の依り代としてのトドサマの原型である。しかし、だからこそ、ここでは禁欲のまなざしが求められている。扉は開かれたばかりだ。柳田の固有信仰論のかなたに、『大白神考《おしらがみこう》』の呪縛を越えて、オシラ神信仰の源流を探る作業を重ねてゆかねばならない。北へ／北からの比較民俗学の試みを、いま、この地点から開始すること……。だから、わたしは東北にいる。

12 箕を携えた姫が、大同の庭に降り立った

箕作りのむらにて

前の晩は肘折《ひじおり》温泉に泊まった。鍵金野《かんかねの》という開拓の村に、半世紀近くのあいだ屋根葺きをしてきた職人を訪ねた。この人は戦後間もなく、山裾の台地に開拓者として入植した。日本でも有数の豪雪地帯である。痩せ地でもあった。荒れ地の開墾から二十数年後、稲作への転換にも失敗した開拓農民たちは、土地を売り払って台地をくだり、鍵金野という近くの開拓村に移住した。

屋根を葺く技術をさまざまに聞き書きしながら、その人の人生のかたちに触れる。小さな人生の裏側から、小さな村の歴史が、激動する村の近代がしだいに浮かびあがってくる。カヤ屋根が消える、屋根葺き職人がいなくなる、カヤ場と呼ばれた入会地《いりあいち》が失われてゆく。時間を巻き戻すことはできないし、必要もない。しかし、その背後には、屋

根替えのための契約(＝結《ゆい》)が壊れ、それとともに、人と人との絆や村のかたちが根底から変質していった、もうひとつの見えにくい歴史が隠されていることを忘れてはならない。カヤ屋根の消滅は、はるかに大きな村の変容のひとつの表われにすぎない。そんなことが、ゆるやかに見えてくる。

翌日、数メートルの雪の壁のあいだを縫うように、隣り町である大石田《おおいしだ》の次年子《じねご》へと向かった。次年子は箕《み》作りの村として知られる。以前から訪ねてみたいと思っていた村のひとつであった。箕はかつて、農耕に欠かしえぬ農具であり、その製作には高度な専門技術を要した。箕作りの背後にも、屋根葺きと同じような衰滅にいたる時間が見え隠れしている。技術の盛衰がもたらした村の歴史の変容の跡を辿る、何か手掛かりが得られるかもしれない。

東北に箕作りの村があることを知ったのは、いつのことであったか。サンカと称される箕作り・箕直しの徒は、東北地方にはいない、そう、『サンカの社会』の著者である三角寛《みすみかん》は書いていた。三角によれば、出雲民族であると自負するサンカは、東北に住む者をエビスと称した。そのエビスが農耕をしていても、オミタラ(百姓)ではなく、マタギ(猟師)であるからと、箕は作ってやらなかった、という。はたして、それがどこまでサンカの実態に届いているのか、わたしには判断がつけがたいが、『サンカの社会』のひどく気にかかる一節ではあった。

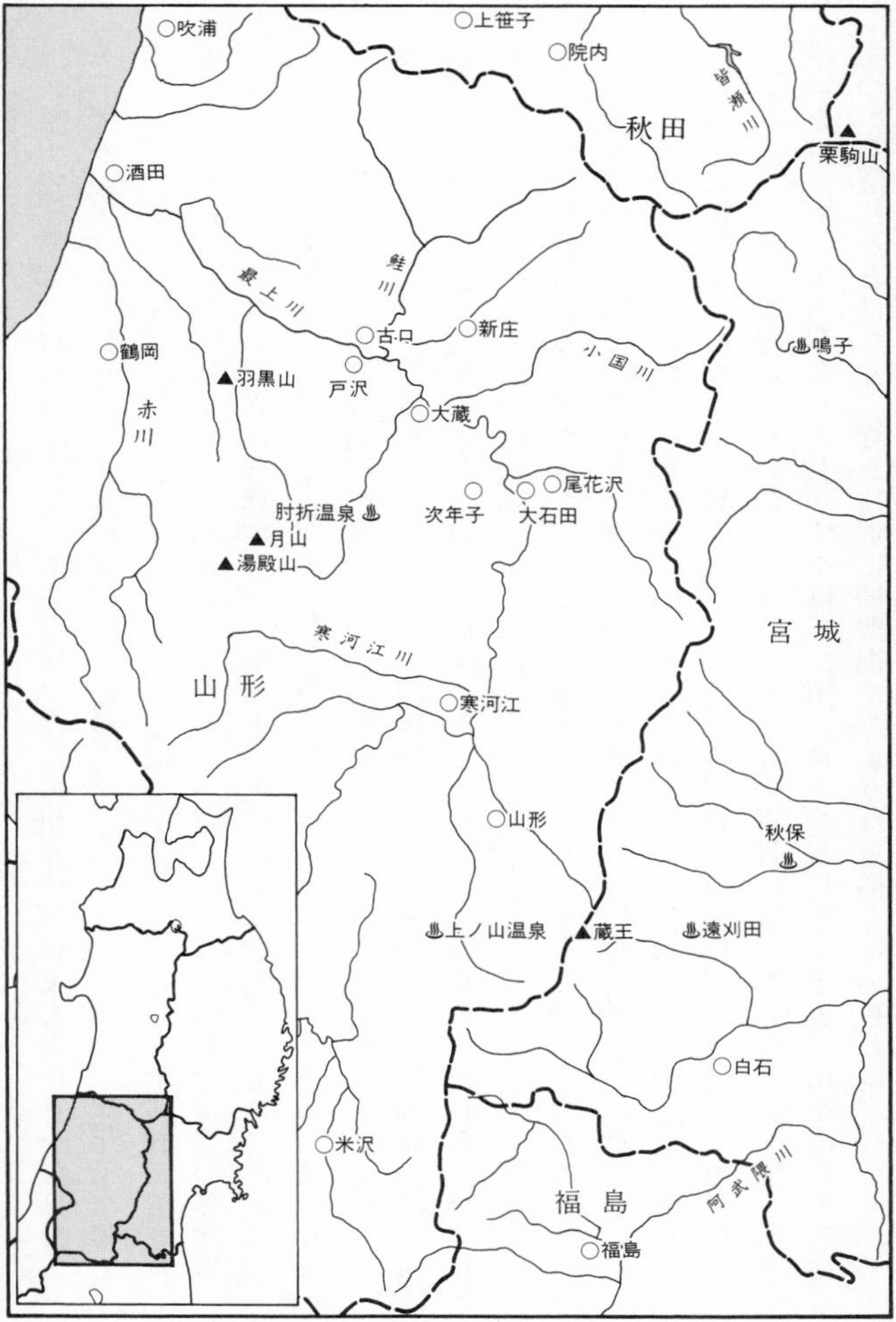

吹浦
上笹子
院内
皆瀬川
秋田
栗駒山
酒田
最上川
鮭川
古口
新庄
鶴岡
小国川
鳴子
羽黒山
戸沢
赤川
大蔵
尾花沢
肘折温泉
次年子
大石田
月山
湯殿山
寒河江川
宮城
山形
寒河江
山形
秋保
上ノ山温泉
蔵王
遠刈田
白石
米沢
阿武隈川
福島
福島

次年子の産業協同組合の組合長である森保夫さんの紹介で、いまも箕作りを続けている海藤《かいとう》多美男さんを訪ねた。字荒屋敷《あざあらやしき》には、海藤さんを含めて三、四人、次年子全体でも七、八人しか、箕作りにしたがう人はいない。海藤さんは一年間に六、七十枚の箕を作るが、すでに箕の販売に歩いてくれる人もいなくなった、という。四畳半ほどの作業場には、組合のハンコが押された箕が、大・中・小三十枚あまり重ねられてあった。

海藤さんは大正十(一九二一)年の生まれであるが、数えで十五歳のときに、箕作りをはじめ、数年でひと通りの製法を覚えた。十八歳になって、青少年義勇軍として満州に渡り、その後、兵役に取られて宮城の部隊に四年間いた。戦後は一時、松岡開拓に入植したが、兄が不慮の死を遂げたために家に戻った。それから、百姓のかたわら、箕作りを冬場の仕事にしてきた。終戦後はよく売れた、爺ちゃんが歩いていると、「箕はないか」と呼び止められるほどだった、そう、海藤さんはうれしそうに話してくれる。

稲刈り前の一週間で、その冬の箕作りの材料をそろえる。組合を通じて営林署から払い下げを受ける。たいていは葉山《はやま》か月山《がっさん》に入り、四十キロの生木を伐り出した。昨年からは息子に頼むようになった。箕作りは十二月から、翌年の三月、苗代の頃までの作業である。一日に一枚作るくらいのペースだ、という。正月には、箕のうえにお膳を置き、半紙を敷いて、米のお握りとおかずを供え、田の神を祀る行事をする。ほかには、箕にまつわる儀礼などはなく、箕を特別に神聖視するような習俗もないらしい。

次年子の箕作りの歴史は、少なくとも近世にははじまっている。幕末の頃には、九十数戸の家のほとんどが箕作りをおこない、一万枚程度の箕の生産があった。明治になって、国有林が定められると、それまでのように自由に山に入り、材料を採取することができなくなった。国有林の払い下げを受けるために産業組合が設立された大正八年から昭和初年にかけては、戸数が百五十あまりに増加し、箕も三万枚を越える生産量となった。箕の生産が激減するのは、戦後の、昭和三十年代に入ってからのことだ。村々に押し寄せてきた近代化の波は、箕という農具の需要を奪い、次年子を経済的に支えてきた箕作りの失墜をもたらした。

箕作りはやがて消えてゆく運命にある。農業が機械化される以前には、たいせつな農具であった箕も、プラスチック製のものに取って代わられ、箕それ自体も必要とされない時代になろうとしている。需要がなければ生産は絶える。箕作りの技術も継承する者がなく、しだいに忘れられてゆくだろう。カヤ屋根を葺く技術と事情は変わらない。技術は社会と生き死にをともにする。箕を必要としない農業のかたわらで、箕作りの技術が生き延びてゆく途があるとすれば、それはただ、民芸品や工芸品に身をやつしながらの箕の生産といった場所でしかない。

次年子、もうひとつの歴史

慶応三(一八六七)年三月の日付けを持つ「箕の定め」という文書が、次年子には残されている。『次年子　部落と学校の記録』と題された、一九七八年の刊行になる冊子に収められている。幕末期の史料ではあるが、それ以前から不文律としてあった村定めを破る者が出てきたために、あらためて確認のうえで、文書化し、次年子の全戸が署名捺印したものである。近世のいつの時代にか、次年子で箕作りが始まっていたことだけは、この史料から確認される。

「箕の定め」には、以下のような箕作りにかかわる村の掟ないし契約が書き留められてある。次年子は往古より田畑が少なく、飯米にも不足する家がある。鎮守権現様のお蔭で、当村にはたぐいまれなる箕作りの手職がある。これは年貢上納の足《た》しにもなる家業である。いにしえより、他村へ婿養子に行った者は、箕作りの仕事をしてはならないという定めがあるが、近頃、他村に出た者が箕作りをしているという風聞がある。今後は、婿養子に行っても箕作りをしないように、堅く取り決める。もし、この定めに背いたり、見聞きしたことを隠しておいた場合には、その職を取りあげ、箕作りはさせない。この件について、村中誓紙《せいし》を交わし、箕の定めを取り結ぶことにした、と。

箕作りの技術が他村に洩れることを厳しく戒めた掟である。もっとも警戒されたのは、婿養子として村を出た者がそこで箕作りをすることであった。次年子ではかつて、この禁を破る者があれば、村に残る家族にたいして村八分をおこない、箕の製造を禁じたという。村の経済の根幹をなす箕作りを守るために、その技術を村内の秘伝としてきたのである。山形県内のほかの箕作りの村にあっても、次男や三男には製法を秘して教えなかったとか、他村から入り婿した者には、村に落ち着く見極めがつくまで教えなかったとか、よく似た掟の存在が知られている。

関東以南のそれぞれの地域で、少なからず漂泊的な生活形態をもって箕作りをおこなってきた人々は、近代にはサンカの名で括られている。そのサンカは、強固に閉ざされた共同性を保つ集団であったといわれる。かれらの徹底した秘密主義の源泉のいくらかは、あるいは、箕の製法技術を守ることにあったのかもしれない。

サンカは漂泊性を色濃く残した職人集団であった。次年子の場合には、こうした漂泊ないし遍歴性といったものは見られない。近世の初めには、すでに定住的な農耕の村として年貢を納め、検地帳にも名を現わしている。それ以前にいかなる生活形態が営まれていたか、手掛かりとなる史料はない。

次年子では、先祖代々みずからの販路をもって行商して歩いた家と、箕作りはするが行商はしない家があった。山形県内の全域から、仙台・福島・秋田・青森にいたるまで、箕の行商先は東北一円に拡がっていた。行商の時期は主として秋、米の調整期前であった。村々を廻り、古箕の修理を兼ねながら、箕をかついで売り歩いた。米と交換することもあれば、宿泊料の代わりに修理をして泊めてもらうこともあった。宿泊する家は先祖代々決まっており、そうした定宿とは長い交際をしているので、親類のようでもあった。忙しいときには、稲刈りや走り使いまで手伝うことがあった、という。

サンカが多くの場合、山中や河原などに天幕《セブリ》を張り、家族単位で箕作り・箕直しをして歩いたこととは、あきらかな違いがみられる。次年子では箕の製造と触れ売りは、男衆の仕事であり、家族で自炊道具を携えながら移動してゆくといった形態はなかった。ところが、仙台あたりでは「ああ、橋の下が来たか」と言われ、関東では被差別部落のように扱われることがあった、ともいう(前掲『次年子　部落と学校の記録』)。箕作りの人々にたいする、東北／関東以南の認識における、ある断絶が窺われるエピソードといってよい。

すでに触れたように、次年子は箕作りを重要な経済基盤とする村ではあったが、近世初頭には定住的な農耕村落をなしていた。近世初めの元和年間(一六一五〜二四)には、田畑は三十二町歩あまり、その後の七十年間に十町歩ほどの田畑の開発がおこなわれている。明治三(一八七〇)年の宗門人別帳によれば、百姓四十五軒、水呑百姓十軒、名子三十四軒という村の構成であった。大地主といえるほどの百姓はいない。明治九(一八七六)年には、田五十一町歩・畑八町歩・切替畑《きりかえはた》十六町歩が数えられ、山林伐木の自由が奪われた明治以降は、さらに水田開発が精力的に進められている。たしかに、農耕にとっては条件の厳しい山村であり、豪雪地帯でもあった。それゆえに、その多くは零細な経営ではあったが、次年子に生きる人々が近世以来、定住農耕の民であったことは否定しがたい。

次年子で箕作りがはじまったのは、いつの時代であったか。中世の、少なからず漂泊や遍歴をつねとした非農業民つまり職人のなかの、箕作りを専業とした人々が、この山深い土地に定着して農耕に従うようになったのか。あるいは、中世の末から近世にかけてのある時代に、この山の民の村に箕作りの技術が伝えられ、それ以来、箕作りに支えられながら村の暮らしが営まれてきたのか。いずれであれ、次年子という、東北の箕作りの村には、関東以南のサンカとよばれた人々の辿った歴史とは異質な、もうひとつの歴史が豊かに埋もれている。それだけは確認されるはずだ。

わたしはじつは、次年子を訪ねる前に、長井政太郎の「箕造りの村次年子と梳代《たらのきだい》」(『山形の聚落』所収)を読んでいた。そこには火野畑《カノ》に触れた数行足らずの記述があった。むろん、カノ畑は焼畑である。いったい、いつ、どのように次年子では焼畑がおこなわれていたのか。

そこで、海藤多美男さんに聞き書きした折に、カノ畑について訊ねた。海藤さんは戦後にも、カノ畑つまり切替畑をやっていた、と話してくれた。ゲンゾクという、集落から一キロほど離れたところに、三反歩のカノ畑があった。七月二十日頃に草や木を刈り、八月上旬に火入れをした。一年目にはソバ、二年目には小豆、三年目にはアワ、四年目には大豆を植えた。土地が痩せてくると、荒畑にして、次々と切り替えてカノ畑を作った。肥料もいらず、食べるくらいの収穫はあった、という。

『次年子　部落と学校の記録』には、凶作時の食べ物の項に、カノ畑のことが見える。次年子では、どこの家でも数反歩から数町歩の切替畑があり、村人はカノ畑と呼んでいる、とある。はたして、次年子のカノ畑は、凶作時の食糧を確保するためのものにすぎなかったのか。明治九年には十六町の切替畑があった。近世には、この切替畑にも年貢が課せられていたらしい。海藤さんにお聞きした話からも、次年子のカノ畑には、たんなる飢えを凌《しの》ぐための一時的な農業には留まらぬ、長い伝統が感じられる。次年子の、また山形のカノ畑の歴史については、いずれ調べてみたいと思う。

あるいは、次年子では家ごとに山の神を祀り、また、小字《こあざ》ごとに山の神の祠があり、十二月十二日には村中の人々が集まって、山の神のお通夜をしたものだ、という（『次年子　部落と学校の記録』）。山の神にまつわる禁忌や伝承も、数多く語られてきた。こうした山の神信仰と焼畑農耕をつなぐ線上には、次年子の、山の民の村としてのもうひとつの歴史が浮かびあがってくるはずだ。

お里姫の伝承

長井政太郎の「箕造りの村次年子と梳代」には、次年子の開村をめぐる、次のような伝承が拾われている。大同二(八〇七)年、秋田からお里という婦人が来て村を開き、箕の製法を伝え、そのために二年子(→次年子)なる村名が生まれた――と。昭和十一年に発表された論考である。長井自身の聞き書きであろうか。

これにたいして、『次年子　部落と学校の記録』には、以下のようにみえる。開村にまつわる口伝には幾通りもあるが、大同二年に開かれたとするものが、もっとも古い。そこではお里との関わりは語られず、別の伝承のなかにお里が登場する。すなわち、十五世紀の康正《こうしょう》の頃(一四五五~五七)、秋田よりお里なる女が遍路の途上、大里村の名主・十兵衛に厄介《やっかい》になり、箕の製法を伝授した。それが村全体に広まり、生業の大きな支えになった、と。

たいへん興味深い伝承群である。次年子の隠された歴史を読みほどく手掛かりが、いくつも沈められている。次年子の大里林《おおさとばやし》には、お里様を祀る大里神社があり、村の氏神として、その命日とされる旧暦三月九日には祭りがおこなわれている。たとえ伝承レヴェルではあれ、お里なる女性が、開村と箕作りのはじまりに関わって重要な役回りを演じていることは疑いない。

『次年子　部落と学校の記録』には、以下のような仮説が示されている。すなわち、秋田県由利郡の笹子《じねご》村からお里という女が来て、箕作りを伝授した、という言い伝えがあるが、その伝承との関わりで、二番目の笹子村という意味のジネゴと命名され、さらに縁起をかついで、大同二年の開村としたのではないか、と。この仮説はかなり、次年子の歴史の闇深くに届いていると感じられる。

お里姫は秋田の笹子の大商人、または豪族などの、名のある家の生まれであるといわれる。その姫は、器量が悪かったので家を出されたとも、家族に不幸が相次いだので供養のために諸国行脚をしていたのだとも、ハンセン病であったとも語られている。高貴な出自と病いや穢れの主題が認められる。いわば、これは貴種流離譚《きしゅりゅうりたん》の定型を踏んでいるのだ。しかし、西国のサンカや、多くの非農業民が携える由緒書はほとんど例外なしに、天皇とその子孫に連なる伝承をもって、みずからの職掌の起源と特権の由来を説き明かそうとする。次年子のお里伝承は、貴種流離譚の定型をかろうじて保ちながらも、都や天皇といった権威には背を向け、北を志向する。二つの貴種流離譚には、あきらかな断絶がみられるのである。

都から／都へのまなざしによる呪縛を逃れることのできない、貴種流離譚といった物語の定型に還元することでは、何ひとつ見えてこない。ここに埋もれているのは、はるかに具体的な土地の歴史である。次年子の箕は、秋田の箕と同じ系統のものだといわれる。お里伝承がひそかに物語るのは、次年子の箕作りの技法が、秋田の笹子か、あるいは、ほかのどこか箕作りの盛んな土地から伝えられたということである。お里姫なる女性に仮託されているところに、あらたな謎が芽生えるにせよ、その一点は動かない。しかも、時代は十五世紀半ばの康正年間と語られる。ここにも、具体の歴史のひとかけらは沈められているはずだ。

そして、大同二年の開村伝承である。オサトサマが山の神の別称であることも記憶に留めておきたい。すでに幾度となく触れてきた、大同をめぐる問題にここでも遭遇したことになる。この大同伝承の背後には、葉山修験との関わりが見え隠れしている、そんな気がする。

次年子の宝永七(一七一〇)年の検地帳には、二人の修験の名が見える。近世を通じて、次年子に修験がいたことも確認されている。次年子は葉山への登拝口のひとつに数えられ、そこには行者の宿所をいとなみ導者を務める修験がいたのである。また、近世の初めには、月山や湯殿山《ゆどのさん》への参詣コースでもあった。参詣の行者たちは、次年子の荒屋敷を経て、大畑山・松橋・肘折そして月山へと向かった。その肘折がまた、大同年間に開かれたとする伝承を持ち、修験の活躍の大きな舞台であったことを想起しなければならない(『次年子　部落と学校の記録』)。

葉山修験と大同伝承との関わり、と書いた。とはいえ、それはいまだ、まるで実証的な根拠を探り当てぬままに、わたしの想念のなかを浮游している思いつきに留まる。いずれ、葉山や出羽三山の修験の活動の跡を辿るなかで、大同伝承は相貌を違えつつせり上がってくることだろう。

次年子にはまた、中世の落人伝承が語られてきた。庄内の梳代や、北上山地に点在する箕作りの村にも、平家の落人伝説が伝わっている。ここにも、読み解かれるべき問題がいくつも埋もれているが、いまのわたしにはそれを論じるだけの準備も力もない。

次年子の歴史は、たしかに箕とともに歩んできた歴史である。お里姫の伝承、箕の定め、産業組合など、いずれも箕作りの村としての次年子の歴史そのものである。しかし、次年子はたんなる箕作りの村ではない。その村のそこかしこに、幾層もなして、豊饒なる具体の歴史が沈澱している。この地からは、縄文の早期から晩期にいたる遺物や遺跡も発見されている。次年子という小さな村の歴史は、だから、はるか数千年の時間《とき》のかなたから、その最初のページを繙《ひもと》かれねばならないのかもしれない。

戦争に負けてから雪が降らなくなった、そう、海藤さんは言った。ひとつの小さな人生の底に埋もれている歴史が、奇妙に実感される表現であった。海藤さんの作ったうつくしい箕を携えて、外に出た。荒屋敷の家々は、分厚い雪に覆い尽くされている。戦争に負ける前の、さらに深い雪景色のなかの集落の姿を、ふっと思った。再訪する約束を果たさねばならない。

13　さらば芭蕉、と囁きかける川風を聴いた

遊女としての東北

その晩は、羽黒山の宿坊に泊まった。下の階でおこなわれていた宴会のカラオケは止んだが、廊下を隔てた部屋からは低い声が洩れてくる。話の内容までは聞き取れない。耳について、うまく眠りに入ってゆけない。寝つかれぬままに、芭蕉と、その『奥の細道』について、ぼんやり思いを巡らしていた。

たとえば、芭蕉が日本海の荒波に洗われる市振《いちぶり》の関で、遊女らの物語りするかすかな声に耳を澄ましている姿を、ふと想像してみる。伊勢参りにおもむく二人の遊女であった。古歌に寄せて、遊女らが、夜ごとさだめなく客と契《ちぎ》りを結ばねばならぬ、みずからの前世の業因を歎くのを、芭蕉は襖越しに聴いた。翌朝には、涙しつつ、行方もわからぬ旅路の不安を語る二人の遊女の、同行の願い出を断わる。哀れさしばらくやまざりけ

らし、と芭蕉は書き、次の句を詠んだ。

一家《ひとつや》に遊女も寝たり萩と月

歌の素養があり、穢れに満ちたなりわいを生きる身の宿業を歎く、こんな遊女がいたってかまわない。実際に、芭蕉はそんな遊女に出会ったのかもしれない。しかし、ここに描かれた遊女の姿は、いかにも都の文人の嗜好《しこう》にぴったりの、都合のよすぎる代物だ。歌枕のまなざしである。西行と江口の遊女の故事にならって、芭蕉がひき寄せた虚構の匂いが漂う。ここには遊女という存在それ自体に向けての関心、あるいは、その身に宿るはずの、たとえば穢れといった言葉では括りきれぬ人生への想像力などは、かけらも感じられない。それはおよそ、もう一人の近世の旅人・菅江真澄の遊女の描き方とはかけ離れた、対照的なものである。

芭蕉にとって、遊女はみずからの詩心を揺さぶってくれる、風雅なるもの、旅の哀れさに浸された一場の光景にすぎない。歌枕のまなざしが、このとき、遊女の身体をつらぬき犯した。語られざる遊女の唄は、芭蕉の耳には届いていない。遊女らの人生に響いてあるものから、はるかに遠い場所に、芭蕉の風雅の旅はあった。

保田與重郎《やすだよじゅうろう》の『芭蕉』の一節が浮かぶ。わが国の詩人の旅は、漠然とした旅の誘《いざな》いに導かれる旅ではなく、歌枕をたずね歴史をなげく旅であった、と保田は言う。そうした万葉集や古今集の歌枕を訪ねる旅の詩人の先駆けとして、西行があった。芭蕉は西行のあとを追い、辺土《へんど》の名所を訪ねあるく。ささやかな歌枕の跡を辿り、歴史の無常を歎く、それが芭蕉のみちのくの旅であった。歌枕の旅に生きた代々の詩人たちの群れに連なる、最後の人、それが芭蕉の役回りであったか。

歌枕とは何か、歌枕のまなざしとは何か。文学概論的な定義には、むろん関心がない。たとえば、保田與重郎は言う、辺土の歌枕をしたしく訪《おとな》う志なくして、わが国の文学の歴史や詩人の思いを語るなかれ、と。あるいは、歌枕の古蹟を眼《ま》のあたりに眺めて、「存命の悦び」を味わう文人の心情は、じつにわが国の詩人の創造原理であった、とも説かれる。すくなくとも、歌枕の旅の根っこに横たわる創造原理だけは、くっきりと像を結ばれるはずだ。わたしはそれを、辺境へのロマン主義と名づけたい。

辺土の地に埋もれた異文化に触れて、その荒ぶる異形の力を、みずからの文学的ないしは芸術的な創造の源泉としてゆく。都という中心からの距離、隔絶の度合いこそが、そこでは問題となる。道の奥なる東北が、万葉の時代以来の、もっとも魅惑的な辺土の歌枕が眠る地であったことはいうまでもない。芭蕉の旅がめざしたものが、松島と象潟《きさかた》という、その名を広く知られた歌枕の名所であったのは当然なことだ。『奥の細道』とは、まさに辺境へのロマン主義を母胎として産まれたものである。

芭蕉の旅は憑かれたように北をめざす。しかし、芭蕉が足を踏み入れた北限は、岩手側が平泉、秋田側が象潟であった。東北の懐深くには分け入っていない。およそ一世紀後の菅江真澄が、もっぱら芭蕉の訪れることのなかった東北の北半を旅していることは、おそらく偶然ではない。芭蕉の旅は歌枕のまなざしが届く範囲を出ていない、いわば、京都や江戸の文化が浸透しているみちのくの辺境が限界になった、ということだ。蝦夷《エミシ》的な世界は遠く、視野の外に棄ておかれた。

芭蕉は平泉の奥州藤原氏の旧跡に立って、時の移るまで涙を流し、歴史の無常を歎きながら、夏草や兵《つわもの》どもが夢の跡、と詠んだ。そして、泰衡《やすひら》らが旧跡は衣が関を隔て、南部口をさし堅め、夷《えぞ》をふせぐとみえたり、と書きつけている。そのとき、奥州藤原氏は北の蝦夷に敵対する勢力であった。しかし、藤原氏は史実としては、ヤマトの稲の王権に繋がる源氏によって滅ぼされた、北方の「稗の王権」である。藤原三代が蝦夷の後裔《こうえい》であったか否かは措くとしても、夏草に覆われた戦の跡には、古代の蝦夷の末裔たちの屍が数も知れず埋もれていたはずだ。たんなる歴史の無常ではない、その無常の底には、東北の民の血塗られた抵抗の歴史こそが透かし見られねばならない。

いずれにせよ、芭蕉は都から辺土の地に降り立った旅の詩人である。それ以上でも、以下でもない。かれら歌枕の詩人たちによって、東北という辺土の地は発見され、ひたすら風雅の情を掻き立てる土地としてもてはやされ、いや、弄《もてあそ》ばれてきた。それだけが抱きしめるべき現実である。

芭蕉が市振の関で出会った、越後の遊女はみちのくである。辺土の地としての東北である。芭蕉がけっして見ることのなかった、もうひとつの東北である。辺境へのロマン主義はいつだって、意識してか否かにはかかわらず、遊女を犯し、東北を犯しつづけてきた。辺土への憧れから生まれるのは、名所と旧跡であり、都の文学や芸術である。辺土の地に生きられてある、たとえば遊女や炭焼きや農民の唄などには、なんの関わりもない、風雅の世界である。ことさらに、そう言い立てねばならぬ状況が、依然として、この東北の地のそこかしこに転がっている。

語られざる東北へ

芭蕉によって、東北はいかに語られたか。その歌枕に犯された東北は、東北自身にとっていかなる意味を持つのか。そして、『奥の細道』がついに語ることのなかった東北は存在するのか。存在するとすれば、それは何か。芭蕉やその『奥の細道』の文学的な評価といったものとは、当然ながら、およそ無縁な問いかけである。わたしはただ、明日の東北にとっての、あえて乱暴な表現を使えば、負の可能性としての芭蕉を剝き出しにしたいと願うだけだ。

たとえば『奥の細道』の象潟の条に、芭蕉はこう書いた、――松島は笑うがごとく、象潟はうらむがごとし、寂しさに悲しみをくわえて、地勢魂をなやますに似たり、と。そうして、象潟や雨に西施《せいし》がねぶの花、と有名な句を詠んだ。都の詩人の感傷のまなざしが発見した、歌枕の地・象潟の、魂を悩ますがごとき風景が、そこにはあった。

わたしはふっと、柳田の『雪国の春』の一節を思い浮かべる。日本の歌に詠まれた景物は、ことごとく山城の小さな盆地の風物にほかならぬのであった、そう、柳田は書いた。歌枕のまなざしは、都の文化という鋳型の内側に、辺土の地の景物を暴力的に封じ込めることをつねとする。そうした都／辺境にまつわる二元論の暴力から、芭蕉の象潟の句は無縁であったか。あきらかなのはただ、その地に暮らす者らには、風景に魂を揺さぶられることなどありえないということだ。どれほど高尚な文学的衣装をまとおうとも、所詮、それは旅する詩人の感傷の産物である。歌枕の鎧に身を固めた詩人は、ついに、辺土に生きられてある文化や歴史とじかに接し、対峙することはない。

風景はたしかに、旅人の眼によってはじめて見いだされるものだ。しかし、旅人である芭蕉のかたわらにあったはずの、象潟の地に生きる漁民や農民の寡黙な姿にこそ、わたしはこだわりたいと思う。芭蕉の眼に映るのはひたすら、歌枕に浸された風景である。それその地に暮らす人々の前には、おのずと異なる日常の風景が開かれていただろう。それがたとえ、都の文人の眼には、あってなきがごとき卑小な風景であるとしても、そこには確実に、もうひとつの東北が黙したままに息づいていたにちがいない。

都の文化こそが、芭蕉にとっての唯一の価値の源泉であった。東北の地に生きられてある固有の文化にたいする、畏敬の念は、かぎりなく稀薄なのだ。たとえば、盲目の法師が琵琶を鳴らし、奥浄瑠璃を語る姿に触れた芭蕉は、こう書いている、さすがに辺土の遺風は忘れられていない、殊勝なことに思われる、と。辺境へのロマン主義があらわに覗けた瞬間である。わずかに興を覚えることはあれ、そこには発見の悦《よろこ》びといったものは、かけらもない。

あるいは、塩竈《しおがま》明神に詣でた芭蕉は、国守によって再興されたお宮の荘厳さに打たれる。かかる道の果ての塵土《じんど》の境まで、神霊があらたかに鎮まることこそ、わが国の風俗であり、たいへん貴く思われる、そう、芭蕉は書いた。しかし、貴い風俗だと感じ入るわけにはいかない。東北の地の古い神社や寺は、その多くが、古代の蝦夷征討の最前線に築かれた宗教的な砦であった。蝦夷の抵抗の拠点であった達谷の窟など、みごとなまでにそれを物語っている。岩屋に祀られた毘沙門天の像は、その足のしたに、鬼それゆえ蝦夷を踏みつけにしている。無残に裏返された歴史がそこには隠されている。芭蕉の感慨に同意するわけにはいかない。

白河、松島、象潟……と、芭蕉の旅は、歌枕をたずね歴史の無常を歎く旅であった。辺土への憧れの情に誘われながら、歌枕の地を訪ねあるく。風雅の世界が、そこかしこに鮮やかな像を結ばれてゆく。その歌枕の旅はしかし、出羽の国にはいり、山寺や出羽三山に詣でるあたりでは、いくつもの綻《ほころ》びをみせる。破れてゆく歌枕の背後から、出羽の山々に宿りする地の霊たちが、いっせいに幽かなさざめきの声をあげはじめる。そんな印象が拭いがたくある。『奥の細道』はそこに、豊かなクライマックスを迎えたのでなかったか。『奥の細道』を転倒させる読みの可能性が、あるいは、語られぬ湯殿にぬらす袂《たもと》かな——という句のかたわらに秘められているのかもしれない。

とはいえ、秘教的な読みの世界に足を踏み入れるつもりはないし、その必要もない。芭蕉はたしかに優れた詩人である。けれども、芭蕉は結局のところ、都からやって来た風雅の詩人なのだ。芭蕉によって発見されずとも、出羽の山々には、たしかに地の霊の唄は谺していた。その山々の麓には、数も知れぬ名もなき民が、神々の山を仰ぎながら、はるか縄文の昔から小さな生き死にを重ねてきた。芭蕉の以前にも、神霊の宿る山々はあり、山寺や湯殿山への信仰とともに生きる人々はいた。

当たり前のことだ。しかし、そんな当たり前のことが、しばしば忘れられる。忘れられるのみならず、歌枕に犯された東北が、その歌枕のまなざしに無邪気に身をすり寄せてゆく、そんな光景ばかりが転がっている。だから、あえて芭蕉に、いや芭蕉的なるものに背を向けねばならない、芭蕉によって語られなかった東北のなかに、東北の明日の可能性は宿っているはずだ……。そう、くりかえし言わねばならぬ状況が、この東北には依然として広く、深く存在している。

川の民の村から

翌日は、最上川に沿って車を東に走らせた。芭蕉が帆《ほ》掛《か》け舟でくだった最上川を左手に眺めながら、わたしは芭蕉の語らなかった東北を想う。この日は戸沢村古口《ふるくち》で、その最上川に生きる人々の暮らしの聞き書きをすることになっていた。

五月雨《さみだれ》をあつめて早し最上川

だれでも知っている有名な句である。芭蕉はいったい何を語り、何を語らなかったのか。芭蕉の語らなかった東北にこだわり続けたいと思う。対岸の山々はうっすらと雪に覆われ、ほそい滝が幾筋も、垂直に近くそびえ立つ崖を滑り落ちている。この冬は雪が多かったからか、水量が豊富なようだ。白糸の滝にさしかかる。芭蕉が舟でくだったのは初夏であった。白糸の滝は青葉の隙《ひま》ひまに落ちて、仙人堂岸に臨みて立つ、と芭蕉は書いている。仙人堂も過ぎて、わたしはさらに対岸に眼を凝らしつづけた。やがて、蛇行する川のほとりに小さな集落が見えてくる。

小外川《ことがわ》という、その集落には、二人の老人が暮らしているだけだ。かつて戸数が十数戸あった村は、六〇年代以降に離村が進んで、やがて消え失せる運命にある。岸辺には二艘の小舟が繋がれている。通じている道もなく、橋もない小外川に渡るためには、舟を利用するほかはない。最上川に向かって建つ軒の低い家々は、いま雪に覆い尽くされて、ひっそり静まり返っている。その小外川に暮らす加藤勇《いさみ》さんを訪ねたのは、一年数ヵ月前の晩秋のことだった。

こちら側の岸に立って、加藤さんを呼んだ。向こう岸に人影が現われる。モーター付きの笹舟を操って、加藤さんが迎えに来てくれる。八十メートルほどの川の流れをはさんで、まるで現実から取り残されたように、その村は佇んでいた。芭蕉のまなざしの届かなかった世界が、そこには豊かに息づいていた。小さな暮らしがあり、人生があった、そして、忘れられた小さな村の歴史があった。その聞き書きをした。

加藤さんが婿養子として小外川に来てから、およそ五十年が経つ。小外川はかつて、最上川の舟運で暮らしを立ててきた村だった。しかし、陸羽西線《りくうさいせん》が開通してからは、最上川は交通・運搬の主要な道筋としての役割の大半を失った。明治半ばには、裏山の麓にひろがる荒れ地を拓いて、田んぼにした。その荒れ野からは人骨が出た。収穫は少なかった。土地は狭く、畑を作っても、小豆以外はみな兎などに喰われてしまった。昔から川漁が盛んだったが、しだいに捕れる魚も減った。国有林の払い下げを受けて、炭焼

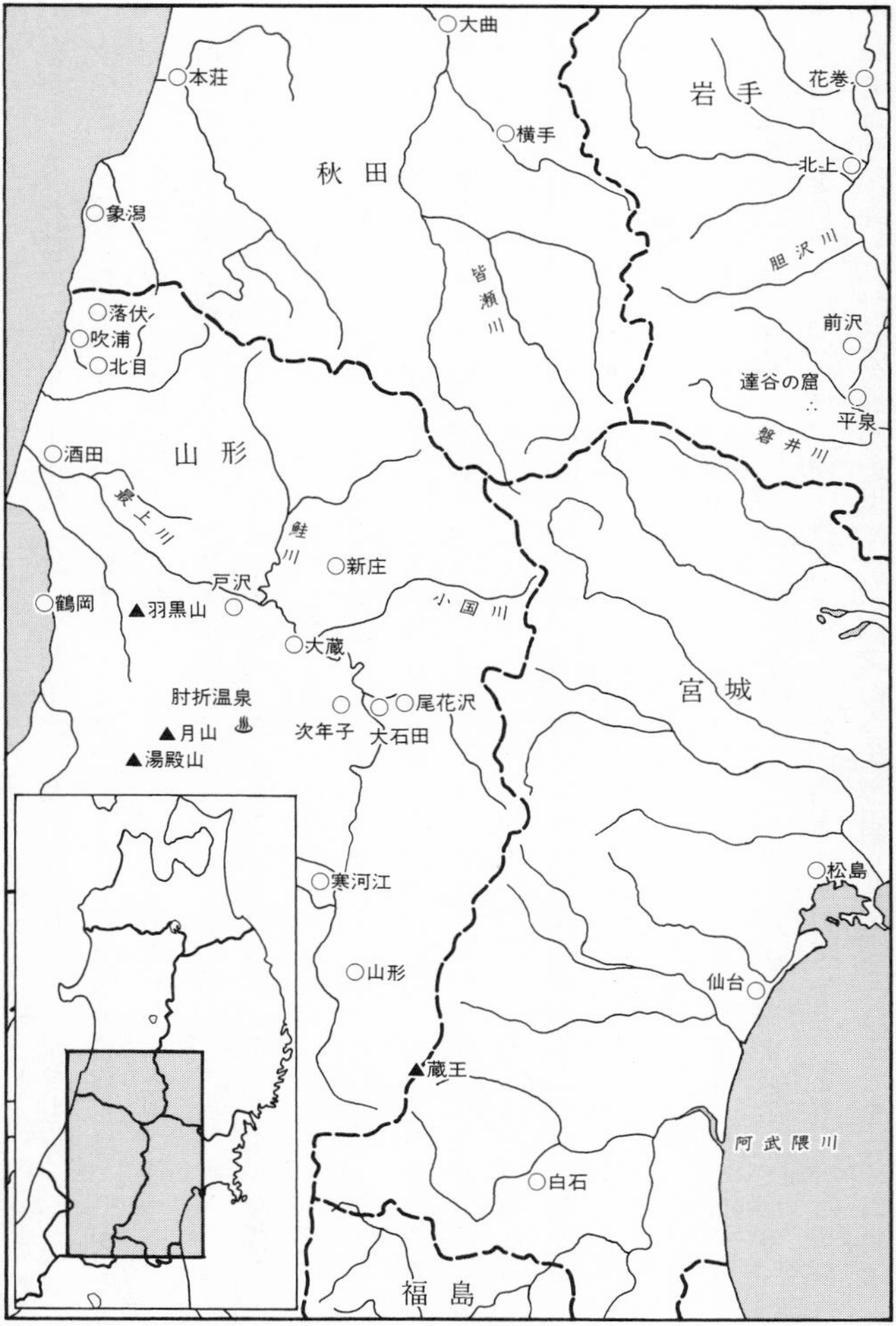

大曲
本荘
岩手
花巻
横手
秋田
北上
象潟
胆沢川
皆瀬川
落伏
吹浦
北目
前沢
達谷の窟
平泉
磐井川
酒田
山形
最上川
鮭川
新庄
戸沢
鶴岡
羽黒山
小国川
大蔵
宮城
肘折温泉
尾花沢
次年子
大石田
月山
湯殿山
寒河江
松島
山形
仙台
蔵王
阿武隈川
白石
福島

きがおこなわれた。昭和三十年代には、燃料革命の波に洗われて、炭焼きも衰退した。出稼ぎしか残されていなかった。その出稼ぎによって支えられる村の暮らしは、やがて崩壊してゆく。多くの家族は村を去った。たった一人、加藤勇さんが小外川に残った。もう一人の、犬と暮らす老人は、十数年前に移り住んだ人だという。

加藤さんに案内されて、村のなかを歩いた。離村していった家族らの、かすかな暮らしの痕跡は、物置き小屋として使われている廃屋や、崩れて草に覆われた石組のうえに残されていた。田んぼは減反政策のために、ソバ畑に変わっていた。人骨を掘り起こして開いた裏手の田んぼは、すっかり荒れ地に戻っている。分校があった、と加藤さんが指で示すあたりは、一面の草藪だった。

山の神のお堂があった。五、六十センチはありそうな女神の像と、半分ほどの高さの男神像、そして、かたわらには木の棒の、墨で顔を描かれた人形が六体立てかけられてあった。その山神の社が、すくなくとも二百年以上の歴史を持つことを知ったのは、のちに一枚の名所絵図を見ていたときのことだ。

近世の半ば頃に出された、仙人堂を中心とする絵図である。最上川をゆきかう舟や筏が、人を乗せ、荷を運び、竿で漕ぎ、帆を掛ける姿で、さまざまに描き取られている。左右の山を負った岸辺には、滝・堂舎・村々の名が書き込まれている。とりわけ仙人堂のあたりが詳しい。この地が近世には、修験の一大霊場として栄えたことを、オムロ・

ナガトコ・女人堂などの点在する堂舎群が物語っている。芭蕉の見たものとさほど変わらぬ、最上川の風景が、一枚の絵図のなかに封じ込められていたことに、驚きを覚えた。むろん、小外川の名もあった。山神の社が見える。この時代にすでに、おそらくは同じ場所に山の神が祀られていたのである。さらに、小外川の岸辺には太子堂があった。わたしはこの太子堂の存在に、たいへん関心を惹かれた。小外川の人々は川の民であった。その川の民の村に太子堂が祀られていた。村の歴史を読みほどく手掛かりが、ここには秘められていると感じた。

小外川の歴史は思いがけず深い。昔、最上義光《もがみよしあき》の時代には、往来の舟が難に遭っても寄るべきところがなかった。そこで、義光は古口村の山のあいだに人を遣わし、かれらの子孫がしだいに増えて、二、三軒ずつの集落をなすにいたった。古くは、それらの村を助け屋敷と称した。義光から授かった判物《はんもつ》などを所持していたが、いまはなくなった。土湯や外川《とがわ》などの村である――。そんな伝承が、「新庄古老覚書」という史料に見えている。この幕末に書き留められた伝承のなかに、小外川の歴史がどれほど宿されているのかは知らない。しかし、歴史の古さだけは偲ばれる気がする。中世の末には、すでに小外川には川の民らしき人々が暮らしはじめていたのではなかったか。

小外川はまた、修験の霊場である仙人堂との関わりが深かった。この地に籠もって修行を重ねる修験が、数多くいた。それら修験の徒と、川の民である小外川の人々とのあいだには、いかなる関係が結ばれていたのか。わたしの連想は当然のごとく、井上鋭夫の『山の民・川の民』に向かった。井上はそこで、出羽の国との境に近い越後の岩船郡《いわふね》のあたりの、河川や海のほとりに住み着いた、ワタリ・タイシと呼ばれる川の民について語った。ワタリは舟を操って、交易や物資の運送にしたがい、タイシは太子信仰を奉じつつ、近世には箕作り・塩木流し・筏流しなどをなりわいとした。これら川の民であるワタリやタイシが、中世以来の、修験との分かちがたい歴史を有することも、井上は指摘していた。

小外川の太子堂と山の神の背後には、はたして岩船郡のワタリ・タイシに繋がってゆくような歴史が隠されているのか。漠然とした予感ではあった。しかし、最上川流域のさまざまな地方で、渡し場の舟頭をタイシと呼ぶことを知ったとき、それはささやかな確信に変わった(大友義助「舟頭をタイシということ」)。違いはある。最上川のタイシが被差別の民ではなかったことだ。とはいえ、十分に追いつめてみるべき価値はある。なぜ、小外川の岸壁には太子堂が建っていたのか。一枚の絵図から、小外川の小さな歴史は開かれてゆく。

芭蕉の時代には、すでに戸数が数軒の集落・小外川が存在したかもしれない。その小外川はいわば、芭蕉が黙して語らなかった、もうひとつの東北である。たとえ小さくはあれ、芭蕉の句よりも深い歴史や人生の宿る東北である。あえて断言することにしよう。

芭蕉からは、芭蕉的なるものからは、何ひとつ始まらない。芭蕉によっては救われない。芭蕉的なるものへの、淡い期待はかならず裏切られる。芭蕉その人も身勝手なら、芭蕉に期待する側もまた、ひとしく身勝手であることには変わりがない。東北がみずからの言葉で、みずからの東北を語りはじめるとき、そこにはじめて、大いなる地殻変動が起こるだろう。都／辺境という、まなざしの構図が壊れ、もうひとつの豊かな東北が起ち上がってくる。

芭蕉的なるものよ、さらば。

14 雪の野づらに、木地屋の夢が紡がれる

漆器の町・川連にて

遅い朝食を済ませると、遠野の町をあとにした。国道一〇七号をひたすら西に向かう。買い替えたばかりの四駆のエンジン音が心地よくからだに伝わってくる。北上市内を抜けて、秋田の横手《よこて》までは、およそ二時間あまりの距離だ。そこから南下して、湯沢の市街地に入って間もなく左に折れる。木地屋《きじや》という問題、その一端に触れるための旅である。

東北一円に、木地屋の漂泊と移住の痕跡《あと》が残されている。遠野にもかつて、古態のこけしを作る職人がいたことを知ったのは、つい最近のことだ。いかなる系譜を持った職人であったのか、まだ調べていない。遠野の琴畑《ことはた》という山深い集落には、木地屋の村としてのかすかな歴史が残され、朱漆の椀にまつわるマヨヒガ伝承との関わりも語られて

いる。遠野にもまた、幽かなものではあれ、木地屋にまつわる記憶が埋もれているのである。『遠野物語』の古層に横たわる風景のひと齣として、いずれ追求してみたいと思っている。東北の歴史に後次的に挿入された南の文化ではあるが、漂泊の民としての木地屋をめぐる問題には、微妙な屈折が孕まれ、関心をそそられている。

稲川町《いなかわ》に入ると、国道三九八号沿いに、漆器《しっき》や仏壇の店・工房が眼につきはじめた。ここは川連《かわつら》漆器で知られる職人の町だ。大館《おおだて》・久保を中心として、漆器の店や工房が二百軒ほどある、という。中世以来の木地屋の活動が産み落とした、都市ないし都市的な場(マチ)であった。木地屋の本貫《ほんがん》の地とされる近江の君《きみ》ケ畑《はた》・蛭谷《ひるたに》に残る氏子《うじこ》狩《がり》帳に拠るかぎり、この稲川町の大館と大川目《おおかわめ》山が木地屋の分布の北限である。実際には、氏子狩から洩れた、それゆえ、君ケ畑・蛭谷の支配のしたに入らなかった木地屋たちは存在し、さらに北方の、たとえば北秋田や津軽地方にまで木地屋の分布はみられた。

川連の木地や漆器の歴史はたいへん古く、七百年の伝統と称されている。いくつかの伝承が語られている。言い伝えによれば、平泉の奥州藤原氏のもとにいた京都系の木地屋の一部が、川連城主・小野寺道則の招きでやって来たのが、川連の木地業のはじまりであるという。あるいは、源頼朝の藤原氏追討によって敗走した武将とともに、木地屋も出羽・越後に難を逃れ、その一部が稲川町の東福寺山に拠り、それら落人たちが木地挽《ひ》きを川連に伝えた、ともいう。史料的に確認されるのは近世以降であるが、椀師や五《ご》

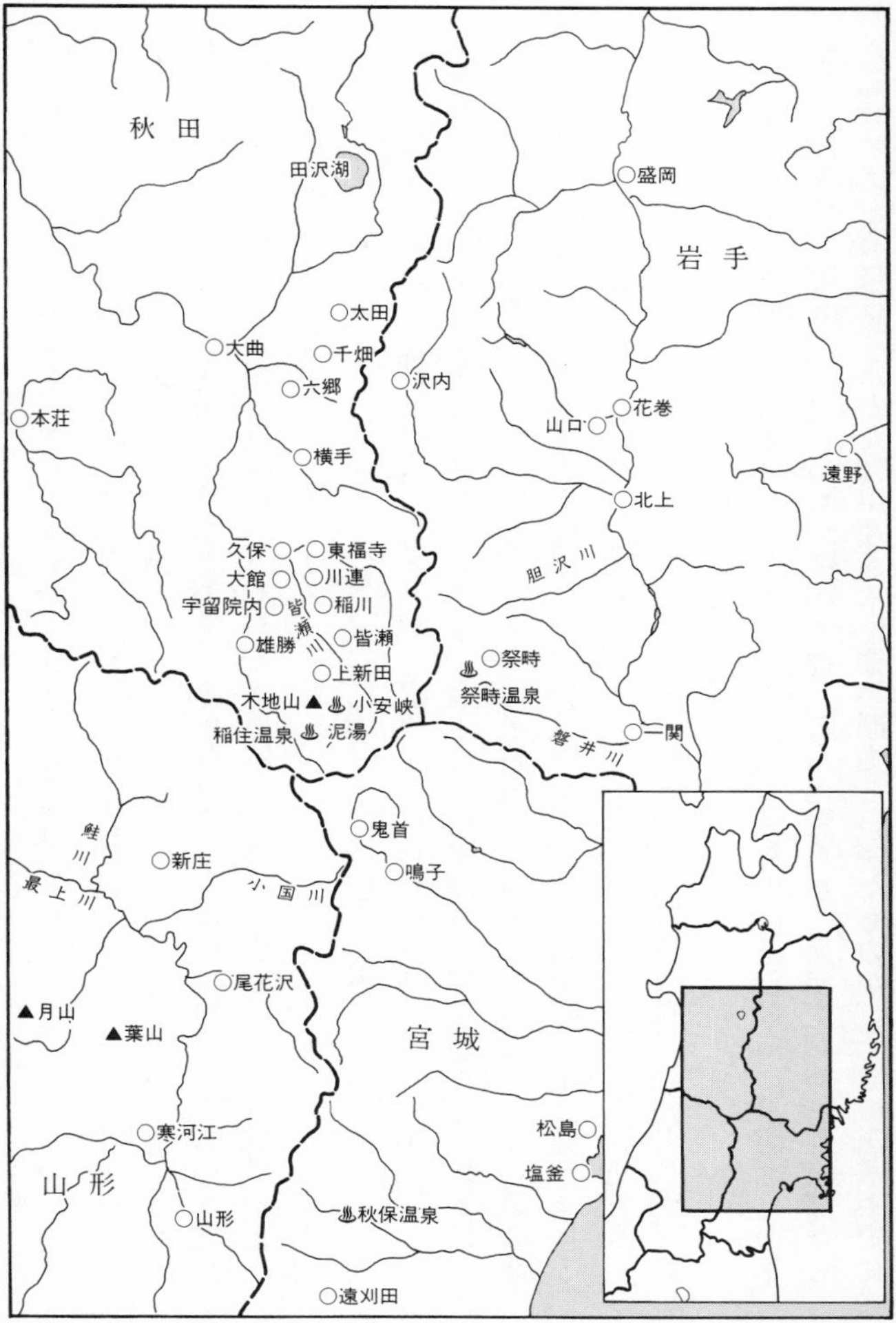

秋田
田沢湖
盛岡
岩手
太田
大曲
千畑
沢内
六郷
本荘
花巻
山口
遠野
横手
北上
久保
東福寺
大館
川連
胆沢川
宇留院内
皆瀬川
稲川
雄勝
皆瀬
祭時
上新田
祭時温泉
木地山
小安峡
稲住温泉
泥湯
一関
磐井川
鬼首
鮭川
新庄
鳴子
最上川
小国川
尾花沢
月山
葉山
宮城
松島
寒河江
塩釜
山形
山形
秋保温泉
遠刈田

器師《きし》と呼ばれた、川連の木地屋の歴史の古さは十分に偲ばれるはずだ。

関心を惹かれるのは、川連の木地屋たちが近江系の木地屋とは系譜を異にする人々であったらしいことだ。蛭谷の氏子狩帳に大館村が登場するのは、文政十(一八二七)年であり、それ以前には近江系の木地屋との交渉の形跡はみられない。おそらくこの地方では、近江の君ケ畑・蛭谷とは関わりをもたぬ木地屋の一群が、すくなくとも近世初頭から独自の活動をおこなっていたのである。

東北の木地屋のメッカは会津である。会津地方の木地屋の歴史は、天正十八(一五九〇)年の蒲生氏郷《がもううじさと》の入部にはじまるといわれるが、それ以前にも別の系統の木地屋の活動はあったようだ。しかし、近世になると、会津の木地屋は君ケ畑と蛭谷の支配下に入り、会津地方は東北一円においてもっとも木地業の盛んな地域となった。この会津の北を限る山々を境として、異質な木地屋の世界が拡がっていたことを、橋本鉄男が指摘している(「君ヶ畑と東北の氏子狩」)。川連の椀師・五器師たちはまさに、そうした近江から信州、そして会津へと連なる君ケ畑・蛭谷系の木地屋とは別系統の職人集団として、この地に独自の歴史を織りあげていたのである。

橋本が三十年も前に提言していたように、君ケ畑・蛭谷の氏子狩以前の、東北への木地屋の移住史、そして、いくつもの系統を違える木地屋たちの交渉史が辿られねばならない。そのためには、たとえば川連の木地業の歴史といったものが、土地の伝承や史料によって具体的にあきらかにされ、それが丹念に積み重ねられてゆく必要がある。稲川町役場でコピーさせてもらった資料のなかに、伊藤雅義という郷土史家の手になる論考が含まれていた。川連で椀屋を営むかたわら、精力的に川連漆器の歴史の掘り起こしにつとめた人であるが、すでに亡くなられたという。あとに残された仕事はたいへん貴重なものであり、これから川連の内／外にある人々によって継承されてゆかねばなるまい。そうした大切な仕事が、東北のそこかしこに光を当てられることもないままに埋もれている。

その伊藤と江田絹子の共著になる『川連の木地業と羽後の木地山』によって、この地方の木地屋の歴史は、およその輪郭があきらかにされている。発行は昭和四十二年、私家版らしき小さな本である。会津の漆器業との比較が数ヵ所でなされている。

川連の椀師は、家内の一貫作業で椀製作のすべての工程をこなし、みずから販売も手掛けた。寛政期（一七八九〜一八〇一）には椀師が増加し、分業－請負制がしだいに広まり、問屋の台頭が見られたが、椀師に経済力さえあれば製作・販売は自由であった。藩の保護と規制のもとに、問屋制が発達し、山中の木地屋／町中の塗師《ぬりし》／藩公認の問屋というかたちの分業が進んでいた会津の漆器業とは、大きな違いが見いだされる。川連の周辺の山々にも、すでに文政年間には、近江系の渡り木地師が漂移・形成した木地山はあったが、かれらとの交渉は時代的に遅れる。渡り木地師と川連の漆器業との関係についてのも、会津の場合とはかなりの違いがあったということだ。漆器の町としての成り立ちそれ自体が異なることが、そうした差異を生んでいると考えられる。

川連漆器の起源譚にはいくつかあるが、奥州藤原氏の滅亡とともに流れてきた、京都系の木地屋を想定する点では一致する。それら落人が隠れ里としたのは、川連の西方の東福寺山であると伝えられてきた。伊藤雅義が伝承の真偽を確かめるために試みたフィールド調査の記録が、「東福寺木地山跡地探訪」(一九六四年)として残されている。ブナの原生林深く、舎人沢《とねりさわ》という古い地名を持つ山中の平場からは、ブナ製の椀や杓子《しゃくし》のかけら、墓碑らしき大石などが掘り起こされたという。伝承の一端はそうして確認された。近江系の渡り木地師とは異なった、おそらくは京都系の木地屋たちが、東福寺山近辺の山々に居を占め、木地業を営み、それがやがて川連漆器の源流をなしていったのだろうか。

木地屋という問題

皆瀬《みなせ》村に入る頃から、路面が雪をかぶりはじめ、しだいに厚くなった。三月半ばである。道路の雪はしばらく溶けていたが、昨日からまた積もったらしい。あとで宿の仲居さんに聞いた。しかし、四駆のスタッドレス・タイヤがやわらかい雪に喰いこんで、走りは安定している。木地山の小椋《おぐら》久太郎さんの工房を訪ねたいと思っていた。

一昨年の秋、男鹿《おが》半島へ向かう途中、木地山に立ち寄ったことがあった。泥湯《どろゆ》まで足を伸ばし、湯につかった。この泥湯に近い工房で、小椋さんがこけしの顔の描彩をするのを見学させてもらった。近江木地師の流れを汲む職人芸のこけし作りを、ぼんやり眺めた。ほっそりした面立ちの、シラカバの木のこけしをひとつ買い求めた。あらためてゆっくり訪ねたいと思いながら、三十分ほどで工房を辞した。

再訪の旅となるはずであった。しかし、迂闊《うかつ》にも、東京育ちのわたしには秋田の冬が実感できていなかった。木地山への道は分厚い雪でふさがれ、閉鎖されていた。呆気なくも旅の第一の目的は潰《つい》え去った。わたしはそのまま車を走らせ、小安峡《こやすきょう》の温泉宿に入った。稲川町役場でもらった資料のコピーと、『皆瀬村史』の「木地山こけし」の項を読むことにした。

小椋久太郎さんの作る木地山こけしは、ほっそりした面立ちと黒い大きな前髪、なめらかな肩の線、どっしりと量感あふれる胴、そして、家紋の梅鉢《うめばち》紋によったものといわれる梅花模様の前垂れなどを特徴とする。みちのくの村里に生きる娘たちの姿が、とても素朴に写し取られている気がする。こうした典型的な木地山こけしは、久太郎さんの父・久四郎さんの代にできあがった。木地山こけしは代表的な伝統こけしのひとつに数えられているが、その歴史は意外にも浅い。

皆瀬木地山には現在、小椋久太郎家が一軒残るだけだが、かつては三軒の小椋一族が木地業を営んでいた。明治維新に際して、それまで御綸旨《ごりんじ》をもって自由な伐木を許されてきた周辺の山林が、国有林として囲い込まれたために、特権を失った小椋一族は相次いで木地山を降り、大館に移住した。大館が木地山の分家隠居地の観をなしていたが、いつしかその関係は逆転した、という。

『川連漆器の歴史』(著者・発行年次は不明)によれば、川連近辺の山々の木地屋には三つの流れがある。土着系・信州系・南部系であるが、その関係は錯綜している。信州系と南部系の木地屋たちは、良材をもとめて、大川目山・宇留《うる》院内《いんない》・上新田下の台・高和山・皆瀬木地山など近隣の山々を漂移しながら、しだいに合流していったらしい。大家族制による集団的な木地屋生活が営まれた。主家を中心として、周辺の山中に簡素な木地小屋を建て、ブナなどの木を伐採し木地を作った。川連の椀師が、これら渡り木地屋から木地の供給を受けるようになったのは、弘化・嘉永の頃(一八四〇年代)からであることが、史料的には確認される。

小椋一族はこのうちの信州系木地屋に含まれる。小椋家の先祖は近江小椋庄を本貫の地として、その漂移の足跡は飛騨・会津・鳴子《なるこ》・鬼首《おにこうべ》などを経て、皆瀬村まで辿ることができる。近江を出自とする木地屋の正統の証ともいうべき御綸旨写しの正本を所蔵するのは、東北でわずか三ヵ所といわれるが、皆瀬村の小椋家はそのひとつである(橋本鉄男・前掲論文)。この地においては、初代の初右衛門から五代を数え、小椋久太郎さんにいたる。現在の木地山には大正十(一九二二)年頃に移ってきた、という。初代から四代の久四郎さんまでは、木地屋の本業である椀・木鉢・柄杓《ひしゃく》、また、こけし・こま・盆・だるま・ずぐり・針刺しなどを作っていたが、久四郎さんの代には、本格的にこけし作りを手掛けるようになった。こけし専業への転身は、昭和十年頃からのことで、久太郎さんは以来こけし職人として身を立ててきた。

それにしても、皆瀬木地山に拠った小椋一族の歴史には、まさに漂泊の山民としての面影が色濃く透けてみえる。木地屋は山中に小屋を掛け、周辺の山の木地に適した樹木を伐り尽くすと、あらたに良材をもとめてほかの山に居を移すことをつねとする人々であった。そうした居を移すことを「飛《とび》」と称したが、木地屋と「飛」とは分かちがたく一体のものであった。それゆえに、木地屋は漂移＝「飛」の民としての貌を持つ。東北一円に拡がる木地屋の漂移の跡を辿る作業をつうじて、中世から近世にいたる東北の歴史の隠された一面があきらかにされるはずだ。

ところで、中川重年《しげとし》の「ブナ帯における木地屋の世界」(『ブナ帯文化』所収)によれば、近畿・中国・四国・九州のほぼ全域において、ブナ林の分布と木地屋の集落は一致しているという。木地屋が利用した樹木は、主にブナ帯に生えるブナ・トチノキ・クリなどであった。他方、中部以北ことに東北地方にあっては、ブナ林が木地屋集落の分布よりもはるかに広い。近世以降の木地屋の移住は、西日本から原料となるブナ林の多い東北地方へとマクロ的な移動がおこなわれた、と想像される。そして、東北のなかでも北上山地などに、木地屋の分布の比較的にうすい地域がある。中川はその背景として、その地域が古くから馬の放牧が盛んで、山に火入れをしたために生じた草原が拡がっていたこと、また、内陸性の気候がブナの生育に適していなかったことなどを指摘している。

これとは対照的に、奥羽山脈に沿った一帯がとりわけ、木地屋とその後身であるこけし職人の分布密度が濃い地域であることもまた、たいへん関心を惹かれるところだ。木地屋をめぐる問題をフィルターとして、北上山地／奥羽山脈、さらには東北の太平洋側／日本海側のはざまに横たわる、社会・文化的な異／同が浮き彫りになる可能性といったものも考えられる。木地屋という問題はやはり、たんなる好事家《こうずか》的な閉ざされたものではなく、東北の歴史に思いがけぬ角度から挿入された異相の風景だったのである。

木地屋の移住史とはいわば、縄文時代から数千年にわたって、東北の民と森とのあいだに培《つちか》われてきた共生の歴史にたいする、異物にも似た風景のひと齣であったのかもしれない。むろん、木地屋たちはけっしてブナ林の皆伐はしない。必要最小限の木だけを選んで伐採し、ときには植林もおこなったという。木地屋もまた、ブナの森と共生する山の民であったわけだ。それはしかし、あきらかに縄文以来の狩猟・採集の民と森との関係とは異質な原理につらぬかれた、もうひとつの文化の様式である。

中川によれば、アジアの諸地域において、ロクロを回す木地屋たちは、二次林の樹木を素材として木器を作る。アジアの木地屋は照葉樹林帯に属している、といえるだろうか。ブナ帯の自然林を利用する日本の渡り木地屋は、それゆえ、むしろ例外的な存在であるらしい。ここからも、興味深い問題が拓かれてゆく予感はあるが、それを展開するだけの力も余裕もない。

こけし起源譚をめぐって

近代の訪れとともに、中世以来の木地屋たちの漂移の歴史は終熄のときを迎えた。木地屋は惟喬親王《これたかしんのう》にまつわる貴種流離譚を携え、いわゆる御綸旨の威光に守られながら、山林伐木の自由をみずからの職掌にかかわる特権として保持してきた、渡り筋の集団であった。諸国の山林が国有林の名のもとに囲い込まれてゆくなかで、木地屋はいつしか、漂移＝「飛」をつねとする生活形態を放棄せざるをえない状況へと追いつめられる。こけし職人という貌は、そうした生業の場を近代国家によって奪われた木地屋たちが、追いつめられた末に択びとった仮の姿であった。

こけしの具体的な発生の年代や背景といったものは、多くの謎に包まれている。とはいえ、こけしそれ自体の起源は近世にまで遡ることが可能だ。こけしの発生のためには、ロクロを回して玩具類を創る技術をもった木地屋がいること、それを商うための湯治場などの市場があること、こけしの原材となる樹木の豊富な山を控えていること、などの条件が必要だろう。こけしの古い生産地として知られる土湯《つちゆ》・弥治郎《やじろう》・遠刈田《とおがった》・鳴子が、いずれも奥羽山脈の山あいの温泉地であり、交通の要衝でもあったことは、むろん偶然ではない。

むしろ、ここで幾重にも興味をそそられるのは、なぜ関東以北、ことに東北地方にこけしの発生がみられたかという問題である。端的にいって、こけしは東北に固有の玩具であるが、その発生については無文字の闇に埋もれており、定かではない。たしかに木地屋がこけし製作に携わった、それは疑いのない事実である。しかし、木地屋のロクロ技術をもってこけしが誕生したとは、ただちには言いがたい。こけし以前を射程に収めながら、こけしの発生をめぐる問いの結ぼれをほどいてゆく必要がある。

こけしは東北全域にあって、三十数種の方言名称をもって呼ばれてきた、という。コゲス・ボコ・デコ・キナキナと、大きくは四系統に分けられる。呼称の地域ごとの多様さに対応するごとく、こけしの起源伝承にも地域的なヴァリエーションが多い。大別して、玩具起源説と信仰起源説の二つがある。後者の信仰起源説には、木偶《でく》転化説、オシラ神信仰にかかわるとする説、東北のホウコ信仰に起因するという説、性的信仰にかかわるとみなす説などがある(『伝統こけしとみちのくの旅』)。これらの信仰起源説は、木地屋の関与以前を多かれ少なかれ想定していると考えてよい。

杉本壽の『木地師と木形子』には、いくつかのこけし起源譚が拾われている。たとえば、鳴子こけしは頭を振ってキイキイと可憐に泣くが、天保の飢饉のときに失った愛児たちの姿を偲んで作られたものだ、という伝承をもつ。「子どもを消す」にちなんで芥子《け》子《し》となり、木形子《こけし》(子消し)に転訛したものだともいう。赤子の間引《まび》きにからめた子消し説は、広く俗説として知られるところだ。

宮城の弥治郎では、こけしをキボコ(木の坊や)と呼んできた。こけしは古代の埴輪にも似て、人の死に際して棺の内に納められたものだといわれる。また、娘たちの将来に幸多きことを願い、親が湯治場で二つのこけしを買い求め、ひとつを娘の身代わりとして川に流し棄て、災難除けにしたものだともいう。あるいは、福島の土湯温泉には、湯神建立の折に二歳になる幼子を人柱とした伝説がある。それゆえ、二歳の子どもがはじめて湯に入るときには、まずこけしを湯神に供えて安全を祈らねば夜泣きをするとされ、親たちがこぞって奉納するのだという。

福島の岳《だけ》温泉や山形の上ノ山《かみのやま》温泉などにも、弥治郎や土湯とよく似た伝承が残されている。宮城の秋保《あきう》温泉では、その昔、藩主が二本のこけしを作らせ、頭の頂きに朱で乙の字を書き、一本は子どもの厄を負わせて川に流し、もう一本は虫除けとして玩具にさせたところ、その子がよく育って後世に名を成したことから、世間一般にこの風習が広まったという。これらの伝承からは、身代わり人形、つまり形代《かたしろ》としてのこけしの姿が鮮やかに浮かびあがるはずだ。

こけしの前身とみられてきたものに、津軽の山の神の祠に納められるサンスケ(山中三助)の木偶がある。マタギ・杣人《そまびと》ら山の民が、山入りのときに持参したものだが、十二という数にたいする禁忌とのからみで、サンスケもまた身代わり人形の貌を帯びているのである。この津軽のサンスケに似たものは、わたし自身も山形の戸沢村で見たことがあり、東北の山の神信仰に底流する習俗であろう。木地屋は山の神にたいする篤い信仰を持ち、かれらの村の氏神は東北では山の神が多いことを、橋本鉄男が指摘している。こけしの発生と山の神信仰との関わりは、十分に検証に値するテーマであると思う。

あるいは、こけしとオシラサマの関係が、民俗学の領域ではとりわけ注目されてきた。柳田はオシラ神信仰への木地屋の関与を示唆的に語った。たしかに、十六世紀後半の天正・慶長の記銘年号を刻まれたオシラサマのなかには、ロクロを用いて作った精巧なものがある(『オシラサマ』一戸町教育委員会)。しかし、それがただちに、オシラサマからこけしへの展開の道筋をあきらかにしてくれるわけではない。わたしはむしろ、オシラサマと山の神信仰とのあいだにも、見えない繋がりの糸が秘められている可能性を想定している。

いずれであれ、こけしの起源の風景のなかには、東北に固有に見いだされるオシラ神信仰や山の神信仰が姿を覗かせる。木地屋という南からの技術・文化が東北の地に足を踏み入れたとき、やがて、こけし誕生の運命が定まった。南の技術／北の信仰、いわば異文化の接触の小さな忘れ形見のように、こけしはのちの世に遺されたともいえるだろうか。さらに、木地屋とこけしのある風景の底に、もうひとつの東北を掘る旅を続けねばならないと思う。

15　たちのぼる煙の下に、山の人生が転がっていた

ある炭焼きの人生

平庭高原に着いたのは昼過ぎだった。盛岡市内から、岩手町、葛巻《くずまき》町を経て、山形村の入り口にあたる平庭高原までは、車で二時間あまりの距離である。北上山地の北のはずれ、岩手と青森が境を接する地方が、ようやくわたしの関心の射程に入りはじめた。奥羽山脈と北上山地、その、それぞれの山間部や山麓に拡がっている縄文以来の暮らしのかたちを、肌に触れながら実感してみたい。過剰にすぎる欲望であることは、むろん承知しているが、あたらしい東北像を創りあげるためには不可欠な仕事であると感じている。

平庭高原は一面の白樺の樹林に覆われている。その白樺の森のなかに立つと、奇妙に心が騒ぎ立つのはなぜだろうか。たとえばそれは、ブナの森の混沌《こんとん》とした奥の深さとは

まるで異質な、どこまでも人工的な匂いに包まれている。なめらかな表層だけの白の世界は、たしかに美しい、しかし、息苦しい。ここもかつて、ブナの森が拡がっていたのだろうか。とはいえ、同じブナ属ではあれ、奥羽山脈のブナ林とは異なる表情をしていたはずだ。森を見る眼を少しずつ鍛えてゆきたい、とあらためて思う。

山形村荷軽部《にかるべ》の、戸数がわずかに五戸の集落・木藤古へと向かった。木藤古は雑穀と炭焼きの村である。ほんの偶然から、わたしはこの村を知り、「バッタリー村」の名を掲げて、あらたな村の再生に賭ける木藤古徳一郎さんに出会った。聞き書きをしたいと思いながら、なかなか取りかかれずにきた。山形を拠点としていても、木藤古はやはり遠い。

木藤古さんの父・徳太郎さんの話を伺いたいと、ひそかに考えていた。しかし、まるで自信はなかった。幾度か木藤古を訪ね、顔を合わせたことがあるにもかかわらず、わたしはじつは、徳太郎さんとほとんど言葉を交わしたことがなかった。山から間伐材を運び降ろし、炭を焼き、小屋を作り、ただ黙々と働く姿を見ていただけだった。寡黙な東北人を絵に描いたような人だと、勝手に思い込んでいた。しかし、八十七歳になる木藤古徳太郎さんは意外にも、驚くほど豊かな語り部だった。記憶のひとつひとつが、細部にわたって鮮明で、むしろ饒舌《じょうぜつ》なほどにみずからの人生を語ってくれた。思えば、わたしは「寡黙な東北人」などに会ったためしがない。相手と場を択ぶ、そして、必要がなければ喋らない、ただそれだけのことなのだ。

もの静かな、陰影に富んだ語りだった。三時間あまり、徳太郎さんはまるで疲れも見せず語りつづけた。北上山地の麓の村に生を享《う》け、八十七年間の歳月をその地に刻みつけてきた一人の男の、まさに山の人生が、淡々と紡ぎ出されてゆく。またひとつ、わたしは小さな歴史に出会った。

徳太郎さんは明治四十年、木藤古に生まれた。父・丈助は安政五年の生まれ、炭焼き・桶屋・木挽《こびき》のかたわら、わずかな畑を耕す百姓であった。徳太郎さんは六キロ離れた荷軽部の尋常小学校に、九歳から通い、卒業したときには十六歳だった。その十六歳の春、小太郎という近くの山中にはじめて窯《かま》を作った。幅十尺、長さ十二尺の窯である。みずからの炭焼きとしての人生の起点に築かれた、七十年前のはじめての窯のことを、徳太郎さんはよく覚えているという。

だれかの指導を受けたわけではない。伊保内《いぼない》の商人の焼子《やきこ》としての独立した仕事だった。すべては見よう見まねだった。冬休みに山の居小屋《いごや》に泊まって、父の炭焼きを手伝ったことはある。だから、窯の作り方や炭を焼く手順は知っていた。窯にはちょっとした工夫を凝らしてみた。焼いた炭はカヤとヒゴで編んだ俵に詰めて出荷する。一俵につき四貫の炭が四十五俵できた。父親は徳太郎さんの初仕事をとても喜んでくれた。

十八歳のときには、北海道の西海岸の漁村・鬼鹿《おにしか》でニシン船に乗った。山形村に募集人がやって来た。契約金を七十円もらい、北海道に渡った。彼岸の中日から網下ろしがはじまった。産卵のために陸に寄ってくるニシンを捕る建て網が、沖合いに並んだ。大漁の日が続いた。大釜を焚いて油を取り、かすは肥料やエサにする。一人の分担が一日に十五釜だった。重労働ではあるが、シケの日を除けば、海の仕事も面白かった。三ヵ月、およそ百日間働いて、帰るときには五百八十円の金を手にした。歩合制だった。徳太郎さんは働きがよかったらしい。

兵役に従ったのは昭和二年、数えで二十二歳のときだった。弘前の歩兵三十一連隊に入営した。ふつうは二年間だが、青年訓練を受けていたので一年半に短縮された。村に戻ると、また炭焼きをした。二十七歳の頃には、ソ連領のカムチャツカにあるサケやベニザケの冷凍工場で働いた。六月から盆過ぎまでの仕事だった。寒かった。陽が落ちても、空がすっかり暗くならない土地だった。徳太郎さんは木挽の腕を買われて、もっぱら船をはぐ(作る)仕事をした。楽な作業だった。船のしたで居眠りしていて、繋ぎの漆が体に掛かりひどい目に遭ったことがある、そう言って、徳太郎さんは楽しそうに笑った。

わたしはそのとき、ふっと小林多喜二の小説『蟹工船』を思い浮かべた。驚いたことに、蟹工船に乗った友人もいたという。この北岩手の村にも募集人が来たのである。金はよかったが、船の水が悪かったのか、帰ってから心臓カッケで若死にした者が、荷軽部だけでも五人いた。心臓カッケがどんな病気なのかは知らない。ただ、蟹工船の悲惨が眼前のできごととして転がっていたことに、不思議な感慨を覚えた。

昭和十二年六月、召集を受け、弘前の歩兵三十一連隊に入った。ひと月後、盧溝橋《ろこうきょう》の衝突から日華事変がはじまると、中国北部の前線に送られた。足かけ四年間、一歩兵として北支《ほくし》の前線にいた。日本軍がいまだ優勢な時期であった。あとから召集された人たちのような、つらい体験はしていない、と徳太郎さんは言う。昭和十五年二月に帰国した。ちょうど同じ頃に、満州開拓移民として、家族を挙げて大陸に渡った人々の聞き書きをしたことがある。その惨《むご》たらしい死者満つる情景が、しきりに頭を掠めた。

木藤古に帰った徳太郎さんは、炭を焼く暮らしに戻った。九戸《くのへ》村雪屋のマンガン鉱でも働いた。それから、山形村の人に誘われて、下閉伊《しもへい》郡有芸《うげい》村の鼠入《そいり》に炭を焼きに行った。畑を隣人に貸して、歩合で現物を送ってもらう約束を交わし、家族を引き連れて山奥の集落に入った。徳太郎さんは大勢の焼子を束ね、山師として働いた。焼子は七十人ほどいた。子どものいる焼子も多く、分教場ができた。この時代がおそらく、徳太郎さんの炭焼きとしての全盛期であったにちがいない。

ふたたび召集令状を受け取ったのは、昭和二十年六月だった。鼠入に家族を残したまま、弘前に向かった。引き上げてくる家族は、岩泉《いわいずみ》で空襲に遭った。野辺地《のへじ》の駅で、三沢に上陸してくる米軍を想定した陣地構築をしていたある日、玉音《ぎょくおん》放送を聞いた。たくさんの人が駅に集まり、聞き取りにくい天皇の声に耳を傾けた。大騒ぎになった。兵器の解除などを済ませて帰郷したのは、敗戦の日から三週間を経た九月初めであった。

すぐに炭焼きを再開した。百姓もしたが、畑は五、六反歩しかなかった。そこで、翌年から田畑の開墾をはじめた。田んぼを七反歩、畑を一町歩あまりに増やした。牛も五、六頭飼った。畑では、主に稗・粟・大豆などを作ったが、焼畑はやったことがない、という。米は自給できる程度の収穫であり、炭焼きと雑穀農耕による暮らしが、それから半世紀近く営まれてきたことになる。

戦後は炭の値段が下がった。石油やガスの普及が追い討ちをかけ、しだいに炭の需要が減った。昭和三十年代の後半には、しばらく出稼ぎにも出た。東京の地下鉄工事や、神奈川・山梨のゴルフ場造りなどをした。いわゆる高度経済成長期がはじまった頃である。東北の、いや列島の村々が根こそぎに壊れてゆく時期でもあった。徳太郎さんが東京の周辺で地下鉄やゴルフ場を造っている頃、故郷の村々には過疎化の波が押し寄せ、それに歯止めを掛けようとする山村の近代化の動きが、逆に、いっそうの村の解体を促していった。

昭和四十年代になると、炭を焼く人は激減した。少ない需要に見合うだけの数の炭焼きが残った。徳太郎さんは近辺の山で炭を焼いた。農協に集めて、東京方面に出荷する。もはや山奥に居小屋を作って炭焼きをし、背負って下の道まで降ろし、牛の背や馬車・

ソリに乗せて町場へ運ぶ時代ではない。最近は、道路ぶちに窯を作り、車で往復するようになった、そう、徳太郎さんは淡々と喋った。炭焼きの風景も大きく変わった。それだけが抱きしめるべき、山の暮らしの現実である。

雪国の春の底に

小さな村の、ひとつの小さな人生に宿された、とても小さな歴史である。しかし、そこには確実に、大きな歴史の断片が数も知れず秘められている。小さな歴史の裏側から、大きな歴史の影を炙《あぶ》り出しのように浮かびあがらせる、そんな聞き書きの方法、しかも九〇年代のいま／ここでこそ可能な方法を模索してゆかねばならない。

柳田の『山の人生』が好きだった。が、この本にはじつは、山に暮らす人々の生のかたちはまるで描かれていない。ここにはひとかけらの山の人生もない、ということだ。それはあくまで、山人論の挫折を色濃く刻印された、かぎりないロマンの書である。失われてゆく山の霊威に向けての哀惜と、その結晶である、山人という名の先住異族の幻の末裔たちにたいする憧憬……。だからこそ、山人論の挫折は避けがたいものであった。近代の山人は一個の幻影にすぎない。そうして山人への訣れをひそかに果たした柳田は、山人の背後にあったアイヌとその文化をも祀り棄てながら、やがて稲と常民と家が三位一体をなす日本文化論＝「民俗学」の体系化へと向かった。『山の人生』に向けての訣れを果たさねばならない時期に来ている、と思う。

その転換点に配されたのが『雪国の春』であった。稲を携えた人々の、南から北へと連なる中世の移民史が追憶の物語として紡がれる蔭で、縄文以来の東北はみごとに隠蔽され、視界の彼方に逐われた。東北の地から、無数の山の人生を掘り起こし、稲作の周縁ないし外部にあった東北の常民たちの姿を追憶としてではなく、現在の事実として語りつづけたいと思う。『雪国の春』との戦いが、もうひとつの東北へ到るための、とりあえずの課題であることを、幾度でも再確認しておかねばならない。しかもそれが同時に『山の人生』を浸していた、隠された辺境へのロマン主義との戦いともなることを、わたしはいま自覚しつつある。

徳太郎さんの聞き書きの翌日、わたしは山形村の川井に住む、長内《おさない》三蔵さんという郷土史家を訪ねた。再訪である。長内さんの数十年間にわたる収集の成果で埋もれた、私設の資料館を覗かせてもらったときの驚きは、忘れがたいものだ。山形村に埋もれた旧石器、縄文の遺物から、現代の民具まで、三千点以上の貴重な収集品が、所狭しと並んでいる様はある種の壮観だった。今回はゆっくりお話を伺いたいと思った。

農作業から帰ったばかりの長内さんに迎えられた。収集品を前にして、しばし話が弾んだ。最近、川井の旧家で発見したものだという「山神祭文」を見せてもらった。その旧家には、樹齢七百年のタチビャクシンがあり、山の神やマイリの仏の掛け軸が伝えられてきた。平仮名と漢字混じりの文体であるが、修験のあきらかな影が感じられた。その分析はいま、岩手県立博物館の矢萩昭二さんが取り組んでいるところだ、という。

山形村にはオシラサマを祀る家はないのか。それは、あらかじめ用意していた質問のひとつだった。これまでの資料や研究のなかには、山形村のオシラサマの報告がみられない。オシラ神信仰の、いわば空白地帯であった。しかし、長内さんの話によれば、山形村には約二十軒のオシラサマを祀る家があり、その神像の数は全部で四十八体になるという。旧家、それも本家筋に多い。包頭型がほとんどで、眼の神や家・一族の守り神として祀られている。元禄六(一六九三)年の銘のあるオシラサマが古い。馬と娘の婚姻譚は聞いたことがない。製鉄遺跡の多いところに、オシラサマを祀る家が多いのはなぜか、そう、長内さんは興味深い問いを発した。鉄を叩く台をオシラサマとして祀る家もある、という。ともあれ、山形村がオシラ神信仰の空白地帯でないことだけはあきらかとなった。

ところで、県博の矢萩さんが編集・執筆した『山人　その生業と伝承』には、山形村関の、タタラ遺跡として知られる「六郎平」のことが見える。この六郎＝ロクロは轆轤を意味するのではないか、という。木地屋・木地谷《きじや》姓の家が何軒かあり、木地業との関わりはあきらかでないが、木地挽きの道具は残っているらしい。この木地谷姓の家について、長内さんに訊ねた。関ではなく、そこからさらに山奥に入った小国《おぐに》に数軒ある、という。

電話帳を取出し、長内さんが捜してくれる。山形村には現在、六軒の木地谷姓の家がある。本村の川井に四軒、小国には二軒あった。そのうち、小国の一軒が総本家で、ほかはその家からの分かれであるが、葛巻から来た人々だという。長内さんは以前に、川井の旧家で、神の手向《たむ》け盆として使われていた菊紋の木地の盆を見つけたことがあった。金箔が剝げて、埃まみれのまま投げ出されてあった直径二十五センチほどの盆は、いま長内さんの手元にある。かつての木地屋の活動のかすかな痕跡であろうか。次の機会には、ぜひ長内さんとともに、小国の木地谷家を訪ねてみたいと思う。

木地屋の移住史へ

今回の旅の起点もまた遠野だった。思いがけず、遠野こけしに遭遇した。常川新太郎の名を刻まれた、そのこけしは、とても素朴で古風な形態を留めるこけしだった。木地屋の影がやはり遠野にもあった。近江の君ケ畑・蛭谷の氏子狩が届かなかった岩手地方に、点々と、木地屋の活動の跡が残されている。わたしは翌日、木地屋の移住の軌跡を訪ねて、山形村から、さらに北の浄法寺《じょうぼうじ》町へと車を走らせることになった。

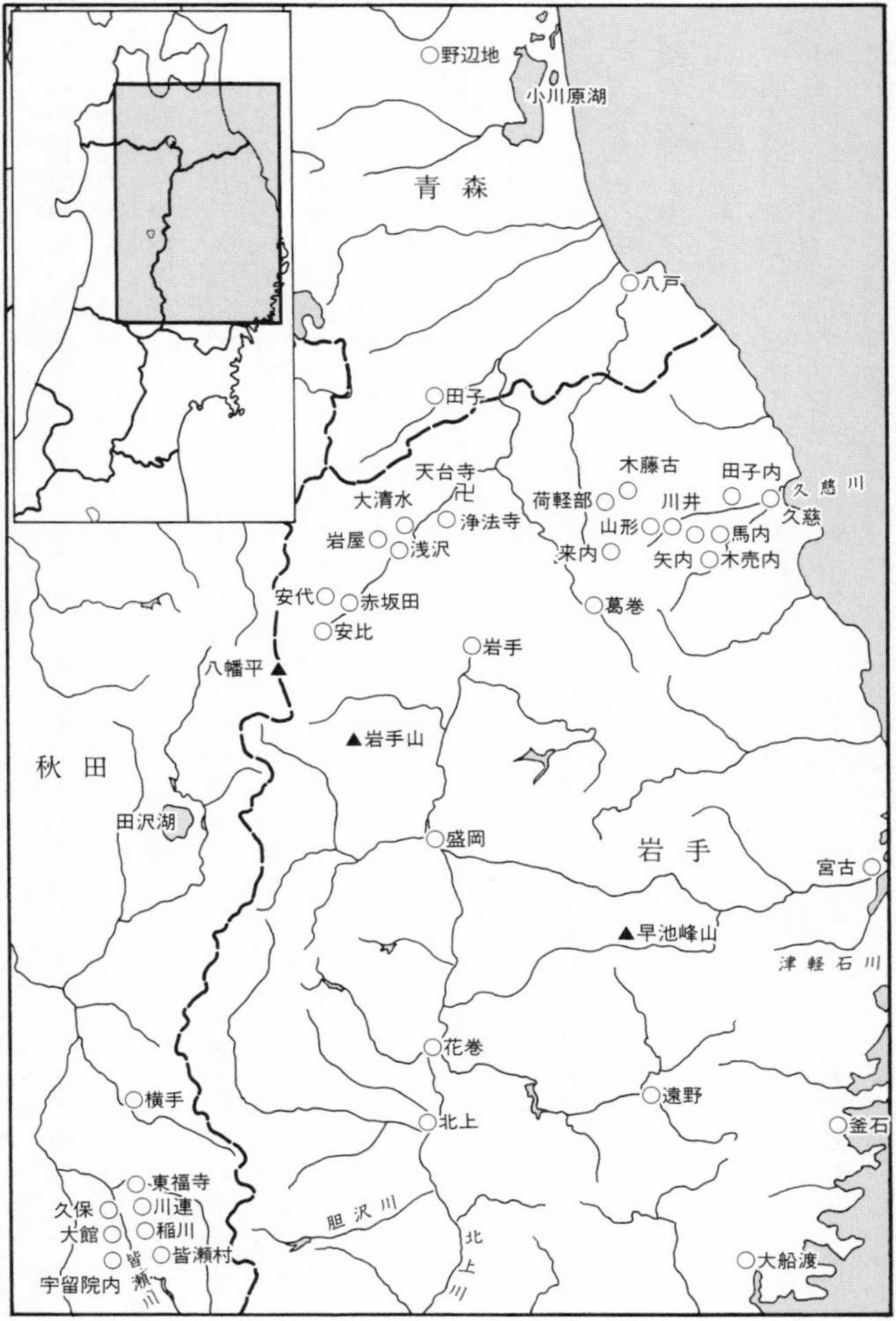

野辺地
小川原湖
青森
八戸
田子
天台寺
大清水
浄法寺
岩屋
浅沢
安代
赤坂田
安比
木藤古
田子内
久慈川
荷軽部
川井
久慈
山形
馬内
来内
矢内
木売内
葛巻
岩手
八幡平
岩手山
秋田
田沢湖
盛岡
岩手
宮古
早池峰山
津軽石川
花巻
遠野
横手
北上
釜石
東福寺
久保
川連
大館
稲川
皆瀬村
皆瀬川
宇留院内
胆沢川
北上川
大船渡

八戸自動車道の浄法寺インターを降りると、そのまま天台寺に向かった。境内はのどやかな春の陽射しに包まれ、人影も疎らだった。明治維新の廃仏毀釈と、戦後の霊木伐採を経て、無惨に荒れ果てた天台寺はいま、ようやく復興の兆《きざ》しを見せはじめている。埋もれた歴史を掘る作業が続けられている。天台寺はかつて、古代国家の版図の北辺をかぎる「守護国界の寺」(高橋富雄)として栄え、また、その信仰の原点ともいうべき桂清水は、糠部《ぬかのぶ》地方の民衆によって霊地として崇められてきたという。行基作と伝えられる本尊の聖観音《しょうかんのん》立像を拝んだ。横縞模様のノミ跡を残した素木《しらき》の鉈彫《なたぼり》仏は、たしかに鄙の味わいが深い魅力的な仏像であった。

御山御器《おやまごき》や浄法寺椀などと称されてきた、浄法寺町の漆器は、この天台寺の衆坊が伝習して膳や器を作り、例祭の折に境内で参拝者に販売したのがはじまりであるという。それがやがて、浄法寺町・安比《あっぴ》町にかけての安比川流域で、木地屋や塗師によって生産・販売されるようになったらしい(『安代の民俗』岩手県立博物館)。とはいえ、浄法寺漆器の起源・由来については、史料が乏しく、伝承レヴェルの推測の域を出ない。ただ、この地方が木地屋の活動のたいへん盛んな土地であったことは確認される。

興味深いことに、安比川上流の安代《あしろ》町赤坂田を中心とする荒沢に木地屋、中流の安代町浅沢に塗師、そして、下流の浄法寺町大清水に生漆《きうるし》を採る掻子《かきこ》が、それぞれに集中的に分布する、特異な村落形成がみられた。近世においては、こうした分業体制のもとに、浅沢五郷を主産地として作られた漆器類は、浄法寺の漆器商人の手で広く販売された。しだいに分業体制は崩れ、木地屋・塗師・掻子の数も減少していった。天台寺の衆坊に起源をもとめる伝承にたいしては、懐疑的な見方もあるようだ(『漆掻き漆塗師の生活習俗』岩手県教育委員会)。

君ケ畑・蛭谷の氏子狩帳には、この地方の木地屋は登場しない。しかし、近世の初めには、すでに木地屋の盛んな活動はみられた。浄法寺町松岡には、御器《ご き》畑《はた》・御器《ご き》穴《あな》なる地名が残り、南部藩によって御用木地師が置かれた地であるという。十八世紀半ばの史料には、浄法寺御器は二百年来の産物なり、とみえる。承応《じょうおう》・明暦《めいれき》の時期(一六五二〜五八)の史料からは、浄法寺の木地屋がその姿をはっきりと現わす。寛文《かんぶん》年間(一六六一〜七三)には、浄法寺の松岡に左衛門四郎という者があって、藩命によって木地屋をつとめた。その後裔は、いまも安代町荒沢の赤坂田に住み、木地業に関する古い縁起や証文を持ち伝えている(佐藤源八「南部二戸郡浅沢郷土史料」)。

その縁起は、まさに諸国の木地屋が携えてきた典型的な惟喬親王伝説である。君ケ畑の高松御所・金龍寺が発行元になっている。氏子狩には名を留めぬ、この地方の木地屋集団ははたして、いつの時代に君ケ畑の由緒書を手に入れ、近江系の木地屋となったのか。はじめて史料に現われる寛文の頃か、それ以前の中世末期であったか、あるいは、はるかに後代のことであったか、それを確かめる術はとりあえずはない。土地の伝承として、天正年間(一五七三〜九二)の九戸の乱の征討に参加した蒲生氏郷が、この地方に漆工をともなない漆器の製作を伝えたのが、会津の系譜を引く浄法寺塗の起源であると語られていることにも、関心を惹かれる。真偽のほどは知らず、ここにも近江系の木地屋の影が射している。むろん、会津は近江系木地屋の東北における一大拠点であった。

木地屋という問題の一端には触れることができた。山形村小国の木地谷姓の家は葛巻から来た、という。いかなる漂移の歴史が埋もれているのか。安比川流域に拠った一群の木地屋・塗師たちとの関わりは、たやすく想像されるところだ。次に山形村を訪ねるときには、いくらかの手掛かりが得られるだろう。遠野こけしの源流もまた、ある程度は確認できるにちがいない。

はるかな中世から近世にかけての時代、ブナの森に分け入り、良材をもとめて列島の山から山へと漂移の旅を続けてきた木地屋たち。木地屋はひたすら北をめざした。その漂移の旅の北限に近く、岩手と青森が境する浄法寺や安代があり、秋田の川連や皆瀬木地山があった。木地屋の移住史が解き明かされるとき、東北の隠された重層する歴史、その異相の風景のひと齣が鮮やかに浮かびあがることだろう。それはまた、柳田の語った、懐かしい中世の移民史の一隅を照らし出す試みともなるはずだ。

そういえば、柳田は『史料としての伝説』のなかで、同じ漂泊の生活でも、木地屋の場合は傀儡《くぐつ》師や箕直しとはまるで習性を異にしていたことを指摘していた。そうかもしれない。が、わたしはいま、東北の箕作り・箕直しの人々の跡を追いながら、ひそかに箕作りの移住史へと想いを馳せつつある。北上山地の北麓に連なる地方にも、箕作りの人々の暮らす村はあった。山形村にも箕作りの徒はやって来た。病いに罹《かか》った人々が荒れ地を拓き、箕作りの技術を覚え、それを古くからのなりわいとしてきた、そんな村がある、と徳太郎さんは語った。伝承である。あきらかな物語のよじれと結ぼれが感じられる。箕作りの移住史、に深く眼を凝らさねばならない。

16　なめとこ山の夜、熊たちの祭りがはじまる

小国の熊祭りを訪ねて

前の晩は、米沢の白布《しらぶ》温泉に泊まった。この日は北上して飯豊《いいで》町に出てから、国道一一三号を西へ向かう。かつて難所越えで知られた小国《おぐに》街道も、いまでは道路が整備され、冬季の通行も可能になった。小国町を訪ねるのははじめてである。小玉川《こたまがわ》でおこなわれる熊祭りを見にゆこうと決めたのは、ほんの一週間ほど前のことだった。小国出身の建築家・本間利雄さんの案内をいただけることになった。

数十里にわたって険しい山が並びたち、谷間ごとに山賊の小屋などが見えて、樹の間うち煙る景色は、言わんかたなく面白い……、古川古松軒《こしょうけん》の『東遊雑記《とうゆうざっき》』の一節である。天明八(一七八八)年、幕府巡見使の随員として東北各地を歩いた折に、古松軒は小国町を訪れている。そのときの小国の見聞のなかに山賊の小屋なる記述が見える。山棲みの

人々の粗末な家々を遠望しての感想であろうが、都からの訪れ人の眼に、山深い小国の里が異次元《アナザー・ワールド》の世界と映ったことだけはたしかに窺える。

むろん、それから二世紀あまりが過ぎた現在の小国には、そうした閉ざされた山村の雰囲気はない。小国はむしろ豊かな土地ですよ、そう、本間さんは言った。辺境の村のイメージを裏切られて、がっかりするのではないか、そんな気遣いが感じられた。九〇年代の東北の村々には、小国とかぎらず、みちのくや辺土の地の面影は稀薄だ、よく承知している。何が変わり、何が失われたのか、変貌を遂げた村はどこへ行こうとしているのか。過去へのノスタルジーではない、明日への可能性を見据えながら、時間《とき》の水底《みなそこ》に埋もれてゆく伝承や習俗や技術を掘り起こす作業こそが、いま・ここで必要なのだ。

新潟との県境に近く、左に折れる。小玉川の奥の熊祭りの会場に着くと、思いがけず多くの人でごった返していた。それでも、昨夜からの雨のお蔭で例年より人出が少ない、とあとで聞いた。熊祭りは町の観光行事のひとつとして、毎年五月の連休に催されているものである。巻狩《まきが》りの模擬実演が、渓流をはさんだ、向かいの雪が消え残る山の斜面でおこなわれた。それから、十二山の神の旗が立ち、熊の毛皮が張られた祭場で、熊祭りがはじまった。以前は、片貝《かたかい》にある不動院の法印が熊祭りを主宰していたが、数年前に亡くなり、いまは若い神官が代行を務めている。古い小国マタギの狩猟儀礼の面影が、どの程度残されているのか、判断はむずかしい。

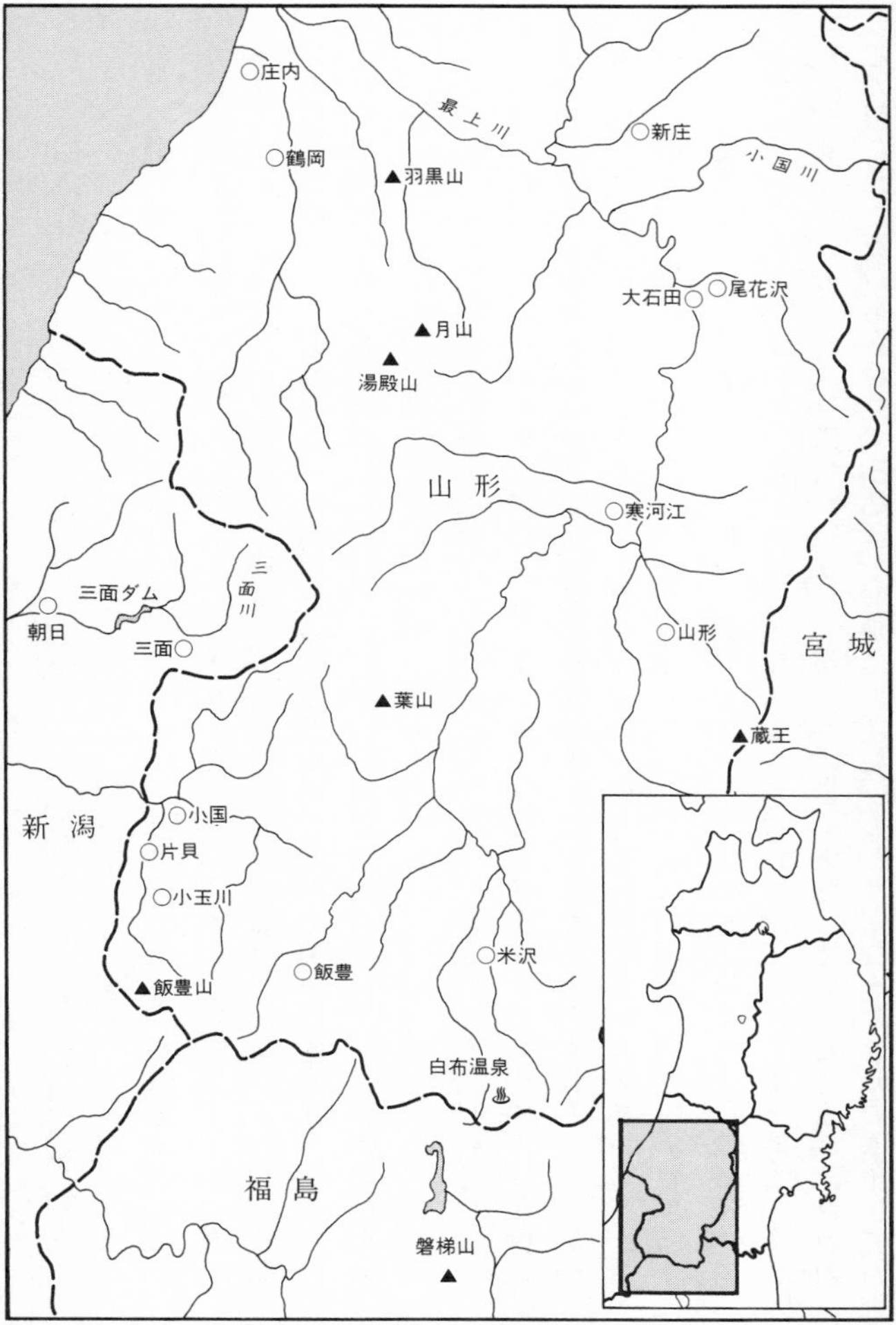

庄内
最上川
新庄
鶴岡
羽黒山
小国川
大石田
尾花沢
月山
湯殿山
山形
寒河江
三面川
三面ダム
朝日
三面
山形
宮城
葉山
蔵王
新潟
小国
片貝
小玉川
米沢
飯豊
飯豊山
白布温泉
福島
磐梯山

『こたまがわ』(小国町立小玉川小・中学校編)という本の熊狩りの項によれば、熊狩り(しやま)の季節が終わり、大猟のあった年に熊祭りの行事がおこなわれた。マタギたちの手で祭場がつくられると、お湯立て式がはじまる。五色の梵天《ぼんてん》と大きな湯沸かしの鍋がかけられ、四隅には笹所が立てられ、注連縄が張り巡らされる。水垢離《みずごり》をとった若いマタギが二人、火焚き男として、注連縄を襷《たすき》にかけてお湯を煮立たせる。その間、法印はご祈禱を捧げる。それから、法印は笹の葉の湯立てをもって湯をかき混ぜ、清水にもどし、その湯しぶきをマタギたちに振りかける。山の安全と大猟、そして熊の冥福を祈り、マタギの健康を山の神に願うのが熊祭りである、という。

これがどこまで熊祭りの核心を押さえた記述であるのか、たしかに不安は残る。留保のうえで、注目したい点がいくつかある。第一に、熊祭りを主宰するのがマタギ集団の長《おさ》に当たる者ではなく、法印とよばれる修験者であったことだ。それがはたして、いつの時代からのことかは知らず、そこにマタギ集団の内なる狩猟儀礼からのある逸脱がみられることは、やはり否定しがたいのではないか。第二には、祭りの核をなすのが湯立て神事であるらしいことだ。そこには、熊狩りにかかわる狩猟儀礼としての意義や内容が、まったく盛り込まれていない。法印の手に委ねられた段階で、マタギと熊とのあいだに交わされる直接的な交流の時空から、祭りが大きく離脱していったことが想像される。限られた資料をもってする乱暴な推測にすぎないことは、むろん十分に承知している。

この熊祭りとは別に、熊が射止められたときに山中でおこなわれた山の神迎えの式がある、という。『こたまがわ』によれば、射止めたマタギが一同を代表して、熊の往生を願い、大猟がかなったことを山の神に感謝しつつ祈りを捧げる儀礼であった。当然ながら、その山中での儀礼には法印の関与はなく、たとえ唱え文句が修験道の影響を色濃く蒙ったものであれ、それはマタギによる狩猟儀礼であった。とはいえ、こうした不確かな推理をいくら重ねてみても、小国マタギの生きられた世界には届かない。

祭りのあとに、幾人かの現役のマタギの人たちに話を伺う機会があった。消えてゆく小国マタギの世界のほんの一端に触れながら、わたしはいずれ本格的な聞き書きをしなければならないと、軽い興奮のなかで思った。熊祭りを観光行事の一環としてはじめた頃、残酷だとか野蛮だとかの非難が寄せられた、という。マタギが熊を殺すのは生きるためであった。遊びのために殺すのではない。山の神から授けられた幸として感謝を捧げつつ、マタギたちは熊祭りを執りおこなうことで、みずからが射止めた熊の冥福を祈った。野蛮な習俗であろうはずがない。そんな程度のことすら知らぬ人々の非難である。熊祭りの意味を、小国マタギの世界の全体のなかで解き明かしてゆく必要がある。

東北のマタギとアイヌ

東北一円のマタギたちは、射止めた熊をめぐってさまざまな儀礼を実修してきた。津軽や秋田のマタギは山で熊を仕留めると、現場で皮を剝いで唱えごとをする。これをケボカヒという。神からの授かりものである熊の霊を慰め、弔う作法であった。ケボカヒの功徳《くどく》によって、殺生《せっしょう》の穢れと罪障を免れることができる、という。秋田の松木内村のマタギは、ケボカヒ作法を終えると、モチグシの作法をおこなった。これは獲物を解体したあとで、肝・首・背から肉を取り、トリキの木でつくった持串二本にそれぞれ十二片ずつを刺し、火で炙って山の神に供える儀礼であり、それから、はじめて皆で分けて喰べる。狩人が山の神を祀る狩りの作法を毛祭りと称する地方は多いが、それはケボカヒとモチグシの二つの作法が習合されたものではないかと、後藤興善《こうぜん》は『又鬼《またぎ》と山窩《さんか》』(昭和十五年)のなかで書いている。

こうした東北のマタギのケボカヒ作法とアイヌの熊祭りとの異同を問われ、金田一京助は以下のように答えたという(『又鬼と山窩』追録)。すなわち、アイヌの熊祭りは仔グマを飼って大きくし、それを最後に神の国へ送る儀式であり、手厚く送ることでクマを多く獲《と》ることができるという観念をもっておこなわれる。ケボカヒの作法とは根本的に相違する。アイヌ語で熊祭りをイ・オマンテ、あるいはケウ・オマンテというが、後者のケウは骸を意味する語であり、ケボカヒのケはこれと関係があるのではないか――と。金田一自身の真意がうまく伝わっている言葉であるのか否か、判断はむずかしい。ケボカヒとアイヌの熊祭りとの差異が指摘されながら、呼称のうえでの関わりが語られている点も、やや了解に困難を覚える。東北のケボカヒ／アイヌの熊祭りのあいだには、やはりある連続の相が横たわっているのではないか。言説のもつれが逆に、そんな想像を呼びこむ気がする。

ところで、柳田国男は昭和二十三年に刊行になった『村のすがた』の一節で、熊祭りに触れている。柳田によれば、熊の毛祭りのもっとも著名な方式は、熊の毛皮をそっくり剥いで、それをもう一度逆さに熊の身に着せることである。そうして獣の霊が満足するような儀礼を尽くせば、シャチ(幸)は永く繋がれ、あとの獲物は豊かであると信じられた。柳田はいう、すぐにアイヌの熊祭りなどを思い合わせて、種族の親近性までを説こうとする人があったが、幸いなことにこれが東北のみならず、遠く九州南部の山村にも隔絶して発見されるようになった、と。いわば、東北のマタギに伝わる熊祭りや儀礼とアイヌの熊祭りとのあいだの非連続が、ここでは説かれているのだ。柳田は続けて、ただし九州方面では熊は昔から少なく、野イノシシやシカをめぐってケボカヒなる儀礼がおこなわれてきた、と述べてはいる。しかし、このときの柳田にとっては、東北のマタギ／アイヌのそれぞれに見られる熊祭りが、ある文化的な断絶をもって把握されていたことは、想像して誤りではあるまい。

はたして、東北のマタギとアイヌとのあいだには、種族＝文化的な連続があるのか、それとも非連続なのか。マタギの山言葉には、あきらかにアイヌ語との共通性が見いだされ、マタギなる言葉も共有されている。また、狩猟用具や方法、捕獲の際の儀礼や習俗においても、多くの親近性があることが指摘されてきた。たしかに、その程度の繋りをもって、両者の種族＝文化的な連続性を語るのは危ういことかもしれない。それにしても、ここには柳田的な、北のアイヌ文化を異族の文化として捨象しつつ構築された日本文化論、その、稲の祭りと祖霊信仰を核として体系化された「民俗学」からは逸脱する、いくつもの異貌の風景が覗けている。

はるかな古代、東北の地に暮らした人々は、ヤマト王権の編んだ正史のなかでは蝦夷《えみし》と呼ばれた。農耕にはしたがわず、弓矢をもって獣を狩り、肉食をつねとしつつ、山奥深くの樹のもとに棲む人々であった、と正史は蝦夷の姿を伝えている。考古学的には、東北すでに早く、縄文後期において焼畑や畑作農耕がおこなわれていたことが想定され、東北の稲作が一部ではあれ、弥生以前にはじまっていたことも確認されている。古代蝦夷をまったくの狩猟採集民とみなすことはできない。また、アイヌの場合にも、かつて畑作農耕をおこなっていた痕跡が知られるようになり、アイヌ＝狩猟民族という手垢まみれの等式は、もはや自明には成り立ちがたいものである。

小国では狩猟をなりわいとする人々のなかに、自称としてのマタギという言葉はなかった、と聞いた。福島の会津、長野の北部、新潟、山形の一部の地方では、マタギは秋田の狩人をさす呼称で、自分たちをマタギとはいわない。山人(ヤマド・ヤマンド・ヤマビト)と呼ぶ地域が多い。それがある時代から、マタギという呼称が狩人一般の意に用いられるようになった、という。伝統的なマタギ集落として知られる新潟の朝日村三面《みおもて》などでも、マタギという自称はみられない(田口洋美『越後三面山人記』)。

その生活は狩猟とかぎらず、焼畑や稲作を含む農耕、山菜やきのこの採集、川漁、塩木や舟木作りなど、季節のめぐりに応じて、じつに多様な側面から成り立っていた。マタギつまり狩人としての貌はあくまで一部であり、それゆえ、山人《やまびと》という自称こそがかれらの暮らしの現実だったのである。狩猟の民なる先験的なイメージを、ひとたび捨ててかかるところから出立しなければならないのだ。東北のマタギについても、あるいは縄文の東北人《びと》やアイヌの人々についても、同様のことはいえる。

すでに触れたように、柳田は『村のすがた』の一節で、東北の熊祭りとアイヌの熊送り儀礼(イオマンテ)との非連続を語りつつ、同時に、九州南部などの西南日本における狩猟儀礼との連続を指摘していた。いま、後者の問題について、いくらかの検証を試みてみたい。

列島の山や森林に関して、柳田はむろん、ブナ林帯と照葉樹林帯という大きな区分があることを知らなかった。それは柳田以後の研究がもたらした、あるパラダイム変換のひとつであったわけだが、このブナ林帯／照葉樹林帯という、二つの森を舞台に狩猟をおこなってきた山の民のあいだには、無視することのできぬ生態的な差異が存在した、といわれる(以下、石川純一郎「ブナ帯におけるマタギの世界」『ブナ帯文化』所収による)。

中部地方の南部から西南日本にかけては、焼畑を含む畑作農耕にしたがいながら、冬季にはシカやイノシシの狩猟をおこなう山の生活文化が広くみられた。中部のある地域や九州南部では、シシマツリやシバマツリと称して模擬的な狩猟＝農耕儀礼をおこない、年のはじめに害獣除けと五穀豊穣とを祈願する。柳田はそこに、東北の熊祭りと共通する儀礼のかたちを見たのであるが、そうした了解にはいくらかの留保が必要である。西南日本に拡がっていたのは、照葉樹林文化の一環としての、畑作と狩猟が複合的に織りなす山の文化であった。これにたいして、東北日本における狩猟・畑作・採集を基調とする生活様式は、ブナ林を背にした、もうひとつの山の文化と称すべきものであった。

いわば、ともに狩猟を生業の一部としながらも、東北日本のブナ林に拠る「山の民」／西南日本の照葉樹林に拠る「焼畑の民」が、列島の東／西に棲み分けをしていた、といえるだろうか。その棲み分けは、狩りの獲物の違いにもはっきりと現われている。東のクマにたいして、西のイノシシであるが、このクマ／イノシシの生息分布は、みごとにブナ／シイの生育分布に重なっている。

むろん、あくまで現在の分布域を元にした話である。東北の縄文時代にはイノシシの土偶が見いだされ、イノシシも狩りの獲物のひとつであった。関東北部から福島の太平洋寄りの地域には、現在もイノシシの生息がみられる。気候変動によって、ブナ林／照葉樹林の分布が大きく移り変わってきたことも知られている。林相《りんそう》は地域差のみならず、標高の違いによっても規制されている。九州山地のなかにもブナ林はみられるし、かつてはツキノワグマが生息していた。とはいえ、すくなくとも儀礼の部分的な一致をもって両者の、つまり東北のマタギ／西南日本の狩猟民のあいだの連続を示唆した柳田の了解が、印象批評にひとしいものであったことは、否定しがたいことだ。

ブナ林帯／照葉樹林帯のそれぞれに営まれてきた、二つの山の文化は、その生活の様式や習俗・祭儀から世界観にいたるまで、異質な背景と歴史のなかに形作られてきたものではなかったか。むろん、部分的な習合の相を指摘することはたやすい。そうした二つの山の文化に共通する貌は、おそらく中世以降の山の宗教＝修験道が浸透し、覆いかぶさってゆく過程に生まれてきたものではないか、とわたし自身は想像している。これもまた、柳田の了解に負けず劣らず、実証抜きの仮説のたぐいではあるが、あえて書き留めておくことにしたい。

それでは、東北のマタギ／アイヌにみられる熊祭りにおける、連続／非連続の問題はどのように理解するべきだろうか。佐々木利和によれば、環極北《かんきょくほく》諸民族に伝わる熊送り儀礼は、大きく二つのタイプに分かたれるという(「イオマンテ攷」『大系・日本歴史と芸能』第十四巻所収)。ひとつは「イワクテまたはホプニレ型」。山で捕った熊をその場で解体して、その霊を送るものであり、大半がこのタイプに属し、東北のマタギの狩猟儀礼はこれに含まれる。もうひとつは「イオマンテ型」。山猟で捕らえた仔グマを飼育してのち、あらためて丁重に送るものであり、アイヌの熊送り＝イオマンテはそのもっとも発達した形態をもつ、という。

ここで注目されるのは、いわば、アイヌのイオマンテがさまざまな狩猟民族の熊送り儀礼のなかでも、高度の洗練に達したものであったということだ。それにたいして、東北のマタギの熊祭りは、広く一般的に見いだされる熊送り儀礼のひとつと考えられる。たんに二つの熊祭りを比較・対照して、異／同をあげつらうことは、それゆえ、あきらかに方法的な誤りである。くりかえすが、マタギの習俗のうえに、中世以降、修験道が色濃く影を落としていることも考慮されなければならない。たとえば、東北日本のブナ林帯に近年まで点在していた、いわゆるマタギの集落が、縄文以来の狩猟・採集・畑作の複合文化の変容しながらの残存であり、アイヌ文化がそれと根っこを共有しつつ、厳寒の風土への適応のなかで固有に展開を遂げていった狩猟主体の文化であった——という可能性をこそ問いたい、と思う。

なめとこ山の思想

何年ほど前の春であったか、花巻の鉛温泉《なまり》の奥へと車を走らせたことがある。宮沢賢治の「なめとこ山の熊」の舞台といわれる山々を眺めてみたかった。まだ残雪は深く、道は途中で閉ざされていた。なめとこ山は小高い山の蔭に、そのまだらに白い頭だけを覗かせていた。「なめとこ山の熊」は賢治の作品のなかでも、とりわけ深い思想性が感じられるものだ。主人公は熊捕りの名人の小十郎である。まさにブナの森に生きる一人のマタギの物語であった。

「なめとこ山の熊」の後半部に、大きな熊が小十郎に二年間の助命を乞い願う場面がある。おれも死ぬのはもうかまわないようなもんだけれども、少しし残した仕事もあるし、ただ二年だけ待ってくれ、二年目には、おれもおまえの家の前でちゃんと死んでいてやるから、そう、熊は言って、歩き去る。二年目の夏、その熊は約束通りに、小十郎の家の垣根の下に血を吐いて倒れている。この印象深い挿話は、どうも津軽マタギに伝わるジョウゾクの伝承をゆるい下敷きにしているのではないか、という気がしている。

こんな伝承である。数百年の昔、岩木川の上流の川原平に、ジョウゾクというマタギの名人がいた。暗門《あんもん》の滝の大熊を捕ろうと、ジョウゾクは二匹の犬を連れて出かけてゆく。七度まで追うが、どうしても捕れない。その夜、暗門の滝の熊が訪ねてくる。まだおまえに殺される自分ではない、タテを置いて話を聞いてけろ、自分はいま、暗門・岩木山・八甲田山など、津軽の七山に七匹ずつ子を産んで分家しようと考えている、あと三年かかるが、どうかそれまでマタギをやめてけろ、と熊は言う。ジョウゾクがマタギをやめて三年が過ぎ、その終わりの日に、約束にたがわず熊はやって来て、明日は自分を捕りに来てけろ、自分が死んだあとにはこういう作法で、この唱えごとで呪《まじな》ってけろ、と頼んだ(後藤興善『又鬼と山窩』による)。

結局、ジョウゾクは嫉妬した妻が山へついて来たために、熊を捕ることに失敗する。熊がマタギの名人に助命を願い、約束を守ってやって来るという物語のモチーフは、あきらかに共通である。なめとこ山の熊のやり残した仕事とは、子どもを産むことではなかったか。ジョウゾク伝承では、孕み熊の捕獲と女人禁制という二つのタブーが語られているが、「なめとこ山の熊」にはこの主題がみられない。なめとこ山の熊は、小十郎の前に身を投げ出して死んでしまう。賢治がジョウゾク伝承を念頭に置いて、この場面を造型したのか否かは、たいした問題ではない。しかし、賢治がどの程度に深く、東北のマタギに関する知識を持っていたのかは、気に掛かるところだ。

「なめとこ山の熊」について語るだれもが触れる、最後の場面は、まるで裏返された熊送りの光景である。雪と月の明かりに照らされた山のうえの平地《ひらち》に、殺された小十郎を囲んで、環《わ》になり、回々《フイフイ》教徒が祈るようにひれ伏してじっと動かない、黒い大きなものたち。むろん熊たちの影だ。この場面に、人間と自然をめぐって織りあげられた賢治の思想が、ある凝縮された姿をもって沈められていることは疑いない。それを明確な言葉において語るだけの力は、残念ながら、いまのわたしにはない。殺す／殺される関係を底に秘めながら、いわば敵対的な共生のなかに結ばれてきた人と自然との交わりの風景の一端が、もはや熊を殺しても熊の胆しか有用なものと認められぬ、商品経済の波に洗われた近代のマタギの姿を通して描かれていると、とりあえずは読みの輪郭を押さえておこう。

それにしても、賢治は東北の思想である。あるいは、東北という思想の可能性といってもよい。ポストモダンと称されるごとき底の知れた観念の戯れによっては、けっして捕捉しえぬ、賢治のいる東北を語りたい。賢治のいる東北を糧《かて》としながら、東北の思想へといたる道行きを辿りたい、と願う。たとえば、賢治の詩「原体剣舞連」を、思いがけぬ視座から読み抜いてみせた、中路正恒の論考「『ひとつのいのち』考」（『人類の創造へ』所収）を浮かべている。

「打つも果てるもひとつのいのち」という、「原体剣舞連」の末尾に語られた思想とは、いったい何か。それはたぶん、あらゆる生命《いのち》は根源においてひとつであるが、それが現実の生においては別々のかたちを取って対立している。だから、根源の一性を恢復し、この世の葛藤や対立からの救済を見いださねばならない――といった、方位や水準において読まれてきた。中路はそうした、現在では「アニミズム」なるマヤカシの装いをもって登場してくるはずの思想に、否《ノン》を突きつける。天と地を結ぶ宇宙のリズムのなかで、本質的に多数である生命たちが、同じ時の流れを経験する、それが喜びであり、歓喜であり、救済である、そう、賢治のこの詩は語ろうとしていたのだ、と中路は言う。賢治の東北からの思想への、すぐれた垂鉛がそこにひとつ降ろされたことを、喜びたいと思う。

殺す／殺される関係をギリギリの場所で引き受けること、そこから自己／他者や人／自然のあいだの差異を消去するのではなく、あくまでそれとして認めながら、敵対的な共生のかたちとして、その来たるべきイメージを紡ぎだしてゆくこと。賢治はその可能性の糧であり、種子である。中路の言葉を借りれば、生の本質的な多数性の喜びにみちた承認と肯定において、賢治の思想を読み抜いてゆくことだ。そんな、いまだ見いだされざる賢治の東北からの思想が、やがてくっきりと像を結んでゆくだろう。

断章　呟きの声、とりあえずの終わりに

宛て先のない手紙

お元気ですか、……やはり、そう、この宛て先のない手紙を書きはじめることにします。君がいま、どこで、どんな暮らしをしているのか、いや、生きているのかすら、わたしには確かめることができません。もどかしさに駆られながら、しかし、君はたぶん元気に生きているはずだという予感が、わたしにはあります。同時に、君はもはや詩人であることをやめてしまったのではないかと、さだかな理由もなく確信しています。砂漠の商人になることなどけっしてできそうにはない、こんな時代に、詩人であることをやめるなんて、ひどく時代錯誤な選択だと思いながら、どこかで、それ以外にはない君らしい選択だという気もしています。

ちょうど三年前の初夏であったか、君が祖父のつけてくれた笑史《えみし》という名前について

話した、あの晩のことを、いまでも時折思い出します。思えば、あれが君と会った最後になってしまったのですね。半年あまりのちには、わたしのほうが東北に拠点を移しました。そして、東京と東北とのあいだを往ったり来たりする、それも、一年間のおよそ半分はどこか東北の旅空のしたにいるような生活が、ようやく体に馴染《なじ》んできた頃、君の故郷に近いある町のビジネスホテルから、不意に思い立って電話をかけました。その番号は使われていなかった、すでに君は東京から姿を消していたのです。

さほど多くもない共通の知人に電話をかけました。君の失踪を知らなかったわたしは、みなに呆れられましたが、だれ一人、君がいつアパートを引き払ったのか、正確には答えることができませんでした。ひっそりと、いかにも君らしいやり方で、身を隠すようにいなくなったのですね。東京にはいないよ、だれもが判で押したようにそう言ったけれど、それが根拠のない確信であることはあきらかでした。にもかかわらず、わたしもまた、君は東京にはいないとたしかに感じたのです。君はともあれ、みごとに東京という街から痕跡を消した、それだけが確実なことでした。

さて、どこにいるとも知れぬ君への手紙を書こうという思いつきは、まったく唐突なものです。はじまりの旅のとりあえずの終わりに当たって、ほかならぬ君に向けて手紙を書くなどとは予期していなかったけれど、それ以外の方法が見つかりません。この旅のつれづれの記録にたいする君からの批評の言葉を期待できない以上、それは所詮、一方的な語りかけの手紙になることは避けられません。おそらく、君はわたしの相も変わらぬ感傷的な文体に辟易《へきえき》しながら、どこかでこのエッセイを読んでくれるのではないかと思います。たとえそうでなくとも、第一の読者となるべきは、やはり君です。宛て先のない君への手紙で、とりあえずの締め括りをしたいと思います。

稲の呪縛からの解放

東北に拠点の半ばを移して以来、三年近くのあいだ、もうひとつの東北を掘る旅を続けてきました。ささやかにすぎる、はじまりの旅です。そのはじまりの旅の中途にして、これまでの旅の軌跡を辿る気には残念ながらなれません。旅は少しかたちを変えて、さらに継続します。ですから、ここでは初志の確認といった程度のことしかできそうにありません。

忘れられた、もうひとつの東北を掘る、それは固有なる思想の場所としての東北へと到る道行きです。すくなくとも、わたしはそう信じています。その道行きはたしかに遠い、しかし、かぎりなく魅力的です。東北という思想の場所を摑みたい、その漠然とした欲望は、しだいに強度を増し、みずからの輪郭をくっきり浮き彫りにしつつある気がします。東北はわたしにとって、欲望の渦巻く可能性の大地です。

北から／南からの、民族や文化や歴史が出会う境の市場、それが東北です。東北には寒暖二種の潮流の遭遇から生じた霧が、いたるところに立ち籠めています。その視界をさえぎる霧の向こうから、いくつもの東北を起ち上がらせることです。東北を揺らぎとカオスのなかに投げ込みたいのです。これまで語られてきた東北の多くは、南から眺めた東北、それゆえ辺境＝みちのくとしての東北でした。それをまず壊さねばならない、そして、東北は南の他者からあたえられる呼称でなく、みずからの呼称を獲得しなければならない、と思うのです。

たとえば、東北の地をひたすら歩きつづけながら、わたしはあらためて柳田の東北論、ことに『雪国の春』という追憶の物語との全面的な対決が避けられない、と感じています。『雪国の春』はそこかしこで、中世のなつかしい移民史を語りました。東北に生きてある人々にたいして、北日本の兄弟たちよ、と熱いメッセージをこめて呼びかけます。中世以来、稲を携えて北へ、北へと移住をくりかえしてきた南の日本人の岐《わか》れ、それがいま東北に暮らす人々である、そう、柳田は考えたのです。『雪国の春』は経世済民の人である柳田にとっては、疑いもなく東北救済の書でありました。疲弊《ひへい》し貧困にあえぐ遅れた東北を、稲とその信仰に仲立ちされながら、いわば瑞穂の国の一部として抱き込むことで救いとる、それが『雪国の春』の隠された企てでした。この柳田の東北論はしかし、すでに破綻しています。

れていたのですが、考古学的に確認されています。

東北の稲作は弥生時代にさしかかる頃にははじまっていたことが、考古学的に確認されています。青森県の垂柳《たれやなぎ》遺跡や砂沢《すなざわ》遺跡といった東北北部の遺跡から、水田跡が発見されているのですが、これは弥生時代のかなり早い時期のものといわれます。古代の東北の民である蝦夷《えみし》は、西南日本の稲の民とさほど変わらぬ人々であったと考える〈蝦夷＝日本人説〉は、ここに重要な根拠を見いだしてきました。稲作の有無が日本人であるか否かのリトマス試験紙として、無意識に呪的な力を発揮するのです。柳田を呪縛していた稲作中心史観と同じ匂いが、濃密に感じられます。近世よりこの方、東北の人々は稲作をもって日本人になろうと格闘してきました。その、近世・近代の歴史がそのままに古代に投影されて、古代の東北が瑞穂の国の一端に連なることになった、とはいえないでしょうか。

柳田のいう、中世以来の千数百年の移民史は幻影でした。それでは、古代のなつかしい移民史はあったのか、と問いかけてみます。柳田にとっては、稲の移動はそのままに人の移動、民族の移動でもありました。ところが、どうやら稲の民の大規模な移住の跡といったものは想定されていないらしいのです。水田遺構の発見はただちに、そこに稲作主体の生活が営まれていたことを意味するわけではありません。たとえば、垂柳人はその石器や土器のあり方から推して、狩猟に従事していたといわれます。おそらくは、縄文以来の狩猟・採集・畑作の基盤のうえに、稲作はあたらしい生産の技術として受容されたのです。しかも、東北北部の稲作はそのまま定着したのではなく、四、五世紀の段階になるとすっかり衰え、途絶えてしまったことが確認されています。稲作はひとたび宮城県あたりまで退いたのです。それから数世紀後に、あらためて稲作が北東北に復活しました。こうした稲作の盛衰は、どうやら民族の移動とは関わりがなさそうです。気候変動の結果と考えられています。

稲作の有無によって、蝦夷が日本人であったか否かを判別することは、不可能であると知られます。むしろ、そこでの日本人とは何かが問われることでしょう。日本人＝稲の民という等式を壊す必要があるのです。そうでなければ、どれほど懐かしく、北日本の兄弟たちよ、と呼びかけられたところで、東北は依然として遅れた辺境にとどまります。縄文以来の数千年、いや一万年におよぶ東北の歴史は、先住の異民族の歴史なき歴史として捨て置かれたままです。縄文の東北人／稲作以降の東北人が、人種的ないし民族的にまったく断絶しているならば、問題はいま少し簡単になります。柳田のように、稲作以降に東北の歴史は始まった、と考えればよいわけです。稲作以前、そして稲作以外は、あくまで日本人の外なる歴史として別立てに論じればいいのですから。しかし、どうやら事情はそれほど単純ではありません。

古代の東北の民つまり蝦夷は、稲作は受容しましたが、南から移住してきた稲の民＝日本人ではなかったからです。縄文以来、東北の地にあって、狩猟・採集・畑作をなりわいとしてきた人々でした。人種や民族における差異については措くとしても、すくなくとも柳田的な意味での日本人ではありませんでした。柳田にとって、日本人とは稲作を携えて島伝いに列島に渡来した人々であり、その末裔です。蝦夷はそのかぎりで日本人ではないのです。

しかし、日本人を単一民族とみなすまなざしの呪力から解かれて、列島の歴史を眺めてみれば、そこに拡がっているのは、複数の種族＝文化が絶えざる雑種と交配をくりかえしてきた姿そのものです。柳田は列島に複数の民族が流れ込んでいることは認めながら、その文化的な雑種性を認めることを頑《かたく》なに拒みました。そこに、柳田民俗学の成立にまつわる暗黙の前提が横たわっていたからです。東北に見いだされる異相の風景のすべてを、日本人に固有の文化の地域的な偏差を孕んだヴァリエーションと位置づけることで、柳田民俗学は誕生したのです。『雪国の春』はいわば、東北に加えられた根源的な暴力の一撃だった、とわたしは思います。

いずれであれ、北から／南からの人と文化の流れの交錯のなかに、あたらしい東北像を模索してゆく必要があります。東北の文化の微細な襞々には、固有の時間的かつ空間的なねじれの相が隠されています。そうした東北の地に重層的に埋もれている文化と歴史を掘り起こし、丹念に読みほどいてゆくことが、この列島に堆積する縄文以来の、現在に繋がってくる歴史をあきらかにするための重要な鍵になるでしょう。

ひとつの種族／ひとつの習俗

蝦夷はアイヌではない、日本人であるとみなす〈蝦夷＝日本人説〉は、昭和に入ってから徐々に唱えられるようになり、戦後になって広く普及したものだといいます。江戸時代に新井白石などが唱えて以来、むしろ〈蝦夷＝アイヌ説〉のほうが一般的な了解とされてきました。柳田とその『雪国の春』などは、まさにこの〈蝦夷＝アイヌ説〉のうえに立つものでした。古代東北の蝦夷と、中世以降の稲を携えた移住者である日本人とのあいだに、太い切断線を引き、柳田は東北のいまを稲作の色に染め上げようとしたのです。その意味では、柳田は逆に、〈蝦夷＝日本人説〉のほうに心情的には近い立場にあったといえるかもしれません。東北を稲作に繋げることで、ある救済の回路が設定されていたと思われるからです。その避けがたい結果として、東北の現在を救いとるのと引き換えに、東北の過去が抹殺されました。

くりかえしになりますが、そうした稲の呪縛からの解放こそが必要なのだと、わたしは考えます。瑞穂の国という幻想、稲を作るのが日本人であるという先入観を、まず壊したいのです。稲作中心史観に囚われているかぎり、日本および日本人の歴史はいつまでも、弥生以降の二千年あまりの時間の内側に封じ込められつづけるのです。ことに、縄文以来の狩猟・採集・畑作、そして稲作を含む複合的な生業のかたちが普通に営まれていた、東北の北部や山間の地域には、稲作中心史観によっては救われぬ現実がありました。そうした稲作との関わりが薄い地方に、いわば稲作以前の、古層の日本文化が豊かに残されてきたことに注目しなければならないと思うのです。

東北は縄文時代の後期には、列島の文化的な先進地域であった、としばしば語られます。人口のかなりの部分が、東北を中心とした東日本に集まっていました。縄文の東北はブナの森を背にして、たいへん豊かだったのです。ブナの森には、クマ・イノシシ・シカなどの獣が多く棲み、木の実・山菜・きのこなどの山の幸にも恵まれ、川を遡上してくるサケ・マスも豊富でした。西南日本の照葉樹林に比べて、東北日本のブナ林ははるかに食料資源において豊かだったのです。そうした縄文の伝統を引き継いだ生活様式が、稲作を受容してからも、根強く東北には残されてきました。それを東北の文化的な後進性とみなすまなざしこそが、稲作中心史観に緊縛された偏見なのです。

それぞれの土地には、それぞれの風土的な条件に根ざした暮らしがあり、生業があります。価値において優劣などつけようがないにもかかわらず、この瑞穂の国・日本では、古代律令制が租税の体系の中心に稲を据えて以来、稲つまりコメが特権的な座を占めてきました。ほかの稗・粟・キビなどには雑穀の名があたえられました。稲作コンプレックスは社会の深部にまで根を降ろしています。稲作には不適な東北北部や山深い地方は、それゆえ、瑞穂の国の辺境というイメージを負わされる宿命にあったのです。都からの地理的な遠隔性だけが、未開のみちのくという東北像を作りあげてきたわけではないのです。

近代になって、東北は国家の政策にしたがって日本の穀倉地帯となりました。気候風土を無視した稲作への転換が、熱病のように東北の全体を覆い尽くしました。それがどれほど東北の農民たちに犠牲を強いてきたことか、近代の東北が見舞われつづけてきた冷害と凶作の歴史をみれば、あまりにあきらかなことです。西南日本では、近代の初めにすでに飢饉の歴史から解放されていたのです。一九九三年の東北の凶作は、東北の稲作がどれほど危うい風土の自然に反したものであるかを、惨たらしくも突きつけた事件《できごと》だったと、わたしは思っています。

さて、唐突ですが、ここで〈蝦夷＝アイヌ説〉の可能性を問いかけてみたいのです。東北の古代蝦夷の文化には、南から伝わった要素と、北に繋がる要素とが交配されていたことが確認されています。稲作を受容した東北、ことにその北部が同時に、北海道の縄文文化とそれ以降のいくつかの段階の文化とのあいだに、強い共通性を有していたことを、無視するわけにはいきません。津軽海峡は二つの異なる種族＝文化を隔てる境界線ではなく、東北北部の文化と、のちにアイヌ文化を生み出すことになる北海道の文化とのあいだには、色濃く連続性が見いだされるのです。

そして、アイヌ民族の由来に関しても、近年の考古学や人類学の研究は以下のようなことをあきらかにしています。すなわち、北海道の縄文文化の担い手がしだいに、続《ぞく》縄文や擦《さつ》文《もん》文化の段階を経てアイヌ文化へと移行していったのであり、そこには民族的な断絶や交代といった事実はみられない、ということです。アイヌという種族＝文化は、東北北部の縄文文化や蝦夷と呼ばれた人々の文化と地続きであったのです（工藤雅樹『古代の蝦夷』）。

アイヌは狩猟民族であると一般に考えられていますが、その前身である擦文文化が、むしろ雑穀農耕的な性格を強く持っていたことも知られるようになりました。アイヌの人々は和人によって農耕を奪われた可能性がある、ともいわれています。アイヌは稲の民としての日本人からすれば異族かもしれませんが、古代蝦夷にとっても同様に、異族であったかといえば、いささか疑わしいのです。狩猟・採集そして雑穀的な農耕を生業とする点においても、むしろ連続する側面が強いと思われます。アイヌが固有の種族＝文化を形成する中世以前には、北海道と東北北部とが共通の文化圏にあったということは、幾重にも示唆的なことではないでしょうか。

たとえば、柳田は昭和三、四年を境にして、日本文化／アイヌ文化のあいだに厳しい切断線を引きました。東北に残る地名や信仰・習俗にたいして、アイヌ文化がなんらかの影響をあたえた可能性を、ひとつひとつ否定してゆきました。そうして果たされたアイヌ文化の祀り棄ての作業は、まったく徹底したものでした。その柳田がしかし、ついに切断線を引くことにいくらかの躊躇《ためらい》を見せたものが、たったひとつありました。花とイナウをめぐる問題です。

昭和二十二年の論考「花とイナウ」のなかには、花／イナウについて、「二つの種族における一つの習俗」であると語る柳田がいました。花とは古くは削り掛けと称されましたが、御幣・ミテグラ・シデ・ヌサ・手草《たくさ》などもひとしく、祭りの庭に神霊の依り代として立てられる木、つまり花の一種です。アイヌはそれをイナウと呼びます。イナウは花に、花はイナウにあまりに似ているのです。

柳田は以下のように、この論考の末尾に書いています。なんとも奇妙な物言いだとは思いませんか。タクサという言葉がアイヌ語にはある、といいます。

タクサは手草であつて、今は古典にしか伝はつてをらぬが、本来はやはり祭の木、即ちミテグラのことであつた。これが測らずもアイヌの中に存するのを見ると、彼我の交通の年久しく、かつ互に内部の生活まで、理解しあつてゐたことが想像せられ、たとへやうもないなつかしさを感ずるのであるが、なほ私たちはかういふ相似のために、一方の信仰が他の信仰の一部までも、置き換へたものとは解することができないのである。

不思議な柳田の屈折ぶりが覗けています。たぶん、この結ぼれを解《ほど》くためにはただ、花／イナウが「一つの種族における一つの習俗」であることを認めさえすればよかったのです。しかし、むろんそれは、柳田の「民俗学」にとっては、けっして認めることのできぬ現実ではありました。アイヌは稲の民ではないのです。そのアイヌと「一つの種族における一つの習俗」を共有することは、柳田の「民俗学」の前提を突き崩すことでありました。稲の民と狩猟の民とが祭りの木を共有する光景を前にして、晩年に近い柳田は揺れています。この花／イナウをめぐる問題は、おそらく柳田民俗学の根幹を揺るがすものであったはずですが、柳田以後の「民俗学」の内部で問われたことがあるとは、寡聞にして知りません。

東北に残された信仰・習俗・伝承のなかには、南からの文化の流れとして了解することに困難を覚えるものが、数多く含まれています。オシラサマや熊祭りなどは、まさにその比較的に見えやすい例でしょうか。「一つの種族における一つの習俗」であった可能性に向けて、やわらかくまなざしを開いてやるとき、はじめて読みほどかれてゆく端緒を得る、そんな気がするのです。

忘れられた東北を掘る旅は、いまはじまったばかりです。どこにいるとも知れぬ君に宛てて書き出したつもりの手紙ですが、旅の途上の自己確認に終始してしまったようです。ささやかな旅を続けながら、また宛て先のない手紙を書くことにしましょう。あるいは、君もまた、どこか東北の地を一人歩きつづけているのかもしれません。どこかで再び巡り逢う日には、わたしの東北論ももうすこし成熟しているはずです。そのときには、君自身の東北論を聞かせてほしいと思います。君はあまりに自身について語ることが少ない人であった、といまさらのように感じています。さて、ひとまずお元気で。

エピローグ　あすの東北学のために

東北から／いくつもの日本へ

　東北とは何か。たとえばそれは、南／北の種族＝文化があい交わる境の市場《フィールド》である。そこでは、稲作を象徴的な核とした南の種族＝文化と、畑作・採集・狩猟を複合的に組みあわせた北の種族＝文化とが、幾層もなす雑種と交配の歴史をくりかえしてきた。東北的なるものとは、それゆえ、東北という大地に刻みつけられてきた、南／北の種族＝文化の重層的な構造と歴史それ自体である。東北的なるものは、空間のうえにモザイク模様をなして埋めこまれ、時間のつらなりの底に一枚の織物のように沈められている。

　樹皮で編まれた織物、たとえばここに、山形の次年子という村で作られてきた箕がある。箕は穀物をふるって穀やゴミを取り分ける、調整のための農具であるが、農耕の歴史とともに古い道具だといわれている。次年子の箕は、片側が大きく開いたU字形の箕である。ウリハダカエデやヤマウルシなどの樹をほそく裂き、それを主な材料として織る。U字形のミノフチには根曲り竹を使用する。関東以南では、箕作りにしたがう人々は箕直しやサンカの名で呼ばれ、家族単位での移動をつねとしながら、閉ざされた共同性のもとに特異な生活をいとなむ人々として知られる。それにたいして、東北の箕作りの村・次年子は、すでに近世の初めから、稲作とカノ(焼畑)をなりわいとする定住的な集落をなし、いつの頃からか、箕作りを大切な手職としてきた。秋には、箕を背負った男たちが行商に出かけていったが、家族をともなう移動生活といったものはみられない。

箕は形状からは大きく、次年子の箕のように片側が直線になった片口箕と、円形の丸口箕とに分かれる。その分布は、丸口箕がトカラ列島以南の琉球文化圏の全域、片口箕がトカラ列島以北のヤマト文化圏の全域である、という。東アジアに視野を広げてみれば、丸口箕は琉球・台湾・中国南部・フィリピンとつらなる南方系の農具であり、片口箕は日本本土・韓国・中国北部とつらなる北方系の農具である。また、片口箕が稲の収穫にかかわりが深く、稲作とともに発達してきた農具であるのにたいして、丸口箕のほうは、麦・アワ・大豆などの雑穀の調整にも用いられることから、焼畑農耕の時代にまでさかのぼる古層の農具である、と推測されている。近年、その焼畑農耕は、縄文後晩期には始まっていたと考えられるようになった。したがって、丸口箕はすでに早く、縄文時代の晩期には、すくなくともその原型的なものが姿を現わしていたはずである。以上は、下野敏見の『日本列島の比較民俗学』によっている。丸口箕／片口箕の対比は、以下のように整理できるだろうか。

琉球文化圏／丸口箕＝畑作(焼畑)農耕＝縄文的＝東アジアの南方へ
ヤマト文化圏／片口箕＝稲作農耕＝弥生的＝東アジアの北方へ

ここにはあきらかに、箕という農具をめぐって、ある文化的なねじれ現象が見いだされる。稲作そのものは南方的な農耕であるにもかかわらず、その調整の道具である片口箕は逆に、東アジアの北方にもっぱら分布しているのである。おそらくこれは、列島の種族＝文化的な構成それ自体が孕む、重層的にねじれた歴史を暗示するものだ。下野自身が、このねじれ現象には気付いているのだが、もう少し精緻な分布図を描く必要を感じる。たんなる地域的な分布ではなく、丸口箕／片口箕が地域ごとに、畑作(焼畑)／稲作とどのように結びついているのかを押えた分布図が、やはり求められている。稲作と片口箕の関わりは、はたして時代的にどこまで遡行できるものなのか、本質的なものといえるのか。ここでは一定の留保のうえで、下野の了解に従いたい。

次年子の箕は美しい片口箕である。そして、東北には箕作りの村がかつて数多くあったが、そこで作られ、広く東北の村々で使用されてきたのもまた、例外なしに片口箕であった。その片口箕が、たとえば次年子のような、稲作のかたわら本格的なカノ畑を営んできた村で作られてきたことは、いったい何を意味するのだろうか。縄文の東北で焼畑農耕が始まっていたとすれば、そこでは丸口の箕やザルが使われていたはずである。それが稲作が伝播して以降のある時代に、片口箕に取って代わられたと想像される。その時代がいつであったか、それを判断する材料はいま手元にはない。

ところで、下野はまた、民具の素材を手掛かりとしながら、日本列島における樹皮文化／竹文化の分布について、たいへん興味深い考察をおこなっている。下野によれば、北日本(北海道・アイヌ社会)や東日本の草やツルを含む樹皮文化は、南日本(南西諸島)の草・ツル・竹を使う文化に繋がり、列島の天然物採取の基層文化を形成している。そのうえに、ワラや竹を主に使う西日本の文化が、時間的には新しい層をなして重なっている。そのかぎりで、北日本・東日本及び南日本が縄文的であるのにたいして、西日本が弥生的であるともいえる。東アジアのなかでは、樹皮文化＝北方的、竹文化＝南方的という対比も可能である。列島の東北／西南の差異を際立たせるかたちで、以下のような対比の構図が描けるだろうか。

東日本(及び北日本)／樹皮文化＝縄文的＝東アジアの北方へ
西日本(及び南日本)／竹文化＝弥生的＝東アジアの南方へ

さて、こうした樹皮文化／竹文化の時間的ないし空間的な対比の構図のなかで、箕という農具はどのように位置づけられるか。トカラ列島以北に分布する片口箕は、基本的には竹製の農具であるが、ほかに桜皮や藤ヅルなども利用して作られている。つまり、下野が指摘するように、竹文化と樹皮文化とが折衷された農具なのである。南方的な文化要素としての竹と北方的な文化要素としての樹皮とが、交配の結果生まれてきた農具であった、といってもよい。

とりわけ、東北の、山形や秋田の箕はフチに根曲り竹を使うほかは、ほそく裂いた樹皮を材料として編み上げられる。竹箕とはあきらかに区別されていることも、見逃すわけにはいかない。そして、東北の山間部には、サクラ・クルミ・ケヤキなどの樹皮を幅広く剝いで編んだ、カバ箕と称される農具もみられた。形状は片口型のものである（『北国の樹皮文化』岩手県立博物館編）。わたし自身、それを山形の最上地方で見たことがある。形状としては、あきらかに稲作農耕に結びつく弥生的な農具である片口箕が、列島の西南から東北へと拡がってゆく過程で、縄文的な丸口箕を駆逐《くちく》しつつ、竹製の農具から樹皮が主体の農具へと変化していった、とりあえず、そんなふうに想像をめぐらすことが可能だ。

この丸口型から片口型への転換に関しては、先に触れたねじれ現象を念頭に置きつつ、下野がこう述べている、――アイヌが保有する刳《く》り抜《ぬ》きの、また樹皮製の片口型容器のムイと同じようなものが、北アジアに分布していて、その影響があったとは考えられないか、と。アイヌのムイは、木製の、半月形をした箕である。カツラやセンノキなどの、材質がやわらかく軽い樹種が選ばれる。ほかに、ヤラムイという樹皮の箕があり、これはサクラの皮とブドウヅルで編んだ、東北のカバ箕とよく似た箕である(萱野茂『アイヌの民具』)。北アジアに同種の箕が分布するのか否か、確認することはできない。下野の指摘はそれゆえ、ひとつの仮説として記憶に留めておくべきだろう。ただ、アイヌの箕が木製ないし樹皮製の片口箕であり、ことに、その後者のヤラムイが、東北の山間部にみられるカバ箕とまったく同種のものであることは、あきらかに確認される。箕に関しては、東北/アイヌは何らかの文化的な連続性を有している、ということである。

こうして箕という農具を手掛かりとして、南/北の種族=文化があい交わる地点に、もうひとつの東北がしだいにその像を結ばれてゆく。たしかに寡黙ではあるが、箕はたいへん豊かな歴史の語り部であった。東北の箕は片口型で、ほそく剝いだ樹を主な材料として編まれる。一枚の樹皮で編んだ片口箕も、東北の北半にはみられた。そうした東北の箕の文化的な位置づけを浮き彫りにするために、列島に分布する箕を形状と素材によって分類してみる。

南日本/丸口箕、竹製

西日本／片口箕、竹製（一部に樹皮を使う）
東日本／片口箕、樹皮製（ほそく剝いだ樹と一部に竹を使う／樹皮だけを使う）
北日本／片口箕、樹皮製（樹皮だけを使う）または木製

東日本型の箕、したがって東北の箕の固有の位相が少しだけ見えやすくなったはずだ。片口箕は稲作との結びつきが強いとされながら、北方に偏在している。それゆえ、先の推測とは逆に、片口型の北方農具が畑作農耕とともにすでにあり、それが稲作の受容のプロセスにおいて、樹皮製や木製から竹製の農具へと変容を遂げながら南下していった、とも考えられる。あくまで仮説である。いずれであれ、南方からやって来た弥生的な稲作農耕と、北方でおこなわれていた縄文的な樹皮文化とが遭遇した地点に、東北の箕が帯びる個性が生まれたらしいことは確認される。東北の樹皮文化の後景に横たわるのは、広大な恵みの森としてのブナ林であり、そのかたわらで営まれてきた、稲作・畑作（焼畑）・採集・狩猟とが織りなす複合的な暮らしであった。箕作りの村・次年子は、まさに、そうした典型的な東北の村であった。

南／北の種族＝文化の雑種・交配のなかに、東北的なるものの固有の像は結ばれる。手掛かりは無数に転がっている。ただ、比較へとやわらかく開かれた意志さえあれば、東北的なるものの幾重にも層をなす構造と歴史は、少なくともその一端は、やがて明ら

かになるはずだ。東北をフィールドとして、南へと、あるいは北へと、比較に向けての貪欲な意志に支えられながら、いっさいのマニュアルのない方法的模索を開始しなければいけない。それがあすの東北学への扉を開く第一歩である。東北から、いくつもの日本へ。

北へ／北からの比較民俗学

東北を舞台《フィールド》として、列島から、さらに東アジアへと視線を伸ばしてゆくとき、東北が南／北の種族＝文化が重層的にあい交わる場所であったことが、とりわけ実感される。箕という小さな農具ひとつですら、東アジアの南／北の種族＝文化の坩堝《るつぼ》であった。ところで、日本文化の源郷が探られるとき、南へ／北へと向かう関心が奇妙な歪《ひず》みをみせることに注意を促しておきたい。ほとんど圧倒的な比重が南にかけられてきたという現実がある、ということだ。そこには、稲作中心史観が陰に陽に影を落としてきた。そうした視線が列島の北に向かうとき、東北をひたすら瑞穂の国の北方に拡がる遅れた辺境として眺める、手垢まみれの知の作法がはびこることになる。東北みずからが、この南からの稲のまなざしに呪縛されてきたことも、また明らかである。

ひとつの仮説が存在する。津軽海峡をはさんで対峙する二つの民族、つまり日本人／

アイヌをめぐる仮説である。その仮説によれば、日本人／アイヌのあいだには、民族的かつ文化的な太い切断線が横たわっており、越えがたい非連続の関係が認められる。この、二つの隣接する民族＝文化を連続の相のもとに眺めること、いわば両者を比較することは、そこでは、あらかじめ禁じられた学問の作法と見なされている。この仮説はしかし、徹底的な検証作業を経たうえで広く認められるにいたった「通説」なのか。残念ながら、そうではない。むしろ、曖昧な幻想のヴェールに覆われつつ流布させられてきた、依然として一個の仮説にとどまる。にもかかわらず、この仮説は怖るべき呪縛力をもって人々を支配し、半世紀以上にもわたって知的な去勢状態をもたらしてきた(詳しくは、拙稿「北へ／北からの比較民俗学へ」『方法としての東北』所収、を参照のこと)。

日本人／アイヌがはたして、民族的ないし文化的に連続するのか否か、たしかに実証的な方法をもって断定しうる段階にはない。性急な断定を下す必要もない。わたしが知的な去勢状態と呼ぶものはじつは、その問いのはるか以前に転がっている。問いそれ自体を無意識に忌避しながら、結果として、あの仮説を「通説」として流通させる側に加担する、去勢を去勢として認識することすらない知的な態度である。人々を去勢へと逐いやる力は、いったいどこからやって来るのか。

柳田国男と、柳田が組織し体系化した「民俗学」は、アイヌ文化にたいしてみごとに冷淡な態度を取りつづけてきた。昭和初年、金田一京助の強い影響下に日本人／アイヌのあいだを切断した柳田と、その「民俗学」にとって、アイヌという異族の民俗や文化は領土《テリトリー》の外部であったからだ。それゆえ、たとえば前節で取りあげた、東北の箕／アイヌのヤラムイのあいだの連続性といったものに、関心が差し向けられることは、たえてない。まさに柳田以降の「民俗学」は、典型的なまでにそれと意識することなく去勢されてきたのである。いずれにせよ、柳田とその「民俗学」の基層に、アイヌ／東北(↓日本)を民族的ないし文化的に切断するまなざしが隠されていることだけは、否定しがたい。それこそが、あの知的な去勢へと人々を逐いやる見えない力の源泉、少なくとも、そのひとつではあった。

たとえば、客観的な判断を可能とするに足る研究の蓄積がないという認識に立ったとき、唯一の誠実な学的態度とは、判断を留保し先送りすることである。金田一京助と柳田国男、この二つの巨大な「権威」によって、ひとたびはアイヌ文化と日本文化とのあいだに太い切断線が引かれた。それを自明な前提として、問題そのものを構成してゆくあり方を壊さなければならない。わたしたちは依然として、客観的な判断ができるだけの研究の蓄積がない場所にいる、それが共有されるべき出発点である。だとすれば、日本／アイヌのあいだの民族的ないし文化的な連続／非連続を腑分けする作業もまた、将来に託された課題であるはずだ。比較は虚妄だ、無意味だ、と囁きかけてくる、あの去勢へと逐いやる力に抗いながら、比較への扉を怖《お》ず怖《お》ずとではあれ開くことにしよう、そう、わたしはあらためて思う。

くりかえすが、柳田以後の「民俗学」の領域では、アイヌの民俗にたいする関心はまったく欠落してきたし、それゆえ、比較研究への志向といったものも皆無に近い状態であった。柳田が昭和初年に引いた切断線は、強固な障壁と化して、比較へと赴こうとする人々の前にいまなお横たわっている。金田一と柳田によって、いかに切断線は引かれたのか、その実証的な根拠はいかなるものであったのか、切断線は依然として自明の前提と見なしうるのか。そうした問いをひとつひとつ、金田一と柳田の思想の軌跡を内在的に辿りつつ検証してゆくことが、いま不可欠な作業として求められている。それはこれからの課題としてゆくが、ここでは一人の民俗学者、宮本常一のある小さな論考に注目することにしたい。

一九七四年に刊行された、宮本と川添登の編集になる『日本の海洋民』の冒頭には、「海から来た人びと」という論考が収められてある。その第一節において、宮本は唐突に、柳田の山人論に言及することから筆を起こしている。

最近私は山人の問題に深い関心を寄せている。というのは日本に水田農耕が発達する以前にあった生業が、狩猟や自然採取を主としたものであったとして、水田農耕が発達するにつれて、それらの狩猟や自然採取の文化は農耕文化の中へ吸収せられてしまったのだろうか否かということである。

最近では、稲作農耕の伝来が弥生時代以前にさかのぼることが、考古学的に確認されている。稲作が列島に渡ってきて以来の歴史のなかで、それ以前からの縄文的な狩猟・採集文化はすべて農耕文化のなかに吸収され、消えてしまったのか、それが宮本の問いかけである。いわゆる山人をめぐる問題の背後に、柳田によっては露わに問われることのなかった、そうした一群の問いが隠されていることを、宮本は指摘していたのだ。縄文の狩猟・採集民の子孫のゆくえに眼を凝らす宮本の前には、当然のごとくに、アイヌの人々が浮上してくる。アイヌ語地名の問題は否定されているが、「もう一度検討して見直していいのではないか」と書き付けたあとで、以下のような、七〇年代の初めには十分に大胆であったはずの仮説が提示される。

> 狩猟採取時代に日本列島弧の上に住んでいた人たちは、今のアイヌと先祖を一にするものであったが、農耕を持つ民族の移住とその移動によって農耕社会を拡大し、一方狩猟民は山間・山麓・台地などを生活領域とし、農耕民との通婚によって農耕文化を取り入れていったが、中には狩猟文化を後々まで保持したものもあり、北海道に住んだアイヌは農耕文化の影響をうけること少なく、また明治初年までは、異

民族との通婚も少なく、長く狩猟採取生活を続けて来て、一見異民族と思われるほどの差異を生じたけれども、もともとは縄文文化時代の日本人とは同系(の――引用者)ものであったと考える。それにはもう一度虚心になって、縄文期文化とアイヌ文化の比較から研究をしなおす必要があるのではないかと思う。(傍点引用者、以下同じ)

現在のアイヌは、縄文時代に列島に暮らした狩猟・採集民と系統をひとしくし、その後裔である――、それが宮本の仮説の核をなす命題のひとつである。東北以南の狩猟・採集民が多かれ少なかれ、農耕文化の影響を受けながら、その生活形態を大きく変化させていったのにたいして、北海道の縄文人の末裔たちは、狩猟・採集民としての性格を後代まで濃密に残しつつ、結果として異民族と見えるほどの差異を帯びるにいたった、と宮本は推測している。ここでは、アイヌは狩猟・採集民として位置づけられているが、留保が必要である。アイヌの人々のなかに、古くからヒエやアワなどの雑穀農耕があったことは、宮本自身がのちに『日本文化の形成』の一節で指摘しているところだ。

宮本のこうした仮説は、現在ではすでに広く認められている了解といってよい。たとえば、考古学の工藤雅樹によれば、「最近の考えかたの大筋としては、アイヌは北海道における縄文文化人の子孫と見なしてよい」(『古代の蝦夷』)という。北海道では、縄文文化を承けて続縄文文化、さらに擦文文化が展開され、そのあとにアイヌ文化が続いたが、これら諸文化のあいだには断絶がなく、大規模な民族の交替があった形跡もみられない。したがって、アイヌ文化は北海道の縄文文化の後身と考えざるをえない。宮本の仮説の第一は、いわば考古学的にはすでに実証されているといえるだろうか。

そこからは、縄文文化とアイヌ文化の比較という課題が、現実味を帯びたものとして登場してくるはずだ。ただし、その比較にはいくつもの周到な留保が必要である。アイヌ文化が縄文的な伝統をかなりの度合いで残し伝えているとしても、そこにははるかな時間《とき》の隔たりが存在する。弥生人の世界と、現代の稲作農耕民の世界とをただちに比較することが、自明なまでに困難であるように、縄文文化とアイヌ文化の比較もまた、程度の差は知らず、同じように困難であることに変わりはない。アイヌ文化の現在《いま》は擦文時代から数えても、千年の時間を経過してきた、その内在的な変化と展開のひとつの帰結であることを忘れるわけにはいかない。印象批評にひとしい比較は、依然として、百害あって一利なしであることをあえて強調しておきたい。

そして、次に浮かび上がるテーマが、東北以南において、狩猟文化を後々まで保持した者たちのゆくえである。そこに山人の問題が絡みつき、アイヌ文化との比較にかかわる方法的な問題が姿を現わす。宮本は以下のように述べている。

今日本土にのこる狩猟文化あるいは山岳信仰の原型はアイヌ文化の中に求められるのではないかと思う。それには柳田先生が琉球に日本文化の原型を求めたとおなじような情熱と方法をもってすればなお可能な道があるのではないかと思う。（同上）

柳田の山人論が挫折した場所から、宮本は山人／アイヌの連結のあらたな可能性を探ろうとしている。東北日本を中心として残された狩猟文化、さらには山岳信仰の原型をアイヌ文化のなかに求めるとき、問われるのはむろん、比較考察の方法である。比較とは何か、原型とはいったい何か、ここでも留保が必要であろう。かつて、沖縄に日本文化の原型を求めながら、内なる比較を根底に据えて「民俗学」の方法的な確立を模索していったのが、むろん柳田である。そのとき、見えにくい形で放棄されたのが、ほかならぬ北のアイヌ文化との連続／非連続を腑分けする作業であった。北の異族・アイヌ／南の同胞・沖縄、という柳田の後期思想を基底にあって支えてきた幻想の構図は、揺るがぬ暗黙の前提として「民俗学」の内側や周辺にある人々を緊縛してきた。

原型という思考は危うい。あらかじめ前提として置かれた暗黙の構図に奉仕するための比較は、奴隷的思考にすぎないことに自覚的でありたい。原型はあくまで、比較の起点をなすささやかな仮説に留まる。それはただ、踏み越えられるためにのみ設けられた里程標にすぎない。それにしても、宮本の一九七四年の論考「海から来た人びと」は、柳田＝金田一以来の半世紀にわたる知の封印がほどかれ、北へ／北からの比較民俗学の試みが、「民俗学」の内側からはじめて提起されたものとして記憶されるにちがいない。

宮本の死後に遺稿集として編まれた『日本文化の形成』には、北方への関心はさほど露わに語られていない。それでも、「今までアイヌというのは日本人とはまったく違った人種であるという言い方をしてきたのですが、最近になって、どうもそうじゃないという見方が起こってきました」といった指摘が見えている。すでに宮本のなかに胚胎《はいたい》されてあった仮説を支持するような研究が、形質人類学や言語学の領域から次々と現われていることに、宮本は大いに力を得ていたのである。晩年の宮本はあきらかに、柳田的な「民俗学」の限界を踏み越え、比較民俗学への志向に色濃く浸された場所に降り立っていたといってよい。

『日本文化の形成』には、比較への意志が随所に吐露されている。こんな一節がある。

> たとえば、それぞれの民族がつくりあげていった文化というもの、言葉なども文化ですが、文化というのはあるかたちを形成していく。つまり我々の意思が表現されるためにはそれが必ずかたちをとってくるわけで、そのかたちを比較していく研究も今ぐんぐん進んでいます。単に日本を考えるだけでなく周囲の民族も考えていくと、そういうものはかかわり合いを持ってくるわけなのです。……あらゆるものを

通して比較していくことで、日本文化がどのように形成されていったか、いろんな見方ができるのです。そこでそういうものの力を借りながら、日本という国はどのようにして今日のようになってきたかを考え、日本の文化をいっぺん見直してみたい、それが私の考えなのです。

楽天的なまでに、周辺民族との比較に媒介されながら日本文化の形成にアプローチする、その方法的な可能性が、歓びをもって語られている気がする。ともあれ、『日本文化の形成』という著作は、その道半ばに残されたささやかな記録集であった。くりかえすが、ここには残念ながら、北へ／北からの比較民俗学の試みは、いまだ芽生え程度にしか姿を現わしていない。宮本のなかに、いかなる日本文化／アイヌ文化の交錯する風景がヴィジョンとして描かれていたのか、ただ想像してみることができるだけだ。宮本によって開かれた比較への扉の向こう側に、あらためて眼を凝らさなければならない。それは宮本がわたしたちに託した将来の仕事である。

そうした北へ／北からの比較民俗学の試みにとって、東北という南／北の種族＝文化があい交わる境の市場は、決定的に重要なフィールドとなってゆくはずだ。中世のなつかしい移民史を起点としつつ、稲作を象徴的な核とする南からのまなざしによって東北を覆い尽くそうと試みた柳田について、わたしは幾度となく語ってきた。その柳田の

『雪国の春』への訣れから、あらたな東北へ、さらには、いくつもの日本へと開かれてゆく方法的なまなざしが獲得されるだろう。東北は縄文以来の歴史のなかで、自明に瑞穂の国の一部であったわけではない。あるいは、東北の風土に育まれてきた民俗や文化は、柳田的な「日本文化」のたんなる地域的ヴァリエーションではありえない。あすの東北学は、だから、東北から北へ／南へと繋がる文化の重層的な構造を掘り起こしつつ、とりわけ北へ／北からの比較の方法を鍛えあげながら、いくつもの日本へ、その彼方へと到り着くための知の道行きとなるだろう。東北はいま、かぎりない可能性の大地である。

東北学／あらたな知の地平に向けて

あらためて、東北とは何か。それは南／北の種族＝文化があい交わる境の市場である、そう、わたしはくりかえし語ってきた。それはしかし、いまだ、どこにも存在しない、いや発見されていない、もうひとつの未知なる東北である。東北はつねに、いくらかの負性を帯びた、たとえば「蝦夷《エゾ》の国」や「みちのく」といった他称とともに語られてきた。思えば東北は、みずからを等身大《あるがまま》に名指すべき呼称すら知らず、また、みずからの歴史や文化の核たるものを紡ぎだすべき語りの技を、わずかしか持たなかった。眼前には、忘れられた東北があり、さらに忘れられようとしている東北がある。東北はむしろ、いまだ存在しない、そして、ただ見いだされるためにのみ存在するのかもしれない。

いまから二百年ほど前、東北の地を巡りあるいた旅の人・菅江真澄がじかに触れて、たくさんの紀行や地誌のなかに書き残した東北は、一個の幸運なる偶然であった。その、あるがままに対象を記録しようと努める態度は、まさに真摯な民俗学者のものであった。そこに転がっている眼前のできごとを、可能なかぎり裸の事実として捕捉すること、それだけが真澄がみずからに課した方法であったかにみえる。真澄がどこで、どのようにして、そうした方法的態度を学んだのかは、おそらく突き止めることができない。明らかなのはただ、真澄の残した膨大な紀行や地誌のたぐいが、二百年の時間《とき》を越えて現代に送り届けられたたいせつな贈り物である、ということだ。この幸運なる偶然はしかし、もうひとつの東北を掘り起こすための豊かな手掛かりとして、十分に生かされているとはいえない。

菅江真澄は疑いもなく、あすの東北学を築くことを願うわたしにとっては、何物にも代えがたい貴重な財産である。真澄は国学的な教養をそなえ、山川草木にかかわる実践的な知識を持ち、歌を詠む文人であった。そして、三河の出身といわれる、南からの旅人であった。なぜかは知らず、歌枕の旅からは遠い旅人でもあった。南の知性が北の風土にその裸形をさらしたとき、真澄自身が南／北の種族＝文化がやわらかな交換《めぐりあい》＝交歓を果たす、たとえば精神の器と化したのかもしれない。この幸運なる偶然にたいして、適切な言葉をあたえるのはむずかしい。

真澄によって見いだされた東北、その一端に触れてみたい。真澄の日記には、数も知れず、非農業的ななりわいに生きた人々が登場する。盲目の巫女《イタク》や遊女《クグツ》、門づけして歩く琵琶法師・秋田万歳・エンブリすり・楽《ラ》久《ク》などの雑芸・雑業の徒、そして、マタギ・山の民・金掘りといった人々である。かれらの姿に接したときの真澄の筆が、思いがけずしなやかで、しかも具体的かつ現実的《リアル》であることに、わたしは深く関心をそそられてきた。真澄の日記は、そうした人々の周辺に生起する差別の問題にたいして、独特の角度からの光を投げかけているように思われる(詳しくは、拙稿「菅江真澄」『中世の風景を読む1』所収、を参照のこと)。

東北には非差別部落がたいへん少ない。たしかに都市部を中心として、被差別部落の点在はみられたが、それらは近世以降に起源するものと考えられている。東北の中世には、身分差別にかかわる制度それ自体が不在であった。その社会的な背景に関しては、たとえば、原田伴彦が「近世東北地方の被差別部落」(『東北・北越被差別部落史研究』所収)のなかで、以下のように説いている。すなわち、畿内や瀬戸内海などの「先進地域」にたいして、「後進地域」ことに東北においては、相対的な農工生産力の低さ、社会的な分業の未熟さのために、農民の下に賤民身分を置いて分割支配をする必要が少なかったのではないか、と。差別について鋭敏であるはずの原田のような研究者にして、これほど東北にたいする差別意識に無自覚であることに、わたしは奇妙な感慨を覚えざるをえない。ここでは、ひたすら畿内＝「先進地域」の被差別部落史を範型として、東北＝「後進地域」の差別をめぐる状況が裁断されている。後進的な、生産力が低く分業が未熟な東北ゆえに、被差別部落という先進的な制度を産まなかった、そう、煎じつめれば、原田は語っているのではないか。

これもまた、遅れた辺境・東北を侵しつらぬく南からのまなざしである。先進／後進の不毛な二元論にも、生産力と分業を指標とした手垢まみれの分析手法にも、当然ながら、わたしは同意することができない。真澄の日記に描かれた、東北の地に群れなす非農業民の姿は、南からの辺境史観を喰い破るだけの強さを十分に秘めている。なぜ、東北は自生的に被差別部落という制度を分泌することがなかったのか。それは、東北が西南日本とは異質な種族＝文化的条件に浸された、もうひとつの日本だったからではないか。

非稲作的な文化がいまだ、豊かに、わたしたちの想像をはるかに凌駕《りょうが》するほどの深さと拡がりをもって生きられていた、そんな中世の東北をひそかに想像してみる。真澄は東北の狩猟の民・マタギにたいして、深い関心を寄せつづけた。マタギの習俗のなかには、たとえば山詞《やまことば》という忌み言葉の一群があり、そこには「蝦夷詞《えぞことば》」つまりアイヌ語が数多く含まれることにも、真澄は気付いていた。マタギの文化はおそらく、南の稲作文化によって東北が呑み込まれていった果ての、あたかも大海に浮かぶ小島のような、縄文以来の狩猟・採集文化の残存である。こうした非稲作的な文化のモザイク模様をなす残存こそが、中世から近世にかけての東北に、たやすくは西南日本の賤民という制度の移植を許さなかった、いわば種族＝文化的な背景ではなかったか。

マタギはたとえば熊を殺し、その毛皮と熊の胆を売った。ところが、西国の皮革を扱う人々が穢多《エタ》と呼ばれ、厳しい賤視を蒙り、ひたすら差別の歴史を負わされてきたのにたいして、マタギは穢れのタブーなどとは無縁に、山棲みの暮らしを代々にわたって続けることができた。むろん、狩猟の民のなかにも殺生戒などの穢れ意識はあったが、それは稲作文化を背負った仏教思想《イデオロギー》が浸透していった結果である。ここには、西南日本／東北日本のあいだの、種族＝文化的な背景の非連続ないし断絶が覗けているはずだ。

いずれであれ、東北の中世には、人々を呪縛する血や死にたいする穢れと忌みの肥大したイデオロギーはなかった。それゆえに、穢れと身分の結合のうえに、被差別の民が分泌されることもなかった。そして、近世になって政治的に移植された賤民の制度が、広範に根づくこともなかった。むろん、東北が生産力の低い、文化的に遅れた「後進地域」だったからではない。東北はその種族＝文化的背景を異にするがゆえに、西国的な、身分差別をめぐる過酷な制度を産み落とすことがなかったのである。

異相の風景であるかもしれない。しかし、真澄の日記が描きだした東北の向こう側には、差別という制度とは無縁な、もうひとつの日本、その、あくまで東北的な風景が豊かに息づいている。天皇や将軍のいるヤマトの都＝中心から遠く、みずからの王を戴く国家をなしていた沖縄の島々にも、やはり身分差別にまつわる制度が存在しなかったことを想起しておくのもよい。南の島々から東北・北海道へと弧状なす列島の歴史を、たったひとつの物差しで裁断できると無邪気に信じられた時代に、訣れを告げなければならないときがやって来たのではないか。

東北から、いくつもの日本へと到る道行きを辿りたい、と思う。東北とは何か、そして、来たるべき東北学とは何か。忘れられた、いまだどこにもない東北を掘る。北から／南からの、歴史と文化と民族とが出会う境の市場としての東北のそこかしこを、具体の眼と足をもって巡りあるく。東北から、あらたな知の地平を拓いてゆくための方法の旅、とりあえずはそれが、あすの東北学に課せられた野良仕事のささやかな第一歩である。東北へ／東北から、そして東北学へ……。

増補1　幻像としての常民

〈1〉

柳田国男における東北イメージの変容、ととりあえずいってみる。この変容のプロセスを辿ることはたぶん、そのままに、柳田の思想が初期において豊かに孕んでいた多くの可能性を削ぎおとしつつ、稲作と祖霊信仰を核にすえた常民の学へと収斂されてゆく過程に眼を凝らすことにひとしい。萌芽のうちに摘みとられ、常民の学の外縁部に祓いやらわれた対象《もの》は、たとえば被差別民であり、漂泊遍歴の民、先住民族の末裔《すえ》としての山人といった人々である。

のちに柳田は常民を規定するさいに、村落内の草分けや重立ちなどの上の階層と、漂泊をつねとする諸道諸職をのぞいた、そのはざまに位置する〝ごく普遍の百姓〟として常民を抽出している(『郷土生活の研究』)。柳田が被差別民・漂泊民・山人らを一つひとつ捨象していったはてに、常民という純化された概念装置に到りついた過程をおもえば、そこでの常民を規定する方法が消去法であったことは、示唆的といってよい。おそらく常民の学が誕生するためには、そのカテゴリーの外部に被差別民・漂泊民・山人といった異形異類のものたちを祀り棄て、消去してゆく作業が必要だったのである。消去という方法は供犠に似ている。

〝民俗学はその発祥からして屍臭の漂う学問であった〟(『読売新聞』一九七〇・六・十二)とは、『遠野物語』に寄せて語られた三島由紀夫の言葉であるが、わたしたちもまた、常民の学としての柳田民俗学の足もとに横たわる、常民によって駆逐され殺害された異形異類のものらの血まみれた屍を、たやすく忘却するわけにはゆかない。

〈2〉

播磨に生まれ、西国文化の伝統のなかに育った柳田国男がはじめて東北と出会い、それがやがて『遠野物語』へと美しく結晶し、民俗学的探究の起点ともなったことは、偶然ではない。あきらかに柳田民俗学は、東国／西国という異質な文化・伝統が相接するあわいに産声をあげたのである。内なる異文化としての東北との遭遇体験は、『遠野物語』以後の柳田の知の軌跡のうえに、ほとんど決定的ともいえる大きな影を落としつづける。後年、常民の学へと転換をはかりつつあった柳田の前に、ある特権的な意味をおびて迫りあがってきたのも東北、しかも山人のいる東北とは異質なもうひとつの東北であったことは、のちに触れることになる。

『遠野物語』(明治四十三年)は、むろん山人の書である。その序文に記された、〝国内の山村にして遠野より更に物深き所には又無数の山神山人の伝説あるべし。願はくは之を語りて平地人を戦慄せしめよ〟という、若き柳田の熱にうなされたような山人憧憬の叫びを読んだ者はだれしも、それを否定しない。たしかに『遠野物語』が、わたしたちの眼前に浮き彫りにするのは、遠野の里人と山の異人たちとの不可思議な交通の風景である。

異文化としての東北との遭遇が『遠野物語』に結晶した、とさきに書いた。が、そこでの東北が、佐々木喜善という語り部《ストーリー・テラー》をつうじて接した伝承・民譚のなかの東北であったことを、見逃すわけにはいかない。柳田は『遠野物語』の序文、山人へのあの熱い憧憬をほとばしらせたすぐかたわらに、はじめての遠野への旅の印象を書きとめている。この、生身で触れた東北のイメージが、伝承を媒介としてかたちづくられた東北像とやや異質な肌合いを感じさせるのは、当然とはいえ、関心をひく。

昨年八月の末自分は遠野郷に遊びたり。花巻より十余里の路上には町場三ケ所あり。其他は唯青き山と原野なり。……遠野の城下は則ち煙花の街なり。馬を駅亭の主人に借りて独り郊外の村々を巡りたり。……猿ケ石の渓谷は土肥えてよく拓けたり。路傍に石塔の多きこと諸国其比を知らず。高処より展望すれば早稲正に熟し晩稲は花盛にて水は悉く落ちて川に在り。稲の色合は種類によりて様々なり。三つ四つ五つの田を続けて稲の色の同じきは即ち一家に属する田にして所謂名処の同じきなるべし。……附馬牛の谷へ越ゆれば早池峯の山は淡く霞み山の形は菅笠の如く又片仮名のへの字に似たり。此谷は稲熟すること更に遅く満目一色に青し。細き田中の道を行けば名を知らぬ鳥ありて雛を連れて横ぎりたり。（定本第四巻）

柳田はつづけて、天神山の祭りの獅子踊、盂蘭盆に魂を招くためにあげる紅白の旗、観音堂の灯火と伏鉦の音、道ちがえの雨風祭の藁人形といった光景を点描してゆく。そして、あたりまえのことではあるが、ここには山人はその影すらもない。かわりに柳田が描いているのは、人煙もまれな青い山と原野のなかにひらけた町場の周囲の、狭い谷にある早稲や晩稲の田であり、そこに生きる農民たちの祭りや習俗、である。『遠野物語』にあつめられた民譚のなかに、イエの盛衰をめぐる話が比較的数多く含まれていることも注意されてよい。一例だけ引いてみる。

オクナイサマを祭れば幸多し。土淵村大字柏崎の長者阿部氏、村にては田圃の家と云ふ。此家にて或年田植の人手足らず、明日は空も怪しきに、僅ばかりの田を植ゑ残すことかなどつぶやきてありしに、ふと何方よりとも無く丈低き小僧一人来りて、おのれも手伝ひ申さんと云ふに任せて働かせ置きしに、午飯時に飯を食はせんとて尋ねたれど見えず。やがて再び帰り来て終日、代を掻きよく働きて呉れしかば、其日に植ゑはてたり。どこの人かは知らぬが、晩には来て物を食ひたまへと誘ひしが、日暮れて又其影見えず。家に帰りて見れば、縁側に小さき泥の足跡あまたありて、段々に座敷に入り、オクナイサマの神棚の所に止りてありしかば、さてはと思ひて其扉を開き見れば、神像の腰より下は田の泥にまみれていませし由。(一五)

このほか、ザシキワラシ(一七・一八)やマヨヒガ(六三)といった、怪異をしめす存在との交通が、イエの盛衰と結びつけて語られる民譚がいくつもみえるし、イエを主題とする話にひろげれば、意外なほど数多く含まれていることが気付かれるはずだ。柳田がのちに祖先崇拝とイエ永続を核とした常民の民俗学をうちたてる、その萌芽はすでに早く『遠野物語』のなかにも存在した、というべきだろう。

『遠野物語』と、それに先行する『後狩詞記』(明治四十二年)にはじまった山人への関心は、「山神とオコゼ」(明治四十三〜四年)、「山人外伝資料」(大正二〜六年)などをへて、『山の人生』(大正十五年)にいたって集約され結実をみる。柳田の被差別民・漂泊民にたいする言及がほぼ消えるのが、大正十年の「俗聖沿革史」(中断)であるとすれば、山人にたいする関心のほうは、『山の人生』を境にしだいに表層から隠されていった、といえる。戦後になって『妖怪談義』に収録されたいくつかの論考、昭和十二年の「山立と山臥」(『山村生活の研究』所収)のなかに、わずかに山人は淡い残影を曳くのみとなる。

被差別民・漂泊民・山人らを周到にみずからの圏域から逐いやらいつつ、常民と祖先崇拝を基底にもつ柳田民俗学はこうして、大正末から昭和のはじめにかけての時期に輪郭を鮮やかにきわだたせてゆく。山人から常民へ、という転換図式がしばしば語られ、その移行の結節点には『雪国の春』(昭和三年)が位置づけられる(たとえば『対話「東北」論』における岩本由輝・樺山紘一)。しかし、柳田の常民(概念として流動的であるが……)と祖先崇拝にむけた眼差しは、すでに触れたが、『遠野物語』という山人の書の底にも垣間見える。柳田はもっとも早い段階から、祖先崇拝やイエ永続の願いについて語っている(『時代ト農政』明治四十三年)。いわば、周縁的であった主題が立論の中心にすえられ、他を排斥する特権的な位置づけをあたえられるのが、昭和初期であったとかんがえられる。

そうした意味において、しだいに柳田民俗学が常民と祖先崇拝を核として再編されてゆく大正末期、より厳密にいえば大正十四年に、「山の人生」(一〜八月、『アサヒグラフ』連載)と「雪国の春」(一月、『婦人の友』)が時期《とき》を同じくして書かれていたことは、象徴的である。「山の人生」は翌十五年十一月、「雪国の春」は昭和三年二月にそれぞれ同名の単行本におさめ刊行される。その間わずか一年と数カ月にすぎないことに、眼をとめておきたい。大正半ばから末にかけての時期は、柳田の内部で、被差別民・漂泊民・山人らの非常民と常民とが激しいせめぎ合いを演じた、最後の季節であったのかもしれない。

すでに別の箇所で論じたことがある(『異人論序説』第一章Ⅲ「山人譚という装置」)のだが、『山の人生』の次の一節は、わたしにとってはやはり鮮烈な忘れがたいものである。

(神隠しにあった嫁にかんする——引用者註)精密な記憶が家に伝はつて居り、いつの頃よりか不滅院量外保寿大姉といふ戒名を附けて祀つて居た。家門を中心とした前代の信仰生活を、細かに比較研究した上で無ければ断定も下されぬが、恐らくは是が神隠しに対する、一つ昔の我々の態度であつて、仮に唯一人の愛娘などを失うた淋しさは忍び難くとも、同時に之に由つて家の貴さ、血の清さを証明し得たのみならず、更に亦眷属郷党の信仰を、統一することが出来たものでは無いかと思ふ。(定本第四巻)

柳田の眼差しはここで、山人と神隠しをめぐる民譚の底にうがたれた闇、そこに横たわる供犠の光景(排除とそれゆえの聖化)を冷徹に見すえている。そして、これこそが祖先崇拝とイエ永続の願いを裡側からささえる原理であり、メカニズムであることは疑いない。『山の人生』の片隅に埋めこまれた、この、ほとんど異形の趣きのある一節は、もしかすると柳田の山人論を根底から一気に瓦解させかねぬ、危険な可能性を秘めていたといえるかもしれない。すくなくともそれは、『山の人生』にあつめられた数知れぬ山人譚の全体にたいし、たった数行の力で十分に拮抗しえている気がする。

しかし、幸か不幸か柳田のその後の軌跡は、みずからが『山の人生』のほんの一隅になにげなく書きつけた異形なる視座を、忘却の淵ふかくに沈めてしまった。仮りにそれが豊かに熟成をとげていたならば、わたしたちの見知ったものとはまるで異質な貌をもつ常民社会論への可能性がひらかれていたにちがいないのだが。とはいえ、むしろそれは、柳田以後を生きる、わたしたちの現在にこそ突きつけられた課題であるのかもしれない。いずれにせよ、山人譚の裡側に透けてみえた、祖先崇拝とイエ永続の願いが秘める血ぬられた排除の構造とは無縁のところで、牧歌的な光に包まれた常民とその世界の像《イメージ》が紡がれていった。それはむろん、山人という異質なるものを視野のそとに放逐した末の、方法的な帰結であったといってよい。

〈3〉

『雪国の春』は山人から常民への転換の書といわれるが、全体がそのトーンに貫かれているかといえば、けっしてそうではない。わたしのみるところ、わずかに「雪国の春」の終章と、それを承けるかたちで、『雪国の春』刊行の前月に書き下ろされたとおもわれる「真澄遊覧記を読む」(昭和三年一月十六日)のなかに、常民の学への志向が覗けているだけだ。それがともに、東北の正月行事にかかわる文章であることは偶然ではない。

岩本由輝が『対話「東北」論』の「外からの東北像」の章で、こう語っている。

> おなじく東北を見ている目でも『遠野物語』と『雪国の春』とでは大きくちがいますね。その間に十八年の時間の流れがあるわけですが、やっぱり常民を主体に据えるようになって『雪国の春』が出てくるのですよ。

だが、『遠野物語』と『雪国の春』を分かつものは、たんに十八年という歳月の隔たりではない。『雪国の春』に収録された文章は、その中心におかれた「豆手帖から」(大正九年)をはじめ、大半が紀行文であることに注意したい。いうまでもなく『遠野物語』は紀行ではなく、民譚集である。説話や伝承をつうじて獲得された山人のいる東北の像が、実際にあるいて見聞した東北と異なったものであるのは、当然といえば当然のことだ。わたしはさきに、『遠野物語』の序文にみえる、遠野へのはじめての旅の短い紀行のうえに、山人がその影すらも見出されないことには触れた。山人のいない東北はだから、『雪国の春』をまつまでもなく、すでに先取り的に『遠野物語』の序文に書かれていたともいえるのではないか。

山人のいる東北のイメージは、柳田がはじめて遠野の地に足を踏み入れた瞬間《とき》から、なし崩しに破綻への途をあゆみだしていたのかもしれない。柳田の描いた山人がある種の幻像としてあった、といい換えてみても同じことだ。柳田は山人のかわりに常民のいる東北を、「雪国の春」や「真澄遊覧記を読む」のなかで語りはじめる。とはいえ、それは幻像としての山人から実像としての常民への移行、といったことを意味するわけではない。

じつのところ、稲作と祖先崇拝という二つの指標のもとに造型されてゆく、柳田の常民もまた、山人とは位相はちがうが、同様にひとつのフィクショナルな幻像ではあった。わたしはそれを、「真澄遊覧記を読む」という十数ページ足らずの論考の読解をつうじて明らかにしてみたい。それは同時に、稲をつくり祖霊信仰に篤い常民たちの東北、というイメージの虚構性をあかるみに出す作業ともなるはずである。

ところで、柳田は「雪国の春」の終章に、東北の正月行事のいくつかを印象深く書きとめている。鳥追い・火の占い・粟穂稲穂の呪《まじな》い・穀祭りの来訪者・神木を飾りたてる習い……など、いずれも稲作農耕に多少の関わりがあるらしい。柳田はおそらくそれを、生涯を旅についやした民俗学の先達ともいうべき菅江真澄の残した膨大な日記(『菅江真澄全集』第一～四巻)を、主たる情報源として書いている。そのことは「真澄遊覧記を読む」が、期せずして「雪国の春」の終章の詳述となっていることからもうかがえる。「真澄遊覧記を読む」の冒頭ちかくに〝雪国の春を校正する片手に、ふと心付いて拾ひ読みに、再び幾つかの巻の正月の条を出して見た〟とあるが、そこに〝再び〟とは、「雪国の春」の終章を承けているとみてさしつかえない。

「雪国の春」の以下のくだりは、もっとも濃密に柳田のモチーフの所在を語っているようにみえる。

家の内の春は此木(初春に飾りたてる神木――引用者註)を中心として栄えるが、更に外に出ると門口にも若木を立て、それから田に行つても亦茂つた樹の枝を挿して祝した。此枝の大いに茂る如く、夏秋の稔りも豊かなれと祈願したものであるが、雪の国では広々とした庭先に畝を劃して、松の葉を早苗に見立て田植のわざを真似るのが通例であつた。稲はもと熱帯野生の草である。之を瑞穂の国に運び入れたのが、既に大いなる意思の力であつた。況んや軒に届く程の深い雪の中でも、尚引続いて其成熟を念じて居たのである。されぼこそ新らしい代になって、北は黒龍江の岸辺にさへも、米を作る者が出来て来たのである。信仰が民族の運命を左右した例として、我々に取つては此上も無い感激の種である。(定本第二巻)

イエの繁栄や田の稔りの豊かさへの祈願を主題とするものとして、正月行事が描写されているのが目につく。田や稲に執拗にこだわりつつ、柳田が結像させようと試みているのは、たぶん〝瑞穂の国〟のオオミタカラたちの東北というイメージであったはずだ。そして、「真澄遊覧記を読む」という論考の全体を色濃くおおっているのもまた、稲と常民(「ごく普通の百姓」)のかたちづくる〝瑞穂の国〟、その古さびた物語の定型であることは否定しがたい。柳田自身、そこに〝自分が頻りに興味を持つミタマの飯、ヲカの餅の風習〟と書きつけていることは、注目されよう。

ここにいうミタマの飯は、のちに『先祖の話』(昭和二十一年)という祖先崇拝を本格的に跡づけ理論化しようとした著作に、重要なキーワードとして使われることになる。柳田が「真澄遊覧記を読む」のなかで、そのミタマの飯を主要な関心のありかのひとつとして表明していることは、やはり見逃すわけにはいかない。

『先祖の話』に描かれた、稲と祖霊と常民のいる風景をささえている大きな拠りどころ(のひとつ)は、雪深い〝瑞穂の国〟という東北イメージであった。軒に届くほどの雪に埋もれながら、なお稲の熟成に祈りをささげる東北の正月風景を語り、稲への祈りと信仰が民族の運命を左右し、その原質を決定づけた、と感激をあらわにしたのは「雪国の春」の柳田である。大正末から昭和初期、常民の学として民俗学を再編してゆこうとする柳田の前に、菅江真澄の残した膨大な日記がどれほど魅力的な、たのもしい先達の書と映ったかは想像にかたくない。常民の学への起点として評価される『雪国の春』、その冒頭ちかくに柳田は、「真澄遊覧記を読む」という特異な貌をもつ論考をわざわざ書き下ろしのうえで配した。〝雪国の春を校正する片手に、ふと心付いて拾ひ読みに……〟と。それは結局、『雪国の春』をたんなる東北紀行ではない、重要な思想上の転換を刻印された書物へと変貌させてしまった。

さて、わたしたちはようやく、この「真澄遊覧記を読む」という論考を読む作業へとおもむくべきときが来たようである。

〈4〉

膨大な量にのぼる菅江真澄の日記から、何をとり、何を捨てたか。それを探ることで、柳田がどのような東北の像《イメージ》を眼前に結ばせようとしていたかが見えてくる。何が飾にかけて捨てられたかに、とりわけ眼を凝らす必要がある。

まず、真澄によるはじめての雪の正月の記録がみえる「小野のふるさと」を例としよう。天明五(一七八五)年、秋田の雄勝郡(湯沢市)に真澄はあたらしい春を迎える。柳田は真澄の日記を以下のように再構成しつつ、雪国の春景色をきわやかに浮かびあがらせている。

栗穂稲穂は信州などゝもちがつて、此辺のは餅を以て其形を作つた。ヲカの餅といふのが奥羽の各地の習ひであつたが、餅を瓢簞の形に中凹みに平めて、家内の男子の数だけこしらへて神に供へた。歳棚の上ではオケラといふ植物の根を焚き、其煙を衣類などにたき籠めて、悪い病を除けるといふ仕来りがあつた。七日の粥の日には村の内の子供たちが、祝言を述べて物を貰ひに来る風があつた。痩馬と名づけて松の葉に少しの穴銭を貫き、この馬痩せて候と言つて与へたとある。十四日の晩は「又の年越」と謂つて、門毎の雪に柳の枝を折つて挿した。次の朝の鳥追ひは他地方も同じであつたが、此辺では餅花を鳥追菓子と名づけて、犬猫花紅葉色々の形に彩色した餅を、重箱に入れて互に贈答した。夜に入つてからは例の十二ヶ月の年占があつた。此辺で行はれた方式の一つは、田結びと称して十二本の藁を把り、其中程を隠して端の方を二本づゝ結び合せる。偶然に長く繫がるのを田が広いと謂つて、其年豊作の兆として悦んだとある。餅焼きといふのも元は年占であつたらうが、もう此頃から之を縁結びの戯れに応用して居る。(定本第二巻、傍点引用者)

そのほとんどが稲作とイエをめぐる信仰によって彩色された、のどかな正月風景である。雪深い東北の春は、〝瑞穂の国〟とオオミタカラの位相において抽象され、それに沿った単色のイメージを施されている。真澄の日記原文と対照するとき、柳田の落としたものと、それゆえ逆に、柳田が志向していたものとが浮き彫りになる。

ひとつは、非農耕的な儀礼や呪《まじな》いである。病の神を逐いやらうための灸(八日)、盗人よけの呪術であるおとこむすび・庚申(十日)、日記せる牒の祝い(十一日)、門ごとに挿す柳(十四日)などを省くことによって、雪国の春を包む稲作の色合いは濃密なものとなっている。

いまひとつ、わたしたちの関心をひくのは、七日の記述から、〝万歳のうたひごゑ、あきのさし、ふくだはら、ぢちのこがねの箱など、家〳〵に、ものもらふ、かたゐの出入ありく〟(『菅江真澄全集』第一巻)という、真澄の原文にある一行がすっぽり落とされていることである。全集に附された註によれば、〝万歳〟は秋田万歳、〝あきのさし〟は明きの方から福の神がまいったと祝言をのべる、〝ふくだはら〟は小さな俵を転がしながら祝言をのべる、〝ぢちのこがねの箱〟は千両箱をたずさえて祝言をのべる、いずれも初春に家々の門にたって言寿《ことほ》ぎする雑芸の民・乞食《かたい》である。かつての柳田であれば、落とすはずのなかった一文といってよい。

「真澄遊覧記を読む」の別の箇所には、たしかに田植え踊りをするエンブリ摺りや、旅役者・獅子舞い・鳥追い・座頭イタコ・瞽の巫女らにたいする言及が散見される。しかし、総じてその印象は意外なほどに稀薄である。それはたぶん、そうした外なる世界からの訪れ人である雑芸の徒が、あくまで稲の稔りやイエの繁栄を言寿ぎするだけで、村とそこに生きる人々にたいして、補完的ないし従属的な役割しかあたえられていないことによっている。

旅わたらいの雑芸者と村の関係はどこかしら親和の光に浸され、そこには対立や葛藤、それに差別や排除の影といったものが射しいる余地はない。たとえば、「真澄遊覧記を読む」のおわりに、柳田は一章をさいて奥州の座頭たちの生活を綴っている。こんな一節がみえる、〝前沢の町には正保といふボサマが居て、折々同席して話をすることもあつた。一通りは歌も詠んで、彼が松前に立つ前などは送別の吟を寄せて居る〟。この座頭は旅わたらいの雑芸の徒であるにもかかわらず、柳田の筆はそれを〝町には……居て〟と、定住生活者とも読めるように描いている。あるいは、〝冬籠りの奥羽の村では、以前は座頭は欠くべからざる刺戟機関であつた。殊に正月も稍末になつて、再び爐の側の沈黙が始まらうとする頃には、若い者や小児は堪へ兼ねてボサマの訪問を待つて居た〟。もはや座頭にむけた畏怖の眼差し、はない。そしてまた、吹雪のなかを弟子と二人杖をたずさえ前のめりにゆく、盲人《めしいびと》らの旅わたらいの境涯にむけた熱い眼差しも、ここにはない。

有泉貞夫の「祖先崇拝と差別」という副題をもつ、刺戟的な柳田国男論を想起してもよい。有泉はこう書いている、――〝昭和初期に入ってから柳田が漂泊者をとり上げる場合、常民の生活に対する整合的補完機能の面においてのみ、それを問題にしていることが注目される〟(「柳田国男考」『展望』一九七二年六月号)と。「真澄遊覧記を読む」という昭和三年の論考を前にして、わたしたちは有泉の指摘に大筋のところで同意することができる。

稲作農耕に関わりをもたぬ儀礼や行事を背景にしりぞけ、常民にあらざる賤しい雑芸の者たちを、稲と常民にたいして補完的・従属的な場所に囲いこみ、またときには、ひそかに視界のそとへ祀り棄てるとき、そこには自己完結的な、稲をつくり祖霊に信仰篤い常民のいる東北の村々の〝のんびりとした初春の光景〟(柳田)が鮮やかに輪郭をあらわすことになった。

ここでも柳田の方法は消去法である。それは無意識に供犠を模倣=反復する。非稲作的・非常民的な事象を一つひとつ消去し、祓いやらうことで、はからずも稲と常民のいる風景が純粋培養されたかたちで抽出される。柳田が「真澄遊覧記を読む」において、常民のいる東北をたぐり寄せるために択んだ方法が消去法であることは、やはり象徴的な意味をおびているようにおもわれる。

〈5〉

さらに、柳田自身が〝真澄遺稿の最も価値多き巻〟のひとつにかぞえた「奥の手風俗《てぶり》」をとりあげ、検討してみたい。寛政六(一七九四)年正月、下北半島の田名部の町(むつ市)に真澄は滞在している。その記録が柳田によれば、〝殆と之を我々に伝へんとして用意して置いたかの如く〟、絵も文章も完備したかたちで残されている。

柳田はそこに、後年の『先祖の話』を想わせるような言葉を書きとめていた。それを読めば、柳田が「奥の手風俗」をもっとも価値多き巻と評したことが、よく納得される。柳田はあるいは「奥の手風俗」に雪国の春の祖型的な姿をみいだし、そこから稲と祖霊と常民を基軸にすえた民俗学の構想へと、大きな一歩を踏みだしていったのかもしれない。

こんな一節である。

奥州の果まで来て見ると、いよ〳〵盆と正月との二つの行事が、もとは毎半年に繰返された同じ儀式であつたことが分る。除夜にはサイトリカバと謂つて、白樺の皮を門火に焚くことは、他の山国の盆の夕も同じであつた。年棚にはミタマの飯とい

ふものを作つて、祖先の霊にさゝげた。（定本第二巻）

盆と正月の相似性・祖霊信仰としてのミタマの飯、これらが『先祖の話』をつらぬく重要なテーマであったことは指摘するまでもあるまい。ミタマを祖先の霊とじかに結ぶことには留保をしたい気がするが、真澄の日記に、一族が寄りあつまり、梁から降ろしたミタマの飯を仏前にそなえ、〝親神とて、あが親のなきたまをよばふ〟（男鹿の寒風）とあり、とりあえずミタマ＝祖霊説はそれとして受容しておいてもよいだろう。

ここでも、「真澄遊覧記を読む」と真澄の日記原文を対照しつつ、柳田の取捨選択の底にひそむ志向性といったものを探ってみたい。以下、日付けの順に記録された正月行事を逐一おってみることにする。末尾の＊印は、真澄の日記にはあるが柳田が採用していない項目である。

二日　深夜のみやしろ参拝（＊）、若水汲み（＊）。
四日　節分の豆まき、灰うら（＊）。
六日　屋内の大柱に松をたて、鱈や鮭の大魚を供える（――柳田は餅も供えたと書いているが、原文には見当たらない）。
八日　七草の粥。

九日　初酉の日、酉という字を紙に書いて門の戸に逆さに貼る(＊)。
十一日　大畑の湊で船玉の祝、初町。
十三日　目名という近隣の村のうばそく(優婆塞＝山伏)ら、家々を獅子舞いしてまわる。
十四日　粟穂・繭玉の餅(＊)。夕刻より、春田打つ男の人形《かたしろ》を盆にのせて手にもった少年たちが「春の初めにかせぎとりが参った」と訪れ、餅をもらって帰る。また、十四日の年越しに、魚のヒレや皮を焦がして餅とともに串に刺し、すべての入口や窓に挿すヤラクサという呪いをする。
十五日　男童は菅大臣のまつり(＊)、女童は雛まつり。昼頃、田植えの群女《むれりめ》が、田植え唄(柳田と原文では詞章内容に異同がある)を唱えてまわる。
十六日　田植え女多く群れあるく。白粥をなめるためし(＊)。
二十日　めだしの祝(＊)。家ごとに繭玉の餅をとりおさめ、粟穂・稗穂の餅を刈りとり、人にもミタマにも供える(＊)。

例によって、柳田は餅のある正月風景、初春に門々をめぐる獅子舞いや、田植えとよばれ、田植え唄を唱えてまわる雑芸の徒らの姿を巧みに点描してゆく。本州最北端にちかい下北半島、そこに年ごとにくりかえされる正月行事や儀礼のうえにも、稲と祖霊と常民のいる東北のイメージは色濃《こま》やかに揺曳している。

柳田が落とした正月行事に眼をこらしているうちに、ひとつささやかな疑問が芽生える。十四日の項に粟穂・繭玉の餅、二十日の項にも再び、繭玉の餅と粟穂・稗穂の餅をめぐる儀礼がみえるが、柳田は採りあげていない。偶然であろうか。また、そこに、あってしかるべき稲穂の餅が含まれていないのはなぜか。

この、穀物や繭をかたどった餅を鴨居や柱などに飾る行事は、真澄の日記のあちこちに散見する。〝いなほ、あわほのもちゐ〟(小野のふるさと)、〝あはぼ、いなぼ、まゆだまになずらへしもち〟(追柯呂能通度《つがろのつと》)、〝粟穂のもち、稲穂のもち、繭玉のもち〟(秀酒企《すすき》の温濤《いでゆ》)などを、たやすく拾いあげることができる。東北ではごく普通にみられた、稲や粟の豊かな稔りを祈り養蚕を予祝する正月行事だったのである。ところで、わたしが拾った事例ではいずれも、作為にもとづく抽出ではないにもかかわらず、稲穂と粟穂(また繭玉)が並列的に組み合わされていることに注意したい。柳田が故意にか偶然にか触れることを避けた、下北の春景色のひとコマである粟穂・繭玉の餅の儀礼はそれゆえ、稲穂の餅を欠いている点で、たいへん異例なもののようにおもわれてくる。真澄が書き落としたとはかんがえにくい。十四日と二十日の項にともに、稲穂の餅がみえていないのだから。

その小さな謎を追っているうちに、東洋文庫本の「奥のてぶり」に附された註のなかで、次のような驚くべき記述にぶつかった。編者は内田武志・宮本常一の二人であるから、どちらかが書いたものとみてよい。十六日に白粥をたべる習俗があったが、それにたいする註である。

　正月十五日に、粥に餅か小豆を入れて食べるところが全国に多いが、下北半島では米をほとんど作らなかったので、米の餅を用いることが少なかったのだろう。（傍点引用者）

下北半島では米をほとんど作らなかった——、こともなげに投げだされた、この変更がきかぬ歴史のなかの事実を前にしては茫然自失するほかはない。柳田が〝真澄遺稿の最も価値多き巻〟と評し、やがて『先祖の話』へと展開し結晶してゆく稲と祖霊と常民のいる〝瑞穂の国〟としての日本、という美しい観念《イメージ》の源泉（のすくなくとも、ひとつ）であったかもしれぬ、菅江真澄寛政六年の日記「奥の手風俗」。柳田は書いていた、〝年棚にはミタマの飯といふものを作つて、祖先の霊にさゝげた〟と。〝瑞穂の国〟のオオミタカラ＝常民らの、敬虔なる祖先崇拝の原質的な光景をそこに認めたと信じ、柳田が祖霊にささげるミタマの飯について情熱をこめて語ったことは、おそらくまちがいあるまい。

ミタマの飯は正月に粥に入れて食べるのが通例であった。柳田はこの粥について、『先祖の話』の「みたまの飯」の末尾に、〝この粥は……初穂を神様にも参らせる最も清い食物だつた〟と記している。下北半島の米をつくらぬ常民たちが年棚に供えたミタマの飯もまた、神にささげる初穂と説明されるのだろうか。しかし、歳の市でほかの農作物などとひき換えに手に入れたはずの米が、神にささげる初穂であるとは、いかにも苦しい。あえて言ってみれば、米をつくらぬ常民たちのミタマの飯とは、擬制としての、幻影としての稲作儀礼である。

米は古代以来、支配―被支配をつなぐ「公」的な回路であった。米を媒介として、百姓《オオミタカラ》は国家の末端にくみこまれた、といってもよい。稲作にしたがわぬ民人《たみびと》はだから、市における交換をつうじて米を入手し、それをあらためて年貢や公事として領主のもとへ運んだ。米をつくらぬ常民たちが〝瑞穂の国〟という幻想へと連なるために、擬制としての稲作儀礼が必要とされた、というべきだろうか。軒に届くほどに深い雪のなかの〝瑞穂の国〟という東北像は、ここに破綻する。

わたしたちを悩ませた小さな謎は、こうして呆っ気なく氷解した。「奥の手風俗」に粟穂・稗穂や繭玉の餅だけがあり、稲穂の餅がみえないのは、下北半島の人々がたんに(!)米をつくらぬ常民であったがためにすぎない。かれらには稲穂をかたどった餅をつくる必然がなかった。稲の稔りを祈願しようにも、はじめから稲作とは無縁なオオミタカラであったのだから。雑芸の徒らの唱える田植え唄も、おそらくは稲作の予祝とは異なったレヴェルで、初春の言寿ぎの芸能として享受されていたものにちがいない。柳田は粟穂・繭玉の餅の儀礼を記述から落とした。故意か偶然か、それはわからない。ただ、この稲穂を欠いた正月儀礼が、柳田の拠ってたつ場所を足もとから崩しかねぬ、異形の光景であったことは確実である。

柳田が「奥の手風俗」を素材として描いてみせた、下北の春景色、その稲と祖霊と常民たちのいる閑《のど》やかなイメージの虚構性も見えてくる。たとえ、年棚にミタマの飯が供えられ、カセギドリの子供らに餅が配られ、田植えとよばれる漂泊の雑芸者が田植え唄を唱えて門々をめぐるとしても、下北の常民《オオミタカラ》たちが米をつくらなかった事実だけは動かしようもない。その米をつくらぬ常民たちの稲作儀礼とは、やはり擬制であり、幻影であったといわねばなるまい。同様に、それら稲をめぐる擬制の習俗を再構成しつつ築かれた、稲と祖霊と常民たちの東北という柳田の思い描いたイメージもまた、ひとつの幻影であったはずだ。

〈6〉

最後に、米をつくらぬ常民たちの東北が、じつは下北半島にのみ例外的に見出されるものではなかったことを指摘しておくべきだろう。

たとえば、盛岡藩では近世になっても検地をしなかったところが多い、という。稲がつくれなかったのである。たてまえは検地をやったことになっており、山奥の村では五斗代の田とか三斗代の田とかのかたちで検地帳に誌されている。実際には稲作をおこなわないが、年貢は五斗なり三斗なりの米で納めたのである（前掲『対話「東北」論』）。坪井洋文の『稲を選んだ日本人』には、その、同じ盛岡近辺の稲作についてこんな一節がみえる。

岩手県北部では稲作は終戦前後に始まったところが少なくないが……。このように、餅はおろか赤飯さえもつくることのできない村もあったが、田野畑地区あたりでは、牛の背に塩をつけて盛岡の町に出て、米や粟と交換し、正月の米餅と粟餅だけをついたが、元旦には米飯を食べ、餅はオヤツのようにして食べたともいう。

「奥の手風俗」のなかの年棚に供えた飯や、カセギドリの子らにあたえ、ヤラクサの呪いに使われた餅がどのような経路で獲得されたかは、坪井の語る岩手の例によってたやすく想像されよう。ここにもやはり、擬制としての稲をめぐる儀礼が正月風景のひとコマをなしていたらしい。

米をつくらぬ常民たちの東北――。それは疑いもなく、稲と祖霊と常民を基底にすえる柳田民俗学にむけた、怖るべき陰画として、下北半島の、岩手の山奥の軒まで届くほどに深い雪景色の底に埋もれている。

(『境界の発生』ディヴィニタス叢書1、砂子屋書房、一九八九年、所収)

増補2　山師の子どもはやがて、山に還る

幼い日のかすかな記憶である。年に一度か、二度であったか、父の故郷である福島から、大型トラックが炭俵を運んできた。父は郊外の町で、ほったて小屋のような燃料を商う店をやっていた。その日の父は、あきらかに興奮状態にあった。なぜとも知らず、「お祭りだ」と思った。父は福島のいなかでは、炭焼きをしたり、山を買って山子に炭を焼かせていたらしい。いわゆる山師であったかと思う。わたしは父がカマドを返して、東京に出てきてからの子どもであり、六人兄弟の末っ子であった。福島の父については多くを知らない。しかし、いつしかわたしのなかには、俺は山師の子どもだという出自の意識が生まれて、それがいたく気に入っている。

一九九二年の春、山形に新設された大学に勤めることになった。それからの二十年足らずの日々、野辺歩きと称して、東北の村から町へとひたすら聞き書きのために歩きまわった。山深い村を訪ねることが多かった。しばしば炭焼きの思い出に耳を傾けることになった。父からは、炭焼き、もしくは山師としての人生について聞いたことがない。

だから、東北のどこかの村で炭焼きの話に出会うと、そこに父の人生を重ねあわせにした。父の人生を探していたのだと思う。

たとえば、岩手県北部の山形村では、山師としてたくさんの山子に炭を焼かせた経験のある人に聞き書きをしたことがある。八十代のなかば、寡黙を絵に描いたような山師の男の語りは、驚くほどに知性を感じさせるものだった。炭焼きしか仕事がなかった。周旋人が来て、蟹工船に乗った若者もいたが、みな肺をやられた。この人は家族をともない、鍾乳洞のある村で、十年あまり数十人の山子をたばねて炭焼きにしたがった。そのあいだに、二度ばかり兵役に引っ張られている。戦後は、マンガン鉱で働いたこともある。炭焼きは昭和三十年代にすたれた。それからは、東京近辺に冬の出稼ぎに出て、なんとか暮らしてきた、という。

山形県内の村歩きをしていた九〇年代なかば、炭を焼いた経験のある人はいくらでもいた。庄内平野の山側の町で、大正元年の生まれの炭焼きで暮らしてきた人に出会った。その人ほど炭を焼いた人はいない、とだれもが言う。訪ねてみると、庭の隅の隠居家のようなところに、老夫婦だけで暮らしていた。炭焼きのことが聞きたくて来たと伝えると、脳梗塞で倒れて半年ほどで、とても話せる状態じゃないよ、そう、年老いた妻が人のよさそうな笑顔で言う。なかに、その人がいた。眼が合った。唇が動いている。どうやら、せっかくだから、なかに入れ、と言っているらしい。そうして、わたしは足の踏み場もない部屋のなかに招き入れられたのだった。

記憶に深く刻まれる聞き書きになった。わたしたちは自然と、顔を突き合わせるように身を寄せて、たがいの言葉に聞き入った。その人の言葉はろれつが回らず、聞き取りにくい。それを妻が翻訳してくれる。そのうち、なんとなく聞き取れる気がしてくる。わたしはいつものように、その人の人生を知りたかった。若い頃から、夏場は屋根葺き、秋から冬にかけては山からソリに丸太を積んで降ろす、木出しの仕事をやった。おもしろかった。炭焼きも何十年と、冬場の仕事として続けた。

山の払い下げを受けて、木を伐り、三尺の原木にして、大きな五六の窯で焼いたものだ。一晩に六、七俵は焼いた。朝早く、三時過ぎには起きだした。長く窯に入れるほど、いい炭ができる。ここではもっぱら白炭であるが、よそから先生を招いて、黒炭の窯を作って焼いたこともある。雪に埋もれた山奥での炭焼きである。車もなにもなかった。焼いた炭は背負って、山から里に降ろさねばならない。ひやみた人には炭焼きはできない、その人は笑いながら、最後に、そう言った。ひやみた人とは、まめに働かない人といった意か。

その人を師匠に仰いで、炭焼きを始めた、昭和十九年生まれの人からの聞き書きは愉しいものだった。そのとき、この人は五十代になったばかり、時間にうるさい給料取りに嫌気がさして、脱サラのあげくに炭焼きを専業にして暮らすようになっていた。小屋には、五六の窯がふたつ並んでいる。交互に焼く。一回で七俵ほどか。はじめの頃は、なかが炭化していない烏子《からすご》がよく出たが、いまはほとんど出さなくなった。とはいえ、同じように焼いても、いい炭ができるのはひと月に一、二度といったところだ。

毎朝、七時過ぎには小屋に行く。あんなに朝起きるのがつらかったのに、うそのようだ。窯が呼んでいる気がして、すぐに眼が覚めてしまう。海からの風、山からの風に乗って、枕元まで窯の匂いが漂ってくる、という。いくら働いても、炭焼きならば疲れることがない。一日中、だれとも話すことなく、小屋で過ごす。この人にはそれが合っていた。窯は口をきかないが、とても繊細で、奥が深い。欲がからんで、一本でも多く木を入れたくなる。欲がなければ、炭焼きなどするな、だが、欲に負けると失敗する。師匠の教えである。炭焼きは無口な博奕だなと、この人は呟くように言う。

この人はなんだか、哲学者のような言葉をときどき、だれにともなく洩らした。それが愉しかった。山に入り、雑木を眺めながら、その一本一本がどんな炭になるのか、想像を巡らしているときがいいな。木にはみんな個性があり、表情があるんだ。雑木はかならず根元から伐る。すると、その切り株からたくさんの芽が出て、若子《わこ》がよく育つ。ブナの大木からは芽が出ない。人の役には立たない。若いうちに伐って、若い森を育てる。それが俺たちの森と付き合う流儀だな。そんな言葉のいくつかが、いまも鮮やかに記憶に残っている。

あの人が語っていたのは、里山の思想だった。里山はすでに、この列島では縄文時代の中期、いまから五千年前あたりには生まれていたらしい。炭焼きの歴史は、いつ始まったのだろうか。金属の精錬のために高熱が必要になってから、産業としての炭焼きは誕生するが、炭焼きそのものの歴史はそれ以前に始まっていたかもしれない。都市の暮らしはおそらく、炭を必要としたにちがいないからだ。

それにしても、炭は燃料であった。炭焼きが化石燃料以前にはエネルギー産業であったことに気づいたのは、うかつにも東日本大震災のあとのことだ。かつて、この列島に暮らす百姓たちはみな、田畑を耕して農作物を作るだけではなく、たいていは里山を舞台として雑木林を伐採し、炭を焼いていた。エネルギー生産にしたがっていたのである。百姓は「百の姓《かばね》」をもって働く人々だった。そう考えると、いわゆる自然エネルギーが農業と両立するような方向へと展開していくことには、ある種の必然が感じられてならない。二十一世紀にはきっと、自然からエネルギーをいただく百姓たちが再登場してくることだろう。

山師の息子はいま、自然エネルギーに関心をいだき、会津の山で炭焼きを始めようと語らいはじめている。時代の風が吹いている。

（『なごみ』二〇一七年十一月号、淡交社、所収）

増補3　巫女になった夜に

むろん錯覚にすぎない。しかし、それはあくまで映像的な記憶として、わたしのなかに鮮やかに沈められている。はげしい音響や声がからみついている。眼の見えない少女が、いま巫女として生まれ変わろうとしている通過儀礼の現場だった。そこに立ち会い、まるで目撃でもしていたかのように記憶しているのだが、ふと気がつくと、はるか遠い戦前のことであり、わたし自身が見た情景ではありえない。それにもかかわらず、息苦しいほどに生々しい記憶として、からだの深いところに沈澱している。

わたしはかつて、一九九〇年代のことだが、東北、とりわけ山形県内でひたすら〈歩く・見る・聞く〉ための旅を重ねていた。村や町を訪ねて、たくさんの、たぶん三百人あまりの戦前生まれの人たちから聞き書きをおこなった。もっぱら、それぞれの人生をゆるやかにたどり直すように、いわばライフヒストリーに耳を傾けたのである。

百編くらいのライフヒストリーを書き溜めていた。あるとき、わたしのささやかに過ぎる記憶の容量を超えたらしかった。なにかが決壊したかのように感じた瞬間があった。

それまで克明に覚えていたひとりひとりの語り部の表情やたたずまい、小さな人生の輪郭が崩れてゆき、いつしか溶け合いはじめたのだった。わたしは狼狽しながら、ただ受け容れるしかなかった。ほとんどの語り部たちは、もはやこの世の人ではない。すべてが遠ざかってゆく。

ところが、その面影がなぜか、とても鮮やかな映像的記憶としていつまでも残っている人がいる。その人の顔立ちや表情まで、思いがけず微細なまでに記憶しているのだ。オナカマと呼ばれてきた、眼の不自由な巫女である。青森あたりではイタコと呼ばれ、下北半島の恐山大祭での口寄せで知られる。

はじめてお会いしたとき、その人は病院のベッドにすわっていた。ここでは話せない、と低い声で言われた。それから十か月ほどが過ぎて、わたしと友人の舞踏家は、あらためてその人の自宅を訪ねた。

いつものように、人生の語りに耳を傾けた。

十七歳のとき、オナカマの師匠に弟子入りした。ふつうは初潮が来る前に修行にかかる。姉が不憫がって遅れたのだった。翌年の秋には、神ツケという儀式がおこなわれた。三週間前から、穀断ちに入った。あとの一週間はまったくの断食で、ほとんど水も飲まなかった。朝から、裸のからだに柄杓で水をかけられた。水垢離をくりかえし取らされたのだ。

ついに神ツケの儀式の夜を迎えた。法印(山伏)さんの主宰のもと、二、三人のオナカマさん、親戚の人たち、若衆が六、七人立ち会ってくれた。三俵の米俵を積んで、そのなかに、身を清め、白い浄衣をつけて正座した。両手に御幣を持たされた。法印さんが印を結びつつ、真言を唱え、オナカマさんが梓弓を打った。若衆はお経をよみながら、柳と楢の生木の棒で台をガンガン叩きはじめた。

三週間の精進と断食で弱り切っていたから、やがて意識がなくなった。それからの記憶がない。神さまが憑くと、御幣がぶるっと震える。すかさず、法印さんが「なんの神さまが憑いたか」と問いかける。「十八夜さま」と答えたらしい。眼が覚めてから、そう聞かされて、十八夜さまが憑いたことを知った。その、正体の知れぬ十八夜さまが、生涯にわたって守護してくれる神さまとなった。その後、となりの部屋に移って、神の嫁になったということか、ムカサリ(結婚)の宴席が設けられたはずだが、記憶からは薄れている。

かぎりなく映像的な語りであった。モノクロではなく、ところどころに淡い彩色まで施されている。それはしかし、まぼろしの映像でしかない。そのことに、ふと気づいて、愕然としたのだった。その人は眼が見えなかった。だから、耳や気配や匂いで感じ取ったことを、言葉に置き換えて記憶していたにちがいない。あとになって、姉から聞かされた情報が付け加えられて、整理されたものであったか。それをとぎれとぎれに語ってくれたわけだ。わたしはさらに、それを視覚イメージに翻訳したうえで、あくまで言葉でその情景を物語のように紡いできたのである。わたしのなかに、たしかに映像的な記憶として定着させられているものは、それゆえ、まぼろしにすぎない。

それにしても、若衆が手にした棒が、柳と楢の生木であったことが、どうしてわかったのか。考えたこともなかった。しかし、その人はたしかに、そう語ったのだ。生木であった。だから、匂いがしたのか。若衆たちは生木の棒を台に叩きつけた。裂けて、柳や楢の強い香りが漂ったのか。その人が巫女になったときの記憶はきっと、その樹の匂いと無縁ではありえない。そう、いまにして思う。

聞き書きのときには、すでに神ツケに立ち会ってくれた人たちはみな、他界していた。同じムラのなかに、その人ではないが、別のオナカマの神ツケに若衆として参加した人が健在だと聞いて、訪ねた。明治生まれの、その老人は、そのときばかりは、神さまはいるんだと実感したよ、そう、半世紀も前に目撃した情景を、ありありと眼の前に浮かべながら語ってくれた。

かぎりなく凛としたたたずまいの人であった。静謐であり、それでいて濃密な宗教者の匂いが感じられた。亡くなるまで、十八夜さまという名もなき神さまに抱かれていた。その神さまのために、ひと月のうちに一週間ほどの精進と穀断ちを、欠かさず続けた。たいせつな修行として、春廻り、秋廻りと称してムラ歩きを重ねた。どこの家でも神棚を背にして、上座《じょうざ》にすわり、神々の言葉を伝えた。むろん、死者の言葉を伝える仏降ろしもおこなった。

でも、信者以外の人たちからは軽蔑されました……。養女として世話をしていた人が、ぽつりと洩らした言葉が忘れられない。野の宗教者として立ち尽くす姿が、いまも思いだされる。その人は最後のオナカマさんとなった。

（『ドゥマゴパリ　リテレール』二十三号、Bunkamuraドゥマゴ文学賞、所収）

増補4　樹をあるく旅から――タブの杜を訪ねて

わたしにとって、タブという樹木との本格的な出会いは、一九九七年の夏であったかと思う。日本海に浮かぶ飛島を訪ね、一週間にわたって聞き書きを重ねた。その記録はのちに、『山野河海まんだら』の「タブの島・酒田市飛島」にまとめているが、その一節にタブが登場してくる。

飛島の植生図を眺めていて、気付いたことがあった。飛島にある五つの神社がいずれも、タブの群生林のなかに位置を占めるのである。神社とタブ林の関わりには特別の意味はない、という。神木と見られているわけではないらしい。ただ、神域であるから、タブの木の伐採は禁じられてきた。高森神社の境内など、とりわけ鬱蒼とした、みごとなタブの群生林になっている。タブ林は水が豊かな森だ、という。部落の裏手にタブ林が広がっている法木など、そのためか、水質のいい豊富な水に恵まれてきた。水涸れに苦しむ勝浦や中村から、船で水をもらいに来たこともあった。タブは伐るな、と言われた。タブの木の根元には水があるから、井戸を掘るといい、そんな言い伝えがあったという。

それ以降、タブの民俗にたいする関心はゆるやかに持続している。庄内地方の屋敷林調査のなかでは、屋敷地の北西に当たる一角の繁みがヤマツボ(山坪)と呼ばれているが、そこには稲荷の祠などが建っていた。広い屋敷地のなかで、そこはあきらかにある種の宗教性を漂わせた特異な場所であった。その祠のまわりには、ヤブツバキやシキミ、タブなどが植えられてあった。いわば、ヤマツボは小さな照葉樹林としてデザインされてきたのではないか、そんな仮説が浮かんだ。

それにしても、飛島のタブの杜と、庄内の屋敷林のヤマツボに植えられたタブの木とは、どこかで繋がっている気がする。飛島のタブからはすでに、神木としての記憶は失われているし、屋敷林のタブについても信仰的な意味合いは稀薄である。それにもかかわらず、これら北限のタブがまといつかせている宗教的な匂いは、けっして偶然の所産とは思われない。それらのタブはおそらく、北の島や海辺の村々へと運ばれた照葉樹の杜にまつわる、かすかな記憶の痕跡であったにちがいない。『万葉集』に収められた大伴家持の歌、「磯の上の　都万麻《つまま》を見れば　根を延へて　年深からし　神さびにけり」を想起するのもいい。万葉の時代から、すでにタブの神さびた巨木が磯浜の景物として知られていたことがわかる。飛島のタブ林が磯の景観をなしていることは言うまでもない。

＊

柳田国男が『北小浦民俗誌』のなかで、興味深い推論を提示していたことが思い出される。柳田によれば、樟科の植物のなかでは、タブという木だけがかなり北のほうの海岸地帯にまで分布し、いまでも神社の信仰に庇護されて、驚くほどの巨木になっているものが、佐渡よりもずっと北のほうにも見られる。それらのタブが、「海部の民の南の方からの移動」を誘致したのではなかったか。佐渡のはじめての丸木舟はタブの木製であったと推定される、という。こうした民族移動と植物の伝播・分布とのかかわりといった問いの立て方は、まさに柳田に固有のものであったことを確認しておくのもいい。

これにたいして、折口信夫がタブについて、独特の深い関心を寄せていたこともまた、よく知られている。たとえば、折口の『古代研究』国文学篇には「漂著神《よりがみ》を祀ったたぶの杜」「岬のたぶ」、民俗学篇一には「丘のたぶ」「たぶと椿との杜」、民俗学篇二には「海にむかへる神の木」など、口絵の写真にタブの木が使用されているのである。これについて、折口は以下のように述べている。

「たぶ」の写真の多いのは、常世神の漂著地と、其将来したと考へられる神木、及び「さかき」なる名に当る植木が、一種類でないこと、古い「さかき」は、今考へられる限りでは、「たぶ」「たび」なる、南海から移植せられた熱帯性の木である事を示さう、との企てがあつたのだ。……殊に、二度の能登の旅で得た実感を、披露したかつたのである。

ここにも、あの万葉以来の磯の神さびたタブの木が登場してくる。折口によれば、それは「南海から移植せられた熱帯性の木」であり、常世の神が漂着した地に伝えた神木であった。これは能登の旅の印象のひと齣として示されたものだが、たしかに能登半島にはタブの木が多く見られ、それが神木として崇められている例も少なくはないことを、野本寛一は『神と自然の景観論』のなかで指摘している。

折口はまた、「日本文学啓蒙」のなかでは、こう述べている。

我々の祖《オヤ》たちが、此国に渡つて来たのは、現在までも村々で行はれてゐる、ゆひの組織の強い団結力によつて、波濤を押し分けて来ることが出来たのだらうと考へられる。その漂著した海岸は、タブの木の杜に近い処であつた。其処の砂を踏みしめて先、感じたものは、青海の大きな拡りと妣の国への追慕とであつたらう。

イメージはより鮮明になっている。タブは漂着神の依り代であるとともに、そのタブの木をめざして、海のかなたの妣の国から祖先の人々は渡ってきた、という。野本によれば、磯に立つタブの巨木が漁民の当て木(山当て)となる事例が、能登半島には見られたという。つまり、海上にいる漁民がみずからの位置を確認するための目印として、タブの巨木が使われることがあったのである。折口の想像にはいくらかの民俗学的な根拠が存在したといえるだろうか。

野本はやはり、『神と自然の景観論』の一節において、以下のように述べている。すなわち、若狭のニソの森にはタブが多い、山形県鶴岡市の加茂の港の氏神にも大きなタブがあったし、宮城県の金華山でもタブの巨木を見かけた。タブは「海岸沿いに寒冷地まで深く喰いこんでおり、北の人びとは、常緑のこの木を殊のほか大切に守ってきたのである」と。そのあとには、静岡県の山中ではタブを「タマノキ」と称して、屋敷神の神木にする例も見られる、という指摘があり、いたく関心をそそられる。常緑の、照葉樹のひとつであるタブの木を、北の人々または北へ移り住んだ人々は、まさに信仰の木として大切に守ってきたのである。庄内の屋敷林のヤマツボに植えられたタブは、この静岡の山村の屋敷神の神木のタブと呼応しあっているにちがいない。

＊

二〇〇四年の夏の終わりに行なった、朝鮮半島の南西部に点在する多島海の調査の旅のなかでは、ひそかにタブの木との出会いを楽しみにしていた。これらの島々では、もっともポピュラーな神木はエノキであるが、ツバキやタブもまた、神木とする島が見られることを知った。はっきりと神木としてのタブを確認することができたのは、調査の旅も終わりに近く、黒山島《フクサンド》という島においてであった。深里というムラの、かつて堂《タン》があったところに、石垣に囲まれて、タブのちょっとした林ができていた。そのかたわらには、タブとエノキの巨木が不思議に絡み合って立っていたが、これがムラの神木とされていると聞いた。

タブは神木であるから、薪としてはむろん、実用には使わない。ただし、かつては胃腸の調子の悪いときに、タブの皮を煎じて薬とした、という。聞き書きのわずかな一端である。このときの多島海調査の先導者でもあった高光敏さんによれば、同じような習俗は黒山島の南方にある小黒山島でも盛んであり、この島ではタブの皮の薬を売ることを生業にしている、という。

こうしたタブの民俗については、日本列島のなかでさまざまに断片的な報告がなされてきた。すなわち、タブの皮は煎じて線香製造の粘結剤とされた、魚網や布を染めるのに使った、実は絞って蠟を作るほかに、繋いで数珠にしたり、粉砕してモチに混ぜて食べたりした、粘性をもつ葉は土壁に混ぜた、材は船を造るのに使った、という。あるいは、黒々としたタブの木は魚付き林や山当ての目印として活用された、防火・防風・防砂の役割もになった、根元に水を蓄えることから水源地として守られてきたタブの森もあった、という(今石みぎわ「つばき・おがたま・たぶ――黒山島探訪ノート」『東北芸術工科大学東北文化研究センター研究紀要』第五号)。タブの民俗を辿る旅はいまに繋がっている。

(『季刊シルバン』八号、シルバン編集委員会、所収)

増補５　旅と聞き書き、そして東北学

〈1〉

東北学とは何か、何であったのか、何者でありえたのか。そんな問いの前にしばし佇んでいる。ほんとうは、すこしだけ途方に暮れている。『東北学／忘れられた東北』という、九〇年代の半ばに執筆した、わたし自身のはじまりの東北学の書が、はるかに遠く感じられて、うまく心を寄せることができない。そのことに戸惑いが拭えない。

山形に新設された大学に職を得て、わたしが東北という未知なるフィールドに足を踏み入れたのは、一九九二年春のことだった。それまでは、ほとんど引き籠もり状態で書斎の人をやっていたから、そもそもフィールドなどというものは知らなかった。いまはない『創造の世界』という季刊誌に執筆の場をいただき、『柳田国男の発生』と題した連載を始めてはいた。編集長の前芝茂人さんがわたしに求めたのは、たったひとつ、旅をすることだった。物書きとしてデビューして数年が過ぎてはいたが、三十代半ばのひたすら寡黙で頼りない、まさに蒼白き若者はそのとき、書斎の外へ、と促されたのだった。その最初の旅が、『遠野物語』の舞台である岩手県の遠野であった。柳田国男論であってみれば、とりたてて偶然ではない。ともあれ、わたしはそうして、柳田国男へ、旅へ、東北へと向かうように背中を押してもらったのだ。正直に書いておくが、この雑誌や編集者との出会いがなかったら、わたしはきっと旅人にはならなかったし、柳田に仲立ちされて民俗学者への道行きをたどることもなかった。感謝の思いを、そっと書きつけておく。

それゆえ、東北学もまた誕生することはなかった。むろん、父の故郷が福島であったこと、はじめての講演で山形の雪深い村を訪ねたこと、そして、ほんの偶然から東北芸術工科大学という大学に呼ばれて、それをあえて択んだことなど、いくつもの東北への促しが重なっていた。避けがたい偶然ではあったのだ。いずれであれ、わたしはいつしか、野辺歩きの旅人になった。列島の北から南まで、連載や原稿依頼にかこつけて旅をくりかえした。当然とはいえ、東北一円がもっとも濃密な旅のフィールドになった。『東北学／忘れられた東北』はその東北紀行のはじまりの書である。一年間の半ば以上は旅に明け暮れた。見知らぬ村や町を訪ね、語り部の老人を探し、つれづれにその人生を聞き書きさせてもらった。わたしは武蔵野の原野を切り拓いた郊外に、移民の子として育った。お地蔵さんも年中行事も、寺や神社も、そこには何ひとつなかった。いや、大國魂神社の五月例大祭には、府中市の北のはずれの新興住宅地でも、子どもたちは漬物石を乗せた樽みこしをかついだし、夏には盆踊りもにぎやかに行なわれた。ただ、宗教的な意味合いだけはかけらもなかった。民俗的なるものからは隔絶した場所であった。だからこそ、東北では見ることや聞くことのすべてが珍しかった。出会う人やモノや風景がみな、新鮮なものに感じられた。柳田国男の本のあちこちに転がっている、あれやこれやの民俗のかけらを見いだしては歓び、ひたすら興奮に掻き立てられた。これほど幸福感に満ちた旅の日々はなかった、といまにして思う。

わたしはそのとき、すでにはっきりと「東北学」へ向かうことに心を決めていたのだった。みずからの東北紀行がやがて到り着くところに、「東北学」が待ち受けていることを知っていた。奇妙な物言いに聞こえるかもしれないが、そうとしか言えない。むろん、「東北学」とは何かなど知らなかった。それでも、「東北学」と名づけられるべきものがいずれ姿を現わすことは知っていたのだった。ここでも、はじめに名づけありき、というわたしの知の作法にまつわる癖のようなものが見られることに、わたし自身が驚いている。

その当時、地域学の名前で呼ばれる知の運動が、ちょっとした流行現象のようにあちこちで生まれていた。背景はよくわからない。市町村合併が国家の主導で始まろうとしており、それによって地域社会が壊されつつ再編されてゆくなかで、地域に暮らすことの意味が問われようとしていたのかもしれない。地域に生きるアイデンティティそのものを編み直したいという欲望が見え隠れしていた。社会学者の鶴見和子さんの内発的発展論が批判されながら、参照されることが多かった。わたし自身の東北学はあきらかに、そうした大きな流れのなかで(——その当時、全国に三千程度の地域学があるといわれていた)、地域学のひとつとして自己形成を遂げていった。とはいえ、地域学に括られるものは、市町村が主催する文化講座、大学や博物館の公開講座、市民運動の一環としての学びの場など、じつに多様であり、なんらかのイデオロギーによって導かれていたわけではない。東北の旅をくりかえしながら、わたしのなかで次第に輪郭が定まっていった東北学などはむしろ、例外的に大きな理念を掲げていたことでは、アウトサイダー的な存在であったにちがいない。

くりかえすが、東北学という名づけが先にあった。東北という大きな地名には、歴史的に貧困や飢餓や差別といった負の色合いが絡みついている。そうした道の奥としての東北の下に「学」をくっ付けるのは、あきらかにミスマッチであり、権威的な「学」に回収されるのを嫌う空気を感じることもあった。わたしはあえて、それを択んだ。その響きが耳に心地よかった。あえて文化果つるみちのく世界から「学」を起ちあげることに、意外性と面白みを見いだしていた。東北学という名づけはとても硬派でかっこいいと、わたしは一人、気に入ったのである。

そのころ、わたしは鶴見和子さんと山形で出会っている。その言葉に挑発され、その内発的発展論に心惹かれた。たちまち、それは東北学を支える理念のひとつに成りあがった。そうして、東北学はいつしか、いま東北に暮らす人々によって、内発的な促しのもとに、足元に埋もれている歴史や文化や風土を掘り起こす知の運動として受肉されてゆくことになる。そのころ、わたしは東北ルネッサンスという言挙げを好んだ。忘れられた東北をひとつひとつ掘り起こしながら、東北が背負わされてきた負のイメージを裏返しにして、縄文以来の分厚い歴史を抱いたもうひとつの東北像を浮かびあがらせてみたい、と考えたのである。このあたりの経緯は、「内発的発展論と東北学」という副題をもつ、鶴見さんとの対談集『地域からつくる』(藤原書店、二〇一五)のなかでたどられている。

〈2〉

いま思い返してみると、わたしは九〇年代には、いくつかの方位と質を違える旅をごちゃ混ぜに行なっていたようだ。気づかずにいた。

まず、山形県の最上地方を舞台として、山や河のかたわらに暮らす人々を訪ね、ライフヒストリーに耳を傾けながら、「最上に生きる」と題した聞き書きを重ねていった。

その連載は一九九二年十一月から、『朝日新聞』山形版に三年にわたって掲載された。カンジキを作る山の民、川のほとりに暮らす川の民、新庄の花街に生きてきた芸者、亜炭を掘る坑夫、開拓の人々、オナカマと呼ばれる盲目の巫女、人形芝居や番楽に携わる人々、屋根葺き・舟下り・窓鋸作り・紙漉き・行商・馬産などにしたがう人々。かれらの物語りする人生に触れるとき、まさに柳田民俗学にいう常民とはこの人たちのことだ、と感じた。それはわたし自身の父や母の人生にも繋がっていた。これはのちに、『東北学へ2　聞き書き・最上に生きる』(作品社、一九九六)にまとめられた。

それと背中合わせのように、まったく同じ時期であったが、主として北東北をフィールドとして気ままな旅をくりかえしながら、講談社の『本』というPR誌に「忘れられた東北」と題した連載を行なっている。のちに、『東北学へ1　もうひとつの東北から』(作品社、一九九六)として刊行されている。二〇〇九年には、『東北学/忘れられた東北』とタイトルを変えて、講談社学術文庫の一冊に加えてもらった。これは結果的に、東北学のマニフェストのような意味合いを託された本になってゆく。それがいま、「補章」として数編の新旧の原稿を加えて、岩波現代文庫に決定版として収められることになる。

これら二冊の本が東北学の名前とともに世に送りだされたころ、わたしは山形県内を訪ねあるく、もうひとつの聞き書きの旅に取りかかった。最上の老人たちのライフヒストリーの聞き書きから、山野河海を舞台とした生活誌を紡ぐための、より民俗学的な問いを背負った聞き書きへと踏みこんでいったのである。およそ二年間に及ぶ聞き書きの旅となった。これは『山形新聞』に「山形まんだらを織る」と題して連載されている。

わたしはそこでは、山形全域をフィールドとして、聞き書きのテーマは山野河海を舞台とする暮らしと生業を掘り起こすことに見定めていた。第一部は「山野の章」として、熊狩り・箕作り・木地挽き・焼畑・紙漉き・シナ織り・炭焼きなどについて、第二部は「河海の章」として、渡し舟・ヤナ場・サケ漁・砂金掘りから礒見漁・トビウオ漁・日和見・船大工などにいたるまで、集落《ムラ》ごとに十人くらいの老人たちに聞き書きを重ねた。あわせて二十ヵ所の大字ほどのムラを訪ねた。ささやかなものではあるが、意識することもなく稲作中心主義に呪縛された民俗誌を乗り越えるための、まさに試行錯誤の日々となった。ほとんどの市町村史の民俗編が決まって、「稲作」「畑作」「その他の生業」とあるヒエラルキーをもって分類されていることに、懐疑を抱くようになっていた。それぞれに生業の比重は異なっており、山野河海との関わりが大きく前景に見られる村もすくなからず存在した。山のムラ・川のムラ・海のムラを、平野部の稲作農村と一緒たに語ることはできないということを知らされた。

これは『山野河海まんだら』(筑摩書房、一九九九)とタイトルを変え、副題に「東北から民俗誌を織る」と添えて単行本化された。山形を舞台とした野良仕事《フィールドワーク》ではあったが、山形に閉じられているわけではなく、東北一円へと地続きに開かれてゆく民俗誌を織るための試みにしたいと考えていた。自負もあった。この山形県内を巡りあるく聞き書きの旅によって、わたしは民俗学者として立ってゆく覚悟を固めた気がする。いまでも、このときに聞き書きした山野河海をめぐる知恵や技についての語りは、折りに触れて思いだされる。そこからの照り返しによって、なにかを判断することは多い。わたしにとっては、まさに山形の山野河海こそが野の学校だったのである。

さらに、『柳田国男の発生』の旅においては、北は北海道の知床半島から南は沖縄の与那国島まで、可能なかぎりの旅を重ねた。そこでも、わたしの足が向かったのはもっぱらに山の村々、半島や島々であり、思えば稲作の村を訪ねることはなかった。じつは、『柳田国男の発生』は『山の精神史』『漂泊の精神史』『海の精神史』と続いて、最後は『常民の精神史』で締められる構想になっていた。それが力尽きて三部作で終わったのである。もし第四部があれば、稲と常民のフォークロアを掘り起こす旅が行なわれたはずだが、わたしはついに、稲作や常民や祖先信仰といったものには熱い関心が持てなかったのである。

〈3〉

さて、あらためて東北学の深まりと挫折について語らねばならない。挫折という表現がはたして適切であるかはわからないが、わたしの東北学のたどった道行きが、どこか頼りなく揺らぎをかかえて蛇行してきたことは、いまにして否定しようがないことである。

ともあれ、東北のいくつかの旅の深まりのなかで、わたしは東京という中心／東北という周縁や辺境といった、二元論に呪縛された歴史文化的な構図が足枷として感じられるようになっていた。そうした道の奥に広がる辺境の東北は逆に、それゆえに、ひとつの東北という衣裳《イメージ》をまといつかせずにはいない。しかし、歩行と思索を重ねてゆくと、東北の多様性こそがしだいに浮き彫りになってくる。そもそも、東北弁などというものは存在しない。山形県内ですら、やっとのことで内陸部の村山地方の方言に耳慣れたころに、庄内の浜辺の村で絶望的に意味の取れない言葉に遭遇して、山形弁すら存在しないのだと思い知らされた。東北の人々がひとつの東北弁で意思疎通ができるわけではないのだと知ったあたりから、いくつもの東北に向かい合うことになる。

いくつもの東北に眼を凝らさねばならなかった。たとえば、太平洋側の東北／日本海側の東北はあきらかに違うし、北の東北／南の東北となると、より鮮明にその異質さがきわだってくる。「〜内」とか「〜別」といったアイヌ語地名の分布や濃淡、古代の古墳の分布状態、弥生の遺跡の有無などから、かなりはっきりと北／南の差異がわかる。民俗や伝承という側面においても、違いはさまざまに指摘されてきた。青森・岩手・秋田という北東北にはやはり、いかにも東北らしい東北が色濃く見いだされるのだ。

考古学者の藤本強が示した、「ボカシの地域」としての東北には惹かれるものがあった(『もう二つの日本文化』東京大学出版会、一九八八)。縄文時代にはどうやら、津軽海峡が分断のラインとならず、海峡の北側と南側とがつねに同一文化圏に属していた。そこに、「北の文化」と「中の文化」が交わる「ボカシの地域」が見いだされたのである。稲作はついに、近世以前には津軽海峡を超えることができなかった。東北北部がまだら模様ではあれ、稲作農耕を受容して弥生文化圏の辺境になっていったのにたいして、北海道南部は非弥生的な続縄文文化と呼ばれる時代へと移行していった。北海道はそうして、本州以南から分断されて、やがて蝦夷地と呼ばれて未開の原野というイメージに覆われていった。むろん、そこには縄文の文化的系譜を引く人々が暮らしており、中世になればアイヌ文化という種族的アイデンティティを鮮明にしてゆくのである。

いくつもの東北が姿を現わした。いくつもの東北は、いくつもの日本を抱いて、そこにあった。この弧状なす列島の文化史像の再考が求められている、と感じた。ひとつの中心＝都(京都や東京)を起点として、同心円状に広がってゆく均質的な「ひとつの日本」から、縄文以来の種族文化的な多様性、その雑種・交配のもとに織りあげられてきた「いくつもの日本」へと日本文化像を転換させてゆくことは可能か。そうしたテーマはあきらかに、東北学がたどり着いた帰結であった。その中間報告のように、かぎられた参考文献しか持たぬままに執筆したのが、『東西／南北考』(岩波新書、二〇〇〇)という小さな本である。そのとき、家の建て替えのために駅前のマンションに避難していたから、携えていった百冊程度の文献だけで書いたわけだが、逆にいえば、そうでなければ書けなかった本であったかもしれない。その後に、膨大な資料収集を始めたが、それらを駆使して本論を書くことはついになかった。悔いは残る。

このいくつもの日本を追いかけてゆくと、やがて、東アジア内海世界との深い陰影を織りこまれた関係が見えてきた。山形の飛島での聞き書きのなかで、トビウオ漁とタブの木に出会った。それが気になりはじめると、やがて列島の南へと国境を越えて旅をしたくなったが、あまりに茫漠としていた。南のアジアははるかに遠かったのである。それでも、いくつものアジアへと繋がってゆく海上の道の一端をたどることにはなった。海に潜ってアワビをとる海女の漁労、タブやツバキをめぐる樹木のフォークロアなどを手がかりにして、朝鮮半島の南の済州島《チェジュド》や珍島《チンド》の周辺の島々を訪ねる旅をくりかえした。二〇〇〇年代の半ばのことだ。つかの間、東アジア内海世界をめぐる共同研究ができないかと夢想したが、学会からは遠い場所にいたわたしの力では及ばぬテーマであることに、すぐに気づかされた。

〈4〉

わたしの東北学はおそらく、済州島にたどり着いて、挫折したのではなかったか。韓国語が話せないわたしには、当然とはいえ、限界があった。韓国語が読めないのだから、文献に当たることもできなかった。しかし、それゆえに挫折したのかといえば、そうではない。それはもはや、東北学と名づけられるべき知の沃野からの逸脱であった。そこに踏みこんでゆくためには、もうひとつの人生が必要であることにも気づいていた。そして、外堀を埋めるように、二十年足らずの東北の旅が幕を下ろしつつあったのだ。

二〇一一年の元日付けで、わたしは山形の大学を去ることになった。仙台の事務所も引き払って、生活の拠点を東京に戻した。東北というフィールドを離れたのである。しかし、その二ヵ月後には、東北は東日本大震災の渦中に投げこまれた。どこか宙吊りの状態で、東北以後をゆるやかに手探りしはじめていたわたしは、いきなり東北へと引き戻されたのだった。東京電力福島第一原発の爆発事故の映像をただ茫然と眺めながら、抗いがたい引き波のように東北学の第二章が始まっていることに気づかされた。

なんだ、東北はまだ植民地だったのか。不意打ちを喰らった。それを呟いているのがわたし自身であることに、しばらくは気づかずいた。忌々しさと苛立ちにまみれていた。

東京に送るための電力を、福島の原発の群れが供給してきた。福島はたしかに途方もないリスクと引き換えに、事故が起こってしまえば、ほんのわずかなと言うしかない助成金を手に入れてはきた。そのことに言及した女子高生のツイートが炎上し、非難の声で制裁を受け、沈黙を強いられるのを目撃した。そのとき、わたしはあの声を聞いたのだ、東北はまだ植民地だったのか、と……。わたしが沈黙するわけにはいかない、と思った。予想もしなかった形で、そうして東北学の第二章は始まっていたのである。

もはや、それは知の運動ではなかった。わたしはひたすら、津波に洗われた海辺の被災地を鎮魂のために歩き続けるしかなかった。〈歩く・見る・聞く〉のはるかに手前で、おろおろと途方に暮れているばかりだった。むろん、福島県立博物館の館長であったから、館のスタッフたちと可能なかぎり、震災遺産を残し、震災の記憶を記録するために働いた。アートの力を復興の一助にしたいとも思った。幸いにも外からの評価は高く、励まされた。しかし、震災から十年を前にして、わたしは館長職を解かれ、博物館という活動拠点を失うことになる。このまま福島を離れたら、東北学は根腐れを起こして潰え去るのだと思った。そんなとき、わたしを引き留めてくれたのは、この二十年ほどともに会津学を起ちあげ育ててきた仲間たちだった。わたしは会津の、それももっとも最深部の奥会津を舞台として、東北学の最終章を手探りしてみようと心に決めた。

いま、三年の歳月をかけて、ようやく土台作りを終えたところだ。わたしにとっては、まぎれもない東北学の最終章ではあるが、それは会津学(――より正確には、奥会津学というべきか)という内発的な知の運動であり、その主人公は奥会津の仲間たちである。これからのわたしは裏方として、それを実践的に支えるのが役割だと感じている。

ここでは、ようやく姿を現わしたばかりの奥会津ミュージアムについて触れておきたい。わたしはとりあえず、その館長である。なにしろ、構想を練り企画書を書いて、だれに断ることもなくメディアに広報を流してきたのは、わたし自身だった。ホラ吹きの語る妄想でしかなかった。だれ一人信じてはいなかったにちがいない。このミュージアムには、そもそもリアルな建物も施設も存在しない。幻想のミュージアムが造れないかと、三年前に福島県立博物館を離れてから、ずっと思いを巡らしてきたのだ。十七年間にわたって県博の館長であったから、博物館についてはそれなりに知っている。ミュージアムが文化と観光を繋ぎながら、地域の活性化のために役立つ可能性があることは信じている。しかし、どこよりも厳しい過疎化が進んでいる奥会津には、お金もなく、人もいない。すでにある文化施設だって、例外なしに予算が切り詰められ、青息吐息で疲弊している。だから、奥会津のどこであれ、大きなコンクリートの文化施設を造り、専従のスタッフを雇って運営してゆくといったことは、たんなる夢物語にすぎない。

奥会津は行政名称ではなく、地図のどこにも載っていない。奥会津という地名はむしろ幻なのである。会津地方の奥まったあたりを、漠然と指している。隠す必要もないが、わたしはじつは、奥を冠した地名が好きだ。民俗学者のわたしは、そんな奥の世界で、忘れられた、しかし未来に繋がるたいせつな民俗の知や技とくりかえし遭遇してきた。奥会津はまさに、そうした土地のひとつである。

およそ二十年前に、わたしは福島県立博物館のある会津にやって来た。それからは、車を走らせ、飽きもせずにあちこち訪ねあるいた。歴史や文化や風土の圧倒的な深さと豊かさに魅せられた。ことに奥会津を訪ねる旅は愉しかった。たくさんの語り部たちが野良で働きながら、小さな物語を語ってくれた。十七世紀の後半に編まれた『会津農書』に見える、暮らしや生業の道具が大事にいまも使われていた。会津藩が編んだ風土記によって、古い祭りや芸能などをたどり直すことができた。『老媼茶話』という奇譚集には、『遠野物語』を思わせるような説話や伝承が収められてあった。東北の旅を重ねてきたわたしは、会津が、ことに奥会津が、ほんとうに奇跡のような土地であることを知っていた。

志のある人たちと出会った。会津学研究会が生まれた。『会津学』という地域学の雑誌や、奥会津の不思議な話を集めた『会津物語』(朝日新聞出版、二〇一五)をみなで編んで、刊行した。学びの庭が生まれ、それぞれの〈歩く・見る・聞く〉仕事が重ねられていった。見えないネットワークが張り巡らされ、たくさんの知と情報の蓄積が生まれていた。それが生かされる場が求められていた。だから、奥会津ミュージアムは誕生したのである。

それはたとえば、その地に生きる人々の声に耳を澄ましながら、奥会津という豊かな物語を紡ぎなおすための広場である。そして、文化／地場産業／観光をやわらかく繋ぎながら、どこまでも増殖してゆく知と技と情報のネットワークの結接点となってゆく。いま・ここにはじめて姿を現わした未来にこそ属している、名づけがたき風景を、できごとを、とりあえず奥会津ミュージアムと名づけることにしたのだといえば、笑われるだろうか。

まず、暮らしと生業の場としての奥会津を、あるがままに生きられた博物館に見立てる。それをエコ・ミュージアムと呼んでおく。そして、空中楼閣のごとくヴァーチャルな空間にデジタル・ミュージアムを構築してゆく。二つのミュージアムを有機的に繋ぐために、〈歩く・見る・聞く〉をていねいに重ねながら、いまを生きる奥会津の人々の数も知れぬドキュメンタリーを拾い集め、女性たちのやさしい筆遣いで編んでゆく。じつは、これらライターのほとんどは、奥会津に暮らし関わりを育んできた女性たちなのである。やがて、そこに、あたらしい奥会津の風景が起ちあがってくるはずだ。

二〇二三年の三月には、奥会津ミュージアムのウェブ版が公開されている。それは次第に増殖して、いつしか巨大な奥会津の知と情報の集積場《アーカイブ》と化してゆく。わたしはずっと、「汝の足元を深く掘れ、そこに泉あり」という言葉を掲げてきた。二十年を超える会津学の歩みのなかで、すでにたくさんの書き手が育っている。生きられた知の蔵としてのミュージアムに集積されてゆくのは、すべてが奥会津のいまを生きる人々の暮らしと生業のなかに受け継がれ、いまに息づいている知や技や情報である。奥会津ミュージアムはモノを収蔵することはしない。その代わりに、命と暮らしが交叉する現場から、さまざまな声と身振りと記憶を掘り起こし、言葉と映像によって記録してゆくことをめざす。このデジタル・ミュージアムは、地域の暮らしや生業をあるがままに博物館に見立てる試みとしてのエコ・ミュージアムと、有機的に繋がれてゆく。デジタル・ミュージアム／エコ・ミュージアムが表裏をなしてひとつになる、そんな幻のミュージアムを思い描いている。

これが、わたしの東北学が到り着いた最終章である。そのことに、ほかならぬわたし自身こそが驚き、呆れている。すくなくとも、『東北学／忘れられた東北』の旅に明け暮れていたわたしが、そんなことを想像していたはずはない。いましばらくは、奥会津に通いながら、東北学の最終章にして、奥会津物語の序章ともなる奥会津ミュージアムのゆくえに眼を凝らすことにしよう。

（書き下ろし）

あとがき（『東北学へ1　もうひとつの東北から』）

東北を歩く、東北を見る、東北を聞く、そして、東北を語る……、山形に拠点の半ばを移して以来、わたしはそれを、ほとんど唯一の仕事として自身に課してきた。なぜ東北なのか、という懐疑の声をしばしば突きつけられた。東北はたんなる偶然であり、また、偶然を越えた必然だった。必然を感じたがゆえに、東北を選んだ、東北に徹底してこだわってみることにした。そんなわたしの偏執ぶりを見て、東北病と名付けてくれた編集者もいた。これは修行なんです、そう、困ったわたしは呟くが、その奇妙な言葉の裏側にあるものに気付く者は、残念ながら、まれだ。

東北の日々も四年あまりが過ぎた。なぜ東北なのか、それをきちんと語らねばならない時期がやって来たようだ。多くの人の眼には触れることのないPR誌や新聞の地方版に、断続的に連載してきたいくつかの文章や、山形の周辺でおこなってきた講演の記録などを整理し、書き下ろしの論考や対談などと組みあわせ、『東北学へ』三部作として刊行することに決めた。この形に落ち着くまでには、呆れるほどの紆余曲折があった。連載時につきあってくれた編集者には、迷惑もかけた。思いがけず、二年に近い歳月を費やしてしまった。

それはじつは、〈東北学〉をめぐる試行錯誤の日々でもあった。その、いわば〈東北学〉を求めての、孤独といっていい戦いにたいして、つねに、変わらぬ援護射撃を送り続けてくれたのが、編集者の増子信一さんである。増子さんとは随分長いつきあいだが、今回ほど、その穏やかでありながら、適切な、アドバイスと示唆の数々に助けられたことはなかった。『東北学へ』三部作として出そうと最終的に覚悟を固めたのは、ほんの二週間ほど前のことである。強烈な後押しは、まったく予期せぬ方角からやって来た。装丁をお願いした田村義也さんである。その田村さんが、そして増子さんが、ともに東北に所縁《ゆかり》のある人であったことは、はたして偶然であろうか。

不安があった。〈東北学〉を前面に押し立てるほどには機が熟していない、そのことを誰よりも承知しているのは、わたし自身である。しかし、この四年あまり、みずからの歩行と思索のすべてを、来たるべき〈東北学〉のために傾け尽くしてきたことは、紛れもない事実だった。『東北学へ』三部作は序章である。わたし自身の〈東北学〉へ向けての道行きの起点に置かれた、ささやかにすぎる、出立の宣言《マニフェスト》である。だから、それを『東北学へ』の名で刊行することにした。序章のあとにはかならず本論が続く。さらに、幾年かの歩行と思索を経たうえで、わたしは間違いなく、『東北学へ』三部作を承けて、本格的に東北を俎上に乗せた『東北学』を世に問うことになるだろう。

さて、これは『東北学へ』の名を冠された三部作の、はじまりの第一章である。第二章／最上に生きる、第三章／東北ルネッサンスと、あまり時間を隔てずに刊行してゆくつもりだ。一人でも多くの読者のもとに、この三部作が届き、その結果として、東北という土地が秘めた可能性の種子のいくつかが蒔かれ、いつしか芽吹き、根を張ってくれることを、わたしは心から願う。

第一章の中心部分をなすのは、講談社のPR誌『本』（一九九二・一一〜一九九四・八）に連載した「忘れられた東北」である。いくらかの加筆・訂正を施したほかに、一回分を削除している。連載時にお世話になった堀越雅晴さんに、あらためて御礼を申しあげたい。序章と終章に当たる部分は、この本のためのあらたな書き下ろしである。

最後になったが、『東北学へ』三部作の生みの親ともいえる、増子信一さんと田村義也さんにたいして、心よりの感謝の気持ちを伝えたいと思う。

一九九六年五月　東北学元年の春に

赤坂憲雄

講談社学術文庫版まえがき

思えば、それはとても幸福な日々であったかもしれない。運転免許を取ったばかりだった。はじめて車というものを手に入れた。そして、来る日も来る日も、ひたすら東北の道を走りつづけた。これは野辺歩きだ、さあ、野良仕事のはじまりだ。全身に、なにか笑いのかたまりが詰まっている気がした。なにを見ても、なにを聞いても、はじめて尽くしで、興奮の連続だった。おそらく、そんなはじまりの東北体験の歓びが、この小さな本の到るところに弾けているにちがいない。

山形に拠点のなかばを移したのは、一九九二年の春のことだった。その秋から、講談社のPR誌『本』に、「忘れられた東北」という連載を開始した。わたしなりの〈歩く・見る・聞く〉の実践をおこないながら、東北の大地に鍬を入れ、耕し、〈東北学〉へと道を拓きたいと思った。いまだ三十代の終わりであり、いかにも若かった。怖いもの知らずだった。いまにして思えば、時間はとりあえず、大半が自分のものであり、忙しさもみな自分のための忙しさだった。資料を読み漁っては、すぐに、あらたな東北探しへと出かけていった。それにしても、東北はやたら広かった。雪国の冬を知らなかった。しばしば吹雪の道に突っ込んでは、立ち往生させられたが、それも楽しかった。

連載そのものは二年足らずで終わった。東北という沃野をフィールドとした、はじまりの野辺歩きの旅はそうして、ひとまず幕を閉じた。それは、さらに二年後に、『東北学へ1　もうひとつの東北から』とタイトルを改め、作品社から『東北学へ』三部作の第一集として刊行された。わたしの〈東北学〉への道行きにあっては、この書がまさに先駆けとなり、マニフェストにもなったかと思う。

東北への道を志したときには、すでに、いくらか漠然とではあれ、東北学を創りたい、『東北学』という雑誌を出したいと考えていた。七年後に、大学の附属研究所として東北文化研究センターを起ち上げ、雑誌『東北学』を創刊することになるが、その創刊以前に、二度の手ひどい挫折があり、痛い体験もしていた。わたし一人で背負うには大きすぎる仕事なのかもしれない、とも感じた。そこで、まず、『東北学へ』三部作の刊行によって、地ならしをおこない、やがて『東北学』創刊のチャンスを窺うことにしたのである。

わたしは単行本の「あとがき」に、以下のように書いていた。

〈東北学〉を前面に押し立てるほどには機が熟していない、そのことを誰よりも承知しているのは、わたし自身である。しかし、この四年あまり、みずからの歩行と思索のすべてを、来たるべき〈東北学〉のために傾け尽くしてきたことは、紛れもない事実だった。『東北学へ』三部作は序章である。わたし自身の〈東北学〉へ向けての道行きの起点に置かれた、ささやかにすぎる、出立の宣言《マニフェスト》である。だから、それを『東北学へ』の名で刊行することにした。序章のあとにはかならず本論が続く。さらに、幾年かの歩行と思索を経たうえで、わたしは間違いなく、『東北学へ』三部作を承けて、本格的に東北を俎上に乗せた『東北学』を世に問うことになるだろう。

そして、それは三年後に、わたしの単著ではなく、わたしが責任編集者となって刊行する雑誌『東北学』として、世に問われることになる。『東北学』と、それに併走した『別冊東北学』は、二〇〇四年に第一期の区切りをつけ、その後は『季刊東北学』に姿を変えて、いまも第二期としての刊行が続いている。わたし自身の〈東北学〉の構想は、それぞれの雑誌の特集テーマのなかに溶かし込まれ、散り散りとなり、ついに『東北学』本論へと結実することはなかった。もはや過去形である。研究者が編集者を兼ねることのむずかしさを、わたしはとことん思い知らされたのである。いや、そうではなく、『東北学』の種子は広やかな東北の大地に蒔かれ、そのいくつかは芽を出し、やがて稚い樹木へと成長してゆこうとしているのかもしれない。そうであれば救われる。

それにしても、わたしの東北の日々ははや、十七年になろうとしている。走破した距離も、たぶん二十万キロは越えて、愛車もすでに四代目となった。いま、わたしが執着を覚えているのは、〈旅学〉である。人はなぜ旅をするのか。それを見えない焦点としながら、旅師列伝、風土の旅学、旅学という方法……といったテーマへと、足を踏み出そうとしている。いま頃になって、わたしはこの『忘れられた東北』が、まさに東北をフィールドとした〈旅学〉の実践そのものであったことに気付かされている。あらためて、この〈旅学〉という方法を鍛えてゆかねばならない、と思う。

さて、この、ひときわ愛着の深い著書が、連載時のタイトルである『忘れられた東北』にもどって、講談社学術文庫の一冊に加えられることになった。ひそかな思いとしては、これは幻の『東北学』本論の代わりに、あらたに、この十七年間の〈東北学〉の軌跡を編みなおして提示する、『わが東北学』の第一集である。あたらしい読者との出会いが生まれるとしたら、これ以上の幸せはない。

思えば、この小さな本は、何人かの編集者との濃密なつきあいのなかに、しだいに書物としてのかたちを成していった。『本』に連載したときにお世話になった堀越雅晴さん、単行本化にあたって助言をいただいた故・田村義也さん、担当してくれた増子信一さん、そして、このたびの文庫化に際してお力添えをいただいた林辺光慶さん、である。林辺さんはとりわけ、わたしの〈東北学〉の道行きに、つねに支援と励ましを寄せてくれた同い年の編集者でもある。謹んで感謝の思いを伝えたい。

二〇〇八年十月末日

赤坂憲雄

岩波現代文庫版あとがき

一冊の書物が初版の刊行からときを経て、文庫化されたり復刊されたりするのは、著者にとってはなによりの幸福です。この『東北学／忘れられた東北』もまた、そうして二十七年の歳月を越えて、いま、最後のかたちに編まれたうえで岩波現代文庫の一冊に加えられます。雑誌連載と本作り、最初から関わり、見守り、応援してくださった編集者の方たちの顔が一人一人浮かびます。それにしても、まったくの書き下ろしであったり、さまざまな媒体に掲載された文章を集めて構成したり、なにかの雑誌やウェブでの連載原稿を元にして編み直したり、一冊の本が誕生してくる背景は、思えばじつに多様なものです。そして、それらの編集者と組まなければ、この本はこのようには生まれなかったのです。編集者が違っていれば、まるで違った本になりますから。

あるいは、装丁やそこで使われている装画は、まさしく本の顔のようなものですね。最近は、許されれば、装画をアーティストの方たちにお願いして描いていただくようにしています。ひそかに、本の表紙は動くギャラリーのようだと感じてきました。わたし自身が尊敬していたり、こっそりお気に入りに加えていたりする美術家たちを択んでいます。そのあとは編集者に任せきりで、わたしが出る幕はありません。編集者が本のゲラ刷りを作家の方にお渡しします。どんな装丁や装画になるのかは、ほとんどの場合は見本本が届くまでは知らずに、そこではじめて対面ということになります。心躍る瞬間ですね。その作家がどんな風に読んでくれたのかを考えめぐらしたり、思いも寄らぬ跳躍や逸らしを見てとったりして、それぞれに愉しいものです。

この岩波現代文庫版では、装画を義兄の堀浩哉さんにお願いしています。いつも装画にタイトルが付けられています。まだ見ぬ絵との出会いを楽しみにしています。ありがとうございました。それから、今回もまた編集部の渡部朝香さんのお世話になりました。この本がこうして「定本」にたどり着けたことに、あらためて感謝申し上げます。

二〇二三年四月二一日の夜に

赤坂憲雄

『東北学へ／忘れられた東北』は、『東北学へ1　もうひとつの東北から』(作品社、一九九六年)を初刊とし、二〇〇九年に書名をあらためて講談社学術文庫に収録された。本書は講談社学術文庫版を底本とし、新たに五本の論考を加えた。増補1～4の出典はそれぞれの末尾に記載した。増補5は書き下ろしによる。

東北学／忘れられた東北

2023年6月15日　第1刷発行

著　者　赤坂憲雄《あかさかのりお》

発行者　坂本政謙

発行所　株式会社　岩波書店
〒101-8002 東京都千代田区一ツ橋 2-5-5
案内 03-5210-4000　営業部 03-5210-4111
https://www.iwanami.co.jp/

印刷・精興社　製本・中永製本

ISBN 978-4-00-600468-2　Printed in Japan

岩波現代文庫創刊二〇年に際して

二一世紀が始まってからすでに二〇年が経とうとしています。この間のグローバル化の急激な進行は世界のあり方を大きく変えました。世界規模で経済や情報の結びつきが強まるとともに、国境を越えた人の移動は日常の光景となり、今やどこに住んでいても、私たちの暮らしは世界中の様々な出来事と無関係ではいられません。しかし、グローバル化の中で否応なくもたらされる「他者」との出会いや交流は、新たな文化や価値観だけではなく、摩擦や衝突、そしてしばしば憎悪までをも生み出しています。グローバル化にともなう副作用は、その恩恵を遥かにこえていると言わざるを得ません。

今私たちに求められているのは、国内、国外にかかわらず、異なる歴史や経験、文化を持つ「他者」と向き合い、よりよい関係を結び直してゆくための想像力、構想力ではないでしょうか。

新世紀の到来を目前にした二〇〇〇年一月に創刊された岩波現代文庫は、この二〇年を通して、哲学や歴史、経済、自然科学から、小説やエッセイ、ルポルタージュにいたるまで幅広いジャンルの書目を刊行してきました。一〇〇〇点を超える書目には、人類が直面してきた様々な課題と、試行錯誤の営みが刻まれています。読書を通した過去の「他者」との出会いから得られる知識や経験は、私たちがよりよい社会を作り上げてゆくために大きな示唆を与えてくれるはずです。

一冊の本が世界を変える大きな力を持つことを信じ、岩波現代文庫はこれからもさらなるラインナップの充実をめざしてゆきます。

（二〇二〇年一月）

G419
新編 つぶやきの政治思想
李 静和
秘められた悲しみにまなざしを向け、声にならないつぶやきに耳を澄ます。記憶と忘却、証言と沈黙、ともに生きることをめぐるエッセイ集。鵜飼哲・金石範・崎山多美の応答も。

G420-421
ロールズ 政治哲学史講義(I・II)
ジョン・ロールズ
サミュエル・フリーマン編
齋藤純一ほか訳
ロールズがハーバードで行ってきた「近代政治哲学」講座の講義録。リベラリズムの伝統をつくった八人の理論家について論じる。

G422
企業中心社会を超えて
―現代日本を〈ジェンダー〉で読む―
大沢真理
長時間労働、過労死、福祉の貧困……。大企業中心の社会が作り出す歪みと痛みをジェンダーの視点から捉え直した先駆的著作。

G423
増補 「戦争経験」の戦後史
―語られた体験/証言/記憶―
成田龍一
社会状況に応じて変容してゆく戦争についての語り。その変遷を通して、戦後日本社会の特質を浮き彫りにする。〈解説〉平野啓一郎

G424
定本 酒呑童子の誕生
―もうひとつの日本文化―
髙橋昌明
酒呑童子は都に疫病をはやらすケガレた疫鬼だった――緻密な考証と大胆な推論によって物語の成り立ちを解き明かす。〈解説〉永井路子

2023.6

G425
岡本太郎の見た日本
赤坂憲雄

東北、沖縄、そして韓国へ。旅する太郎が見出した日本とは。その道行きを鮮やかに読み解き、思想家としての本質に迫る。

G426
政治と複数性
―民主的な公共性にむけて―
齋藤純一

「余計者」を見棄てようとする脱‐実在化の暴力に抗し、一人ひとりの現われを保障する。開かれた社会統合の可能性を探究する書。

G427
増補 エル・チチョンの怒り
―メキシコ近代とインディオの村―
清水透

メキシコ南端のインディオの村に生きる人びとにとって、国家とは、近代とは何だったのか。近現代メキシコの激動をマヤの末裔たちの視点に寄り添いながら描き出す。

G428
哲おじさんと学くん
―世の中では隠されているいちばん大切なことについて―
永井均

自分は今、なぜこの世に存在しているのか？友だちや先生にわかってもらえない学くんの疑問に哲おじさんが答え、哲学的議論へと発展していく、対話形式の哲学入門。

G429
マインド・タイム
―脳と意識の時間―
ベンジャミン・リベット
下條信輔
安納令奈 訳

実験に裏づけられた驚愕の発見を提示し、脳と心や意識をめぐる深い洞察を展開する。脳神経科学の歴史に残る研究をまとめた一冊。〈解説〉下條信輔

G430
被差別部落認識の歴史
―異化と同化の間―
黒川みどり

差別する側、差別を受ける側の双方は部落差別をどのように認識してきたのか――明治から現代に至る軌跡をたどった初めての通史。

G431
文化としての科学／技術
村上陽一郎

近現代に大きく変貌した科学／技術。その質的な変遷を科学史の泰斗がわかりやすく解説、望ましい科学研究や教育のあり方を提言する。

G432
方法としての史学史
―歴史論集1―
成田龍一

歴史学は「なにを」「いかに」論じてきたのか。史学史的な視点から、歴史学のアイデンティティを確認し、可能性を問い直す。現代文庫オリジナル版。〈解説〉戸邉秀明

G433
〈戦後知〉を歴史化する
―歴史論集2―
成田龍一

〈戦後知〉を体現する文学・思想の読解を通じて、歴史学を専門知の閉域から解き放つ試み。現代文庫オリジナル版。〈解説〉戸邉秀明

G434
危機の時代の歴史学のために
―歴史論集3―
成田龍一

時代の危機に立ち向かいながら、自己変革を続ける歴史学。その社会との関係を改めて問い直す「歴史批評」を集成する。
〈解説〉戸邉秀明

2023.6

岩波現代文庫[学術]

G435
宗教と科学の接点
河合隼雄
「たましい」「死」「意識」など、近代科学から取り残されてきた、人間が生きていくために大切な問題を心理療法の視点から考察する。〈解説〉河合俊雄

G436
増補 軍隊と地域
—郷土部隊と民衆意識のゆくえ—
荒川章二
一八八〇年代から敗戦までの静岡を舞台に、矛盾を孕みつつ地域に根づいていった軍が、民衆生活を破壊するに至る過程を描き出す。

G437
歴史が後ずさりするとき
—熱い戦争とメディア—
ウンベルト・エーコ
リッカルド・アマデイ訳
歴史があたかも進歩をやめて後ずさりしはじめたかに見える二十一世紀初めの政治・社会の現実を鋭く批判した稀代の知識人の発言集。

G438
増補 女が学者になるとき
—インドネシア研究奮闘記—
倉沢愛子
インドネシア研究の第一人者として知られる著者の原点とも言える日々を綴った半生記。「補章 女は学者をやめられない」を収録。

G439
完本 中国再考
—領域・民族・文化—
葛兆光
辻康吾監訳
永田小絵訳
「中国」とは一体何か？ 複雑な歴史がもたらした国家アイデンティティの特殊性と基本構造を考察し、現代の国際問題を考えるための視座を提供する。

2023. 6

岩波現代文庫［学術］

G440
私が進化生物学者になった理由
長谷川眞理子

ドリトル先生の大好きな少女がいかにして進化生物学者になったのか。通説の誤りに気づき、独自の道を切り拓いた人生の歩みを語る。巻末に参考文献一覧付き。

G441
愛について
—アイデンティティと欲望の政治学—
竹村和子

物語を攪乱し、語りえぬものに声を与える。精緻な理論でフェミニズム批評をリードしつづけた著者の代表作、待望の文庫化。〈解説〉新田啓子

G442
宝塚
—変容を続ける「日本モダニズム」—
川崎賢子

百年の歴史を誇る宝塚歌劇団。その魅力を掘り下げ、宝塚の新世紀を展望する。底本を大幅に増補・改訂した宝塚論の決定版。

G443
新版 ナショナリズムの狭間から
—「慰安婦」問題とフェミニズムの課題—
山下英愛

性差別的な社会構造における女性人権問題として、現代の性暴力被害につづく側面を持つ「慰安婦」問題理解の手がかりとなる一冊。

G444
夢・神話・物語と日本人
—エラノス会議講演録—
河合隼雄
河合俊雄訳

河合隼雄が、日本の夢・神話・物語などをもとに日本人の心性を解き明かした講演の記録。著者の代表作に結実する思想のエッセンスが凝縮した一冊。〈解説〉河合俊雄

2023. 6

G445-446
ねじ曲げられた桜（上・下）
―美意識と軍国主義―
大貫恵美子

桜の意味の変遷と学徒特攻隊員の日記分析を通して、日本国家と国民の間に起きた「相互誤認」を証明する。〈解説〉佐藤卓己

G447
正義への責任
アイリス・マリオン・ヤング
岡野八代
池田直子 訳

自助努力が強要される政治の下で、人びとが正義を求めてつながり合う可能性を問う。ヌスバウムによる序文も収録。〈解説〉土屋和代

G448-449
ヨーロッパ覇権以前（上・下）
―もうひとつの世界システム―
J.L.アブー＝ルゴド
佐藤次高ほか訳

近代成立のはるか前、ユーラシア世界は既に一つのシステムをつくりあげていた。豊かな筆致で描き出されるグローバル・ヒストリー。

G450
政治思想史と理論のあいだ
―「他者」をめぐる対話―
小野紀明

政治思想史と政治的規範理論、融合し相克する二者を「他者」を軸に架橋させ、理論の全体像に迫る、政治哲学の画期的な解説書。

G451
平等と効率の福祉革命
―新しい女性の役割―
G.エスピン＝アンデルセン
大沢真理監訳

キャリアを追求する女性と、性別分業に留まる女性との間で広がる格差。福祉国家論の第一人者による、二極化の転換に向けた提言。

2023. 6

岩波現代文庫［学術］

G452
草の根のファシズム
―日本民衆の戦争体験―
吉見義明

戦争を引き起こしたファシズムは民衆が支えていた――従来の戦争観を大きく転換させた名著、待望の文庫化。〈解説〉加藤陽子

G453
日本仏教の社会倫理
―正法を生きる―
島薗　進

日本仏教に本来豊かに備わっていた、サッダルマ(正法)を世に現す生き方の系譜を再発見し、新しい日本仏教史像を提示する。

G454
万民の法
ジョン・ロールズ
中山竜一訳

「公正としての正義」の構想を世界に広げ、平和と正義に満ちた国際社会はいかにして実現可能かを追究したロールズ最晩年の主著。

G455
原子・原子核・原子力
―わたしが講義で伝えたかったこと―
山本義隆

原子・原子核について基礎から学び、原子力への理解を深めるための物理入門。予備校での講演に基づきやさしく解説。

G456
ヴァイマル憲法とヒトラー
―戦後民主主義からファシズムへ―
池田浩士

史上最も「民主的」なヴァイマル憲法下で、ヒトラーが合法的に政権を獲得し得たのはなぜなのか。書き下ろしの「後章」を付す。

2023. 6

G457
現代《いま》を生きる日本史
須田努
清水克行

縄文時代から現代までを、ユニークな題材と最新研究を踏まえた平明な叙述で鮮やかに描く。大学の教養科目の講義から生まれた斬新な日本通史。

G458
小国
―歴史にみる理念と現実―
百瀬宏

大国中心の権力政治を、小国はどのように生き抜いてきたのか。近代以降の小国の実態と変容を辿った出色の国際関係史。

G459
〈共生〉から考える
―倫理学集中講義―
川本隆史

「共生」という言葉に込められたモチーフを現代社会の様々な問題群から考える。やわらかな語り口の講義形式で、倫理学の教科書としても最適。「精選ブックガイド」を付す。

G460
〈個〉の誕生
―キリスト教教理をつくった人びと―
坂口ふみ

「かけがえのなさ」を指し示す新たな存在論が古代末から中世初期の東地中海世界の激動のうちで形成された次第を、哲学・宗教・歴史を横断して描き出す。〈解説＝山本芳久〉

G461
満蒙開拓団
―国策の虜囚―
加藤聖文

満洲事変を契機とする農業移民は、陸軍主導の強力な国策となり、今なお続く悲劇をもたらした。計画から終局までを辿る初の通史。

岩波現代文庫［学術］

G462
排除の現象学
赤坂憲雄

いじめ、ホームレス殺害、宗教集団への批判――八十年代の事件の数々から、異人が見出され生贄とされる、共同体の暴力を読み解く。時を超えて現代社会に切実に響く、傑作評論。

G463
越境する民
近代大阪の朝鮮人史
杉原達

暮しの中で朝鮮人と出会った日本人の外国人認識はどのように形成されたのか。その後の研究に大きな影響を与えた「地域からの世界史」。

G464
越境を生きる
ベネディクト・アンダーソン回想録
ベネディクト・アンダーソン
加藤剛訳

『想像の共同体』の著者が、自身の研究と人生を振り返り、学問的・文化的枠組にとらわれず自由に生き、学ぶことの大切さを説く。

G465
我々はどのような生き物なのか
―言語と政治をめぐる二講演―
ノーム・チョムスキー
福井直樹
辻子美保子編訳

政治活動家チョムスキーの土台に科学者としての人間観があることを初めて明確に示した二〇一四年来日時の講演とインタビュー。

G466
ヴァーチャル日本語 役割語の謎
金水敏

現実には存在しなくても、いかにもそれらしく感じる言葉づかい「役割語」。誰がいつ作ったのか。なぜみんなが知っているのか。何のためにあるのか。〈解説〉田中ゆかり

2023.6

岩波現代文庫[学術]

G467

コレモ日本語アルカ？
—異人のことばが生まれるとき—

金水　敏

ピジンとして生まれた〈アルヨことば〉は役割語となり、それがまとう中国人イメージを変容させつつ生き延びてきた。〈解説〉内田慶市

G468

東北学／忘れられた東北

赤坂憲雄

驚きと喜びに満ちた野辺歩きから、「いくつもの東北」が姿を現し、日本文化像の転換を迫る。「東北学」という方法のマニフェストともなった著作の、増補決定版。